生态环境保护
综合行政执法指南

曹晓凡　编著

中国环境出版集团·北京

图书在版编目（CIP）数据

生态环境保护综合行政执法指南 / 曹晓凡编著 . —北京：中国环境出版集团，2023.3（2024.4 重印）

ISBN 978-7-5111-5427-9

Ⅰ. ①生… Ⅱ. ①曹… Ⅲ. ①生态环境—环境保护—行政执法—中国—指南 Ⅳ. ① D922.68-62

中国版本图书馆 CIP 数据核字（2023）第 020522 号

出 版 人 武德凯
责任编辑 孙 莉
封面设计 岳 帅

出版发行 中国环境出版集团
（100062 北京市东城区广渠门内大街 16 号）
网 址：http：//www.cesp.com.cn
电子邮箱：bjgl@cesp.com.cn
联系电话：010-67112765（编辑管理部）
010-67112736（第五分社）
发行热线：010-67125803，010-67113405（传真）
印 刷 玖龙（天津）印刷有限公司
经 销 各地新华书店
版 次 2023 年 3 月第 1 版
印 次 2024 年 4 月第 2 次印刷
开 本 787 × 1092 1/16
印 张 22
字 数 390 千字
定 价 85.00 元

本书编委会

主　　编：曹晓凡

副 主 编：王文娟　　肖　伊

编委会成员（按姓氏笔画排名）：

王同林　　文黎照　　杨安邦　　周　黎

顾海云　　晏晓婧　　龚　静　　康　乐

前言

生态环境保护综合行政执法改革是以习近平新时代中国特色社会主义思想为指导，全面贯彻党的十九大和十九届二中、三中全会精神，认真落实党中央、国务院决策部署，坚持新发展理念，统筹推进“五位一体”总体布局和协调推进“四个全面”战略布局，以建立权责统一、权威高效的依法行政体制为目标，以增强执法的统一性、权威性和有效性为重点，整合相关部门生态环境保护执法职能，统筹执法资源和执法力量，推动建立生态环境保护综合执法队伍，坚决制止和惩处破坏生态环境行为，为打好污染防治攻坚战、建设美丽中国提供坚实保障。

为贯彻落实《中共中央关于深化党和国家机构改革的决定》《深化党和国家机构改革方案》部署要求，深化生态环境保护综合行政执法改革，整合组建生态环境保护综合执法队伍，落实《国务院办公厅关于生态环境保护综合行政执法有关事项的通知》（国办函〔2020〕18号）要求，扎实推进生态环境保护综合行政执法改革，经国务院同意，生态环境部于2020年3月11日印发了《生态环境保护综合行政执法事项指导目录（2020年版）》。

中共中央办公厅、国务院办公厅印发的《关于深化生态环境保护综合行政执法改革的指导意见》要求，有效整合生态环境保护领域执法职责和队伍，科学合规设置执法机构，强化生态环境保护综合执法体系和能力建设。

整合后的生态环境保护综合执法队伍以本级生态环境部门的名义，依法统一行使污染防治、生态保护、核与辐射安全的行政处罚权以及与行政处罚相关的行政检查、行政强制权等执法职能。除法律法规另有规定外，相关部门不再行使上述行政处罚权和行政强制权。

在此基础上，各地可以根据地方性法规规章和工作需要，进一步整合地方有关部门污染防治和生态保护执法职责，由生态环境保护综合执法队伍统一行使。已经实行更大范围跨领域跨部门综合行政执法的，可以继续探索。具备条件的地区可结合实际进行更大范围的综合行政执法。

建设生态文明，重在建章立制，用最严格的制度、最严密的法治保护生态环境。“徒法不足以自行。”生态环境保护综合行政执法改革是贯彻落实《中共中央关于深化党和国家机构改革的决定》《深化党和国家机构改革方案》部署要求的重要举措，整合后组建的生态环境保护综合执法队伍如何开展执法，是当前需要深入研究的一个重要课题。

本书结合新修订的《行政处罚法》与《生态环境行政处罚办法》，围绕生态环境保护综合行政执法的重点工作，进行系统论述。全书共分八章：第一章为生态环境保护综合行政执法概述；第二章为生态环境保护综合行政执法依据；第三章为污染源环境执法；第四章为建设项目环境保护与排污许可管理执法；第五章为自然生态保护及其他环境领域监管执法；第六章为生态环境行政处罚；第七章为生态环境保护综合行政执法与刑事司法衔接；第八章为生态环境保护综合行政执法风险防范。

本书的一大亮点是，运用二维码链接的方式突破篇幅限制，在书中相应位置嵌入了大量生态环境保护综合行政执法工作中所需的法律、法规、执法解释、司法解释与技术规范、相关文件、典型案例等内容，尽量为生态环境保护综合行政执法工作提供详尽指引。

通过查阅文档记录发现，本书的目录最早形成于2018年3月26日，目录内容反复调整了数十个版本。本书的写作既从纵向的维度参考了环境监理—环境监察—生态环境保护综合行政执法几个不同历史阶段的资料，又从横向的维度参考了安全生产、水利、地震、食品安全、海关、卫生、林业与草原、市场监督管理、海洋、交通运输、农业农村、城市管理等不同监管领域的行政执法资料。经过四年多的准备与积累，本书终于完成编写。希望本书不仅能成为广大生态环境保护综合行政执法人员的一本实用、管用的工具书，同时也能为生态环境司法、纪检监察和环境守法、公众参与生态环境保护，以及生态环境法律咨询服务、环境法学研究提供一份有价值的参考资料。

本书在注重法律及生态环境保护基础知识的完整性和准确性的同时，力求体现生态环境保护领域最新的立法、执法和学术研究动态。遗憾的是，尽管作者做了很多努力，仍有不完善之处，尚祈读者们批评指正。

本书出版后，全国人大常委会修订了《中华人民共和国海洋环境保护法》，生态环境部印发了《生态环境行政处罚办法》，最高人民法院、最高人民检察院公布了《最高人民法院、最高人民检察院关于办理环境污染刑事案件适用法律若干问题的解释》（法释〔2023〕7号）等多个重要法律文件。读者朋友们也提出了很多宝贵的修改建议。为了更好地服务于生态环境保护综合行政执法工作，邀请多位同仁组成编委会，共同完成对本书的修订工作。

曹晓凡

2024年3月31日于日喀则

目录

第一章

生态环境保护综合行政执法概述

第一节　生态环境保护综合行政执法的历史沿革 ①②③④

1972 年，在周恩来总理支持下，中国政府派出以唐克为团长的代表团参加了在斯德哥尔摩举行的联合国第一次人类环境会议，翻开了中华人民共和国建立生态环境法制体系、书写生态环境保护事业的新篇章。1973 年，第一次全国环境保护会议召开。此后，以 1978 年《中华人民共和国宪法》和 1979 年《中华人民共和国环境保护法（试行）》为基础，新中国的环境保护法制体系开始逐步建立，为生态环境监管执法提供了法制保障。

一、探索起步阶段（1973—1998 年）

中华人民共和国的生态环境执法起步于排污费征收工作。在排污费征收不断规范化和法制化的同时，中央与地方的环境监管执法体制与机制建设、相关的法律制度建设、执法队伍的能力建设等方面逐步建立、完善和强化。

在环境保护行政机构建设方面，1973 年成立的国务院环境保护领导小组办公室先是隶属于国家计划委员会，后又合并到国家基本建设委员会。1982 年城乡建设环境保护部成立，1984 年隶属于城乡建设环境保护部的厅（局）级单位即国家环境保护局成立。1988 年国家环境保护局脱离城乡建设环境保护部，直属于国务院管理，1998 年升级为正部级的国家环境保护总局。在中央与地方环境事权划分方面，1989 年《环境保护法》第十六条规定，“地方各级人民政府，应当对本辖区的环境质量负责”，确立了环境质量地方政府负责制。

在环境执法机构及体制建设方面，环境监管执法体系是随着国家环境保护行政机关的变迁，以排污收费机构为起点，发展建立起来的。后来，排污

① 张忠利 . 改革开放 40 年来生态环境监管执法的回顾与展望 [J]. 中国环境管理，2018，10(6): 29-30.

② 环境保护部环境监察局 . 环境监察（第三版）[M]. 北京：中国环境科学出版社，2009：1-4.

③ 吕忠梅，吴一冉 . 中国环境法治七十年：从历史走向未来 [J]. 中国法律评论，2019，29(5): 102-123.

④ 曹晓凡 . 环境执法“十年磨剑”显锋芒 [N]. 中国环境报，2022-11-02(6).

收费机构逐渐被赋予环境监督管理职能，在全国范围内专门的环境监理机构开始建立，其职能逐步从单一收费向全面管理转变。1985 年，国家环境保护局成立了征收排污费管理办公室，统一归口管理全国排污费征收工作。1988 年国务院机构改革时，直属于国务院管理的国家环境保护局设立开发监督司，下设排污收费管理处负责排污收费管理工作。1993 年，该司更名为监督管理司。直到 1995 年，在全国范围内省、市、县三级地方环境监理网络全面建立，为在全国开展环境执法活动提供了组织保障。

1983 年 12 月 31 日—1984 年 1 月 7 日召开的第二次全国环境保护会议提出："建立健全环境保护的法律体系，加强环境保护的科学研究，把环境保护建立在法制轨道和科技进步的基础上。"

在环境法制建设方面，20 世纪 80 年代及其前后是我国环境法制建设最为活跃的时期之一。这期间，《海洋环境保护法》《水污染防治法》《大气污染防治法》《环境保护法》《固体废物污染环境防治法》《环境噪声污染防治法》等法律先后制定或修订。另外，国务院还制定了诸如《海洋倾废管理条例》《自然保护区管理条例》等大量环境行政法规。1982 年国务院依据《环境保护法（试行）》（1979 年）第十八条第三款制定了行政法规性质的《征收排污费暂行办法》，为在全国范围内征收排污费提供了具有可操作性的法律依据。按照该办法，排污费征收以污染物排放浓度标准为标准，进行超标排污收费，主要目的是开拓环境治理资金的来源。1984 年颁布的《水污染防治法》第十五条规定，"企业事业单位向水体排放污染物的，按照国家规定缴纳排污费"。至此，国家率先在水污染防治领域开始实行"凡排污必缴费"制度。

1989 年 4 月 28 日—5 月 1 日召开的第三次全国环境保护会议形成了"三大环境政策"，即环境管理要坚持预防为主、谁污染谁治理、强化环境管理三项政策。其中，"强化环境管理"的主要措施包括制定法规，使各行各业有所遵循，建立环境管理机构，加强监督管理。此外，会议认真总结了实施建设项目环境影响评价、"三同时"、排污收费三项环境管理制度的成功经验，同时提出了五项新的制度和措施，形成了我国环境管理的"八项制度"。

在环境执法规范化、程序化方面，1989 年全国人大常委会颁布的《行政诉讼法》推动实现了环境行政执法的"查、处分离"，即现场检查权和行政处罚权分别由环保部门内部不同机构行使，进一步确保了环境行政处罚的合法性、公正性、准确性。此后，当时的国家环境保护局又先后发布了《环境监理执法标志管理办法》（1992 年）、《环境监理人员行为规范》（1995 年），我国的环境执法工作开始向规范化和程序化方向发展。

二、国家环境保护总局时期（1998—2008 年）

在 1998 年国务院机构改革中，直属于国务院领导并且为正部级单位的国家环境保护总局成立，国家核安全局整建制划入，负责进行环境污染防治、生态环境保护、核与辐射安全监管三个领域的工作。在领导管理体制方面，1999 年《关于地方政府机构改革的意见》将环保部门领导管理体制确定为国家环保总局和地方政府双重领导，以地方政府为主，进一步明确和强化了 1989 年《环境保护法》第十六条规定的环境质量地方政府负责的制度。

在环境执法机构设置方面，1999 年国家环境保护总局发布《关于进一步加强环境监理工作若干意见的通知》，明确指出各级环境监理机构是依法对所辖区内单位和个人履行环保法律法规、执行环保政策及标准的情况，进行现场监督、检查、处理的专职机构。2001 年，国家环境保护总局设立了直属事业单位环境应急与事故调查中心。2003 年，国家环境保护总局撤销监督管理司，改设环境影响评价司，并增设环境监察局。此后，在全国范围内，作为执法机构的“环境监理”机构更名为“环境监察”机构。2005 年，国家环境保护总局在原有华东、华南两个督查中心的基础上，又新成立了西北、西南、东北 3 个环境保护督查中心。2005 年《国务院关于落实科学发展观加强环境保护的决定》明确要求，建立国家监察、地方监管、单位负责的环境监察体制。

在环境法制建设方面，1996 年《行政处罚法》颁布实施后，1999 年国家环境保护总局又制定了《环境保护行政处罚办法》，成为环境行政执法的重要法律依据。另外，《水污染防治法》《环境影响评价法》《建设项目环境管理条例》《规划环境影响评价条例》等法律法规也先后制定或修订。最为重要的是，2002 年 1 月 30 日国务院第 54 次常务会议通过《排污费征收使用管理条例》并于 2003 年 7 月 1 日起施行，在全国范围内确立了按照污染物排放量征收排污费的制度，彻底改变了此前按照排污浓度征收排污费的模式。这一改革更好地发挥了通过征收排污费，增加企业排污成本的作用和效果，从而抑制企业排污行为，并且成为通过环境执法筹集环境保护资金的重要渠道。

在环境执法规范化、程序化、标准化建设方面，2002 年国家环境保护总局发布《关于统一规范环境监察机构名称的通知》，要求全国各级环保局（厅）负责环境执法的环境监理机构统一更名为环境监察机构。

第六次全国环境保护大会于 2006 年 4 月 17—18 日在北京召开，会议提出了推动经济社会全面协调可持续发展的方向。要加快实现三个转变其中一个转变就是从主要用行政办法保护环境转变为综合运用法律、经济、技术和必要的行政办法解决环境问题，自觉遵循经济规律和自然规律，提高环境保护工作水平。

从 2006 年开始，国家环境保护总局先后发布《全国环境监察标准化建设标准》《环境监察执法手册》《法律、行政法规和部门规章设定的环保部门行政处罚目录》《主要环境违法行为行政处罚自由裁量权细化参考指南》《关于规范行使环境监察执法自由裁量权的指导意见》《环境保护行政主管部门突发环境事件信息报送办法》等，还与当时的监察部联合制定了《环境保护违法违纪行为处分暂行规定》。这期间，环境行政执法主要是以环保专项行动为载体，重点是解决群众反映强烈的突出环境问题。

三、环境保护部时期（2008—2018 年）

2008 年国务院机构改革中，国家环境保护总局升级为环境保护部，成为国务院组成部门，表明国家对生态环境保护的重视程度提高到新的高度。

在环境法制与政策建设方面，2008 年，《水污染防治法》完成修订并生效实施，《循环经济促进法》获得通过。这期间，全国人大常委会正式启动对 1989 年《环境保护法》的修订工作，2009 年发布《全国人大常委会关于积极应对气候变化的决议》。为应对雾霾问题，国务院在 2013 年发布《大气污染防治行动计划》，明确设定了到 2017 年的大气污染防治行动目标。2007 年国务院发布《节能减排综合性工作方案》，重点污染物排放总量控制制度在环境治理中的作用得到进一步强化。

在环境执法中心工作方面，这期间环境监管执法主要以《国务院关于落实科学发展观加强环境保护的决定》《国务院关于加强环境保护重点工作的意见》为政策指导，环境执法的重点是着力解决影响科学发展和损害群众健康的突出环境问题。2007 年《国务院批转节能减排统计监测及考核实施方案和办法的通知》，将环境保护目标责任制与考核评价制度具体化，为地方政府节能减排制定了切实可行的考核评价体系，成为这期间环境行政执法的重要动力来源。

在环境执法的规范化建设方面，环境保护部先后制定了《环境行政复议办法》（2008 年）、《规范环境行政处罚自由裁量权若干意见》（2009 年）、《环境行政处罚办法》（2010 年），既细化了环境行政执法的法律规定、增强了可操作性，又形成了对环境行政执法的有效制约。2008 年，当时的环境保护部与监察部联合对地方政府违反环境法律法规的"土政策"进行了全面清理，破解了地方环境执法的诸多难题，确保了地方环境保护监管执法的法治化、程序化和规范化。

2012 年，党的十八大报告以专章形式提出国家"大力推进生态文明建设"。2013 年，十二届全国人大一次会议拉开了中国生态文明建设的新序幕。

2013—2016 年，国务院先后发布《大气污染防治行动计划》《水污染防治行动计划》《土壤污染防治行动计划》即三大行动计划，明确了在大气污染防治、水污染防治、土壤污染防治企业排污角度实现阶段性环境质量改善的目标。党的十八届三中全会《关于全面深化改革若干重大问题的决定》明确提出，"实行最严格的源头保护制度、损害赔偿制度、责任追究制度"。党的十八届四中全会《关于全面推进依法治国若干重大问题的决定》明确提出，"用严格的法律制度保护生态环境"。2014 年修订后的《环境保护法》将"按日计罚"制度写入该法，有力地提高了环境违法的成本，使环保法长出"铁齿钢牙"，很大程度上降低了企业环境违法频次。2015 年中共中央、国务院先后发布《关于加快推进生态文明建设的意见》《生态文明体制改革总体方案》，中共中央办公厅、国务院办公厅先后发布了有关该总体方案的六个配套性文件，即《环境保护督察方案（试行）》《生态环境监测网络建设方案》《开展领导干部自然资源资产离任审计的试点方案》《党政领导干部生态环境损害责任追究办法（试行）》《自然资源资产负债表试点方案》《生态环境损害赔偿制度试点方案》，明确提出实行"党政同责""一岗双责"等要求。2016 年中央环保督察制度正式启动运行，完成了对全国 31 个省（自治区、直辖市）的第一轮全覆盖式环保督察。2017 年开始，环境保护部开始采用监管

"五步法"，即督查、交办、巡查、约谈、专项督察，来强化环境监管执法，以提高执法实效性。中央环保督察制度的启动，实行了从督企到督政和督党的转变，是实行最严格环境保护制度的重要体现。

2015 年发布的《生态文明体制改革总体方案》提出，要"建立系统完整的生态文明制度体系"。《中共中央关于全面推进依法治国若干重大问题的决定》明确提出"用严格的法律制度保护生态环境"。2013—2017 年，《环境保护法》《大气污染防治法》《水污染防治法》《海洋环境保护法》《固体废物污染环境防治法》《野生动物保护法》《环境影响评价法》《建设项目环境保护管理条例》《自然保护区条例》等法律法规先后得到修订和完善，《核安全法》《环境保护税法》《环境保护税法实施条例》《畜禽规模养殖污染防治条例》《企业事业单位环境信息公开办法》《建设项目环境影响登记表备案管理办法》《建设项目环境影响后评价管理办法（试行）》《突发环境事件应急管理办法》《环境保护主管部门实施按日连续处罚办法》《环境保护主管部门实施限制生产、停产整治办法》《环境保护主管部门实施查封、扣押办法》等法律法规与规章得以制定，进一步完善了环境法律制度体系，为环境行政执法提供了有力的法律依据。2012 年修订的《民事诉讼法》和 2014 年修订的《环境保护法》将环境公益民事诉讼制度法律化，2017 年修改的《行政诉讼法》将环境公益行政诉讼制度法律化，为公民参与环境事务提供了法律保障，成为以环保行政机关为主导的环境监管执法的重要补充，初步建立起了多元共治的环境监管执法模式。

在强化环境执法方面，2014 年国务院办公厅发布了《关于加强环境监管执法的通知》（国办发〔2014〕56 号），明确提出要严格依法保护环境、推动环境执法全覆盖，对各类环境违法行为"零容忍"，推行"阳光执法"，明确地方政府领导、部门、企业和个人的环境责任，增强基层环境监管力量等内容。在环境行政机关和刑事司法衔接方面，2013 年公安部与原环境保护部联合制定了《关于加强环境保护与公安部门执法衔接配合工作的意见》，2017 年公安部、最高人民检察院、原环境保护部联合制定了《环境保护行政执法与刑事司法衔接工作办法》，进一步增强了运用治安管理处罚措施和刑法手段实现环境执法目的的能力。

在环境行政监管体制方面，2015 年，党的十八届五中全会提出要实行省级以下环境监测监察执法的垂直管理。2016 年，中共中央办公厅、国务院办公厅联合发布的《〈关于省以下环保机构监测监察执法垂直管理制度改革试点工作的指导意见〉的通知》，对地方各级政府在环境监测、监察与执法方面的事权划分进行了清晰界定，明确要求要制定负有生态环境监管职责相关部门的环境保护责任清单，明确要求“管发展必须管环保，管生产必须管环保”，明确提出强化环保规范化建设和能力建设，明确提出加强跨区域、跨流域环境管理，建立健全环境保护议事协调机制，强化环保部门与相关部门协作，实施环境监测执法信息共享等。纵向的生态环境监管体制改革，能够有效地防止地方政府干预环境监测监察执法，确保中央更加迅速及时地获取真实环境信息，还能够确保环境执法落到实处。

四、生态环境部时期（2018 年至今）

2018 年，党的十九届三中全会和十三届全国人大一次会议推动实现了国务院层面生态环境监管体制改革，在原国土资源部和环境保护部基础上，整合其他部委有关自然资源管理和生态环境保护的职能，分别组建成立了自然资源部和生态环境部。按照《深化党和国家机构改革方案》，新成立的生态环境部实现了五个“打通”，即打通了地上和地下、岸上和水里、陆地和海里、城市和农村、大气污染防治与应对气候变化。按照生态环境部的“三定”方案，新成立的生态环境部设立生态环境执法局和中央生态环境保护督察办公室，负责监督生态环境保护“党政同责”“一岗双责”落实情况，统一负责各类污染物的生态环境监督执法，组织开展全国生态环境保护执法检查活动，解决了长期以来生态环境执法，尤其是生态环境污染防治领域“九龙治水”的顽疾。

自 2018 年以来，《固体废物污染环境防治法》《环境影响评价法》《大气污染防治法》《野生动物保护法》《危险废物转移管理办法》《企业环境信息依法披露管理办法》《环境信访办法》《碳排放权交易管理办法（试行）》《固定污染源排污许可分类管理名录（2019 年版）》《放射性同位素与射线装置安全许可管理办法》《生活垃圾焚烧发电厂自动监测数据应用管理规定》《建设项目环境影响报告书（表）编制监督管理办法》《环境影响评价公众参与办法》《建设项目环境影响评价分类管理名录（2021 年版）》《国家危险废物名录（2021 年版）》等法律法规与规章都得到了修订和完善，还制定出台了

《土壤污染防治法》《生物安全法》《噪声污染防治法》《长江保护法》《湿地保护法》《黄河保护法》《排污许可管理条例》《地下水管理条例》《生态环境标准管理办法》等法律法规与规章。这些环保法律、行政法规的制定和修改，进一步完善了环境法律制度体系，为生态环境行政执法提供了有力的法律依据。2020 年颁布的《民法典》中有很多条款有关生态环境保护工作，并以专章形式规定了环境污染和生态破坏责任。2020 年年底通过的《刑法修正案（十一）》加大了对污染环境罪的惩处力度，增加规定在国家级自然保护区非法开垦、开发活动或者修建建筑物等严重破坏自然保护区生态环境资源的犯罪。2021 年 1 月，十三届全国人大常委会第二十五次会议表决通过新修订的《行政处罚法》。作为行政处罚的基础性法律，该法对生态环境执法产生了根本性的影响。2021 年修正的《民事诉讼法》完善了送达规则，合理缩短了公告送达时间。

2020 年年底，根据《最高人民法院关于修改〈最高人民法院关于在民事审判工作中适用《中华人民共和国工会法》若干问题的解释〉等二十七件民事类司法解释的决定》，修正了《最高人民法院关于审理环境侵权责任纠纷案件适用法律若干问题的解释》《最高人民法院关于审理生态环境损害赔偿案件的若干规定（试行）》。《最高人民法院关于审理生态环境侵权纠纷案件适用惩罚性赔偿的解释》《最高人民法院关于生态环境侵权案件适用禁止令保全措施的若干规定》也相继颁布施行。

在环境执法的规范化建设方面，2021 年 11 月，生态环境部印发了《关于深化生态环境领域依法行政 持续强化依法治污的指导意见》，这是生态环保系统推进依法治污的综合性文件。生态环境部先后还印发了《关于进一步规范适用环境行政处罚自由裁量权的指导意见》《关于进一步加强生态环境“双随机、一公开”监管工作的指导意见》《关于加强生态环境监督执法正面清单管理推动差异化执法监管的指导意见》《关于优化生态环境保护执法方式提高执法效能的指导意见》《关于实施生态环境违法行为举报奖励制度的指导意见》《关于在生态环境系统推进行政执法公示制度执法全过程记录制度重大执法决定法制审核制度的实施意见》《关于进一步强化生态环境保护监管执法的意见》《禁止环保“一刀切”工作意见》《关于印发生态环境领域进一步深化“放管服”改革，推动经济高质量发展的指导意见》等一系列文件。2021 年 11 月印发的《中共中央 国务院关于深入打好污染防治攻坚战的意见》明确要求提升生态环境监管执法效能。全面推行排污许可“一证式”管理，建立基于排污许可证的排污单位监管执法体系和自行监测监管机制。建立健全以污染源自动监控为主的非现场监管执法体系，强化关键工况参数和用水用电等控制参数自动监测。加强移动源监管能力建设。深入开展生活垃圾焚烧发电行业达标排放专项整治。全面禁止进口“洋垃圾”。依法严厉打击危险废物非法转移、倾倒、处置等环境违法犯罪行为，严肃查处环评、监测等领域弄虚作假行为。

2018 年以来，《中央生态环保督察工作规定》《党政领导干部生态环境责任追究办法》等一批党内生态环保法规相继制定、修订，不仅推动压实了生态文明建设和生态环保的政治责任，而且有力促进了国家生态环境法治的建设。2021 年 5 月，中央生态环境保护督察办公室印发了《生态环境保护专项督察办法》，作为《中央生态环境保护督察工作规定》的配套制度，共 5 章 25 条，明确了专项督察对象和重点，规范了专项督察程序和权限，严格了专项督察纪律和要求。制定过程中，中央生态环境保护督察办公室梳理总结了近年来专项督察工作实践经验，将既符合专项督察特点、又行之有效的工作机制和具体做法予以制度化。2020 年 8 月，生态环境部印发《生态环境部约谈办法》，加强和规范生态环境问题约谈工作，推动解决突出的生态环境问题，不断夯实生态环境保护责任。

总体来说，党的十八大以来，在党中央、国务院高度重视背景下，地方政府负责人约谈制度、中央生态环境保护督察制度、领导干部自然资源资产离任审计制度、领导干部生态环境损害责任追究制度、“党政同责”与“一岗双责”政策的实施，促使地方政府不断强化环境执法，有效地实现了通过环境执法来改善生态环境质量的最终目的，推动我国生态环境保护实现了历史性、转折性、全局性变化。

五、“十四五”展望

“十四五”期间，一是加强重点领域立法，填补立法空白。将按计划推动黄河保护、海洋环境保护、环境影响评价、气候变化应对、生态环境监测、生物多样性保护、电磁辐射污染防治等重点领域法律法规的制订和修订，加快构建与美丽中国目标相适应的生态文明法律法规体系。二是大力推动生态文明体制改革相关立法。加强生态环境损害赔偿、自然保护地、生态保护红线、环保信用评价等方面立法，确保重大改革举措依法有据、落地见效。积极推动区域生态环境立法。三是配合立法机关积极开展环境法典编纂的研究论证，科学整合生态环境领域的立法。构建源头严防、过程严管、后果严惩的生态环境保护制度体系，推动环境治理体系和治理能力现代化。四是完善严惩重罚制度。贯彻落实习近平总书记关于“严惩重罚生态环境违法行为”的重要指示精神，进一步完善生态环境违法行为的法律责任体系。积极推动行政责任、刑事责任和民事责任协同适用，构建以行政责任为主，刑事责任和民事责任配合适用的法律责任体系，不断完善企业、事业单位生态环境保护主体责任。进一步创新法律责任承担方式，有序扩大“双罚制”、按日计罚、信用惩戒等惩处机制的适用范围，积极探索生态修复、连带赔偿等新型法律责任承担机制。①

第二节　生态环境保护综合行政执法改革

一、《关于深化生态环境保护综合行政执法改革的指导意见》

为贯彻落实《中共中央关于深化党和国家机构改革的决定》《深化党和国家机构改革方案》部署要求，深化生态环境保护综合行政执法改革，整合组建生态环境保护综合执法队伍，中共中央办公厅、国务院办公厅于2018年12月4日印发了《关于深化生态环境保护综合行政执法改革的指导意见》。

《关于深化生态环境保护综合行政执法改革的指导意见》指出，根据中央改革精神和现行法律法规，整合环境保护和国土、农业、水利、海洋等部门相关污染防治和生态保护执法职责。生态环境保护执法包括污染防治执法和生态保护执法。其中，生态保护执法是指生态环境保护综合行政执法队伍依法查处破坏自然生态系统水源涵养、防风固沙和生物栖息等服务功能和损害生物多样性的行政行为。根据原相关部门工作职责，具体整合范围包括：生态环境保护部门污染防治、生态保护、核与辐射安全等方面的执法权；海洋

① 生态环境部2021年11月例行新闻发布会实录。http: //www.mee.gov.cn/ywdt/zbft/202111/t20211125_961825.shtml.

部门海洋、海岛污染防治和生态保护等方面的执法权；国土部门地下水污染防治执法权，对因开发土地、矿藏等造成生态破坏的执法权；农业部门农业面源污染防治执法权；水利部门流域水生态环境保护执法权；林业部门对自然保护地内进行非法开矿、修路、筑坝、建设造成生态破坏的执法权。整合后，生态环境保护综合行政执法队伍以本级生态环境部门的名义，依法统一行使污染防治、生态保护、核与辐射安全的行政处罚权以及与行政处罚相关的行政检查、行政强制权等执法职能。除法律法规另有规定外，相关部门不再行使上述行政处罚权和行政强制权。在此基础上，各地可以根据地方性法规、规章和工作需要，进一步整合地方有关部门污染防治和生态保护的执法职责，由生态环境保护综合行政执法队伍统一行使。已经实行更大范围跨领域、跨部门生态环境保护综合行政执法的，可以继续探索，具备条件的地区可结合实际进行更大范围的综合行政执法。

关于贯彻落实《关于深化生态环境保护综合行政执法改革的指导意见》的通知

为认真学习、贯彻落实《关于深化生态环境保护综合行政执法改革的指导意见》精神，扎实推进生态环境保护综合行政执法改革各项任务落实，生态环境部于2019年2月3日印发了《关于贯彻落实〈关于深化生态环境保护综合行政执法改革的指导意见〉的通知》（环办执法函〔2019〕149号）。

二、生态环境保护综合行政执法事项指导目录

《关于深化生态环境保护综合行政执法改革的指导意见》指出，全面梳理、规范和精简执法事项，加强对行政处罚、行政强制事项的源头治理，实行执法事项清单管理制度，并依法及时动态调整。凡没有法律、法规、规章依据的执法事项一律取消，对长期未发生且无实施必要的、交叉重复的执法事项大力清理，最大限度地减少不必要的执法事项，切实防止执法扰民。对涉及的相关法律、法规、规章及时进行清理修订。建立生态环境保护综合行政执法队伍的权力和责任清单，向社会公开职能职责、执法依据、执法标准、运行流程、监督途径和问责机制，尽职照单免责、失职照单问责。建立完善权力和责任清单的动态调整和长效管理机制，根据法律法规立改废释和机构职能变化情况及时进行调整公布。

为落实统一实行生态环境保护执法要求，明确生态环境保护综合行政执法职能，国务院办公厅于2020年3月9日印发《国务院办公厅关于生态环境保护综合行政执法有关事项的通知》（国办函〔2020〕18号），就《生态环境保护综合行政执法事项指导目录》有关事项提出具体要求。

国务院办公厅关于生态环境保护综合行政执法有关事项的通知

生态环境保护综合行政执法事项指导目录（2020年版）

根据深化党和国家机构改革有关安排部署，为贯彻落实《国务院办公厅关于生态环境保护综合行政执法有关事项的通知》（国办函〔2020〕18号）要求，扎实推进生态环境保护综合行政执法改革，经国务院同意，生态环境部于2020年3月12日印发《关于印发〈生态环境保护综合行政执法事项指导目录（2020年版）〉的通知》（环人事〔2020〕14号），将《生态环境保护综合行政执法事项指导目录（2020年版）》及说明进行印发。

三、生态环境保护综合行政执法队伍建设

《关于深化生态环境保护综合行政执法改革的指导意见》要求组建执法队伍。在明确执法机构和人员划转认定标准和程序基础上，按照“编随事走、人随编走”的原则，有序整合环境保护和国土、农业、水利、海洋、林业等部门相关污染防治和生态保护执法队伍，组建生态环境保护综合行政执法队伍。改革中应当做到职责整合与编制划转同步实施，队伍组建与人员划转同步操作，充实和加强生态环境保护综合执法力量。改革后，其他部门不再保留生态环境保护执法队伍。整合范围具体包括环境保护部门承担生态环境保护执法职责的人员，海洋部门及其海监执法机构承担海洋和海岛生态环境保护执法职责的人员，国土部门承担地下水污染防治执法和对因开发土地、矿藏等造成生态破坏执法职责的人员，农业部门承担农业面源污染防治执法职责的人员，水利部门流域管理机构承担水生态环境保护执法职责的人员，林业部门承担自然保护地生态环境保护执法职责的人员，以及其他承担污染防治执法和生态环境保护执法职责的人员。

《关于深化生态环境保护综合行政执法改革的指导意见》进一步要求加强

队伍建设。严把人员进口关，严禁将不符合行政执法类公务员管理规范要求的人员划入生态环境保护综合行政执法队伍，严禁挤占、挪用本应用于公益服务的事业编制。全面清理和规范临时人员和编外聘用人员，严禁使用辅助人员执法。按照“老人老办法、新人新办法”的原则，对干部职工工作和福利待遇作出妥善安排，不搞断崖式的精减分流人员。现有公益类事业编制，由同级机构编制委员会统筹用于解决生态环境保护相关领域用编需求。完善基层执法人员工资政策，推进执法人员依法参加工伤保险，鼓励探索通过购买人身意外伤害保险提高职业伤害保障水平。整合组建生态环境保护综合行政执法队伍涉及的不同性质编制使用置换等问题，目前保持现状，待中央统一明确政策意见后逐步加以规范。建立健全执法队伍管理制度，严格实行执法人员持证上岗和资格管理制度。建立考核奖惩制度，实行立功表彰奖励机制。加强党对生态环境保护综合行政执法工作的领导，加强队伍思想政治建设。加强生态环境保护综合行政执法队伍基层党组织建设和党员队伍建设，充分发挥基层党组织战斗堡垒作用和党员先锋模范作用。加强业务能力建设，健全教育培训机制，提高执法人员业务能力和综合素质。按照机构规范化、装备现代化、队伍专业化、管理制度化的要求，全面推进执法标准化建设，有关统一执法制式服装和标志，以及执法执勤用车（船、艇）配备，按中央统一规定执行。努力打造政治强、本领高、作风硬、敢担当，特别能吃苦、特别能战斗、特别能奉献的生态环境保护执法铁军。

（一）《关于加强生态环境保护综合行政执法队伍建设的实施意见》

为贯彻党中央、国务院决策部署，深化落实生态环境保护综合行政执法改革，加强生态环境保护综合行政执法队伍建设，2021 年 6 月 30 日，生态环境部印发了《关于加强生态环境保护综合行政执法队伍建设的实施意见》（环执法〔2021〕54 号）。《关于加强生态环境保护综合行政执法队伍建设的实施意见》的出台十分迫切和必要，将生态环境保护综合行政执法队伍打造成生态环境保护铁军中的主力军，是深入贯彻落实习近平生态文明思想和习近平法治思想，落实生态环境保护领域体制机制改革，深入打好污染防治攻坚战的根本要求。当前，各地生态环境保护综合行政执法机构基本组建完成，改革的“前半篇文

关于加强生态环境保护综合行政执法队伍建设的实施意见

章”基本到位。接下来，要在运行机制、能力建设、法治保障等方面大力加强建设，做好改革的“后半篇文章”，确保实现“机构规范化、装备现代化、队伍专业化、管理制度化”，建设一支蓝天净土、绿水青山的坚强守卫者队伍。

（二）《“十四五”生态环境保护综合行政执法队伍建设规划》

为深入推进生态环境保护综合行政执法改革，进一步加强生态环境保护综合行政执法队伍建设，切实提高执法效能，着力打造生态环境保护铁军中的主力军，生态环境部组织制定的《“十四五”生态环境保护综合行政执法队伍建设规划》于 2021 年 12 月 14 日印发。

“十四五”生态环境保护综合行政执法队伍建设规划

（三）《生态环境保护综合行政执法人员着装管理规定》

为规范生态环境保护综合行政执法人员着装，加强生态环境保护综合行政执法队伍规范化建设，生态环境部于 2021 年 2 月 22 日印发《关于印发〈生态环境保护综合行政执法人员着装管理规定〉的通知》（环执法〔2021〕20 号）。为加强综合行政执法制式服装和标志管理，推进规范文明执法，财政部、司法部曾于 2020 年 12 月 9 日印发了《综合行政执法制式服装和标志管理办法》。

关于印发《生态环境保护综合行政执法人员着装管理规定》的通知

关于印发《综合行政执法制式服装和标志管理办法》的通知

（四）《关于做好生态环境保护综合行政执法岗位培训工作的通知》

为进一步提高生态环境保护综合行政执法岗位培训（以下简称岗位培训）工作规范化水平，持续提升生态环境执法人员的综合素质和业务能力，全面推进生态环境执法队伍能力建设，加快打造生态环境保护铁军主力军，为

关于做好生态环境保护综合行政执法岗位培训工作的通知

深入打好污染防治攻坚战提供坚实的法治保障，根据干部培训工作有关要求和环境执法队伍管理相关规定，生态环境部就进一步做好岗位培训工作有关事项于2022年9月15日印发了《关于做好生态环境保护综合行政执法岗位培训工作的通知》。

全国生态环境保护综合行政执法人员岗位培训考试大纲（试行）

四、生态环境保护综合行政执法与生态环境执法的关系

《关于深化生态环境保护综合行政执法改革的指导意见》指出，生态环境保护综合行政执法队伍主要职能是依法查处生态环境违法行为，依法开展污染防治、生态保护、核与辐射安全等方面的日常监督检查。生态环境部门负责监督管理污染防治、生态保护、核与辐射安全，统一负责生态环境保护执法工作，支持生态环境保护综合行政执法队伍实施行政执法。自然资源、林业草原、水利等行业管理部门负责资源开发利用的监督管理、生态保护和修复，应当依法履行生态环境保护“一岗双责”，积极支持生态环境保护综合行政执法队伍依法履行执法职责。在日常监督管理中，行业管理部门发现环境污染和生态破坏行为的，应当及时将案件线索移交生态环境保护综合行政执法队伍，由其依法立案查处。

《环境保护法》第十条规定：“国务院环境保护主管部门，对全国环境保护工作实施统一监督管理；县级以上地方人民政府环境保护主管部门，对本行政区域环境保护工作实施统一监督管理。县级以上人民政府有关部门和军队环境保护部门，依照有关法律的规定对资源保护和污染防治等环境保护工作实施监督管理。”《水污染防治法》《大气污染防治法》《噪声污染防治法》《固体废物污染环境防治法》《放射性污染防治法》《海洋环境保护法》等单行法都有类似规定。

国家林业和草原局办公室关于做好林草行政执法与生态环境保护综合行政执法衔接的通知

生态环境部 水利部关于《生态环境保护综合行政执法事项指导目录（2020年版）》有关事项说明的通知

生态环境保护综合行政执法改革后，其他综合执法队伍和行政执法主体仍应

在其法定职责范围内承担执法职责。如《农业综合行政执法事项指导目录（2020 年版）》包含《大气污染防治法》（第 152 项）、《海洋环境保护法》（第 153 项～第 158 项）、《土壤污染防治法》（第 217 项～第 221 项、第 251 项）、《水污染防治法》（第 159 项～第 161 项、第 227 项、第 238 项）等；《市场监督管理综合行政执法事项指导目录（2022 年版）》包括《长江保护法》（第 235 项）、《大气污染防治法》（第 267 项～第 269 项、第 385 项、第 784 项）、《固体废物污染环境防治法》（第 774 项）等；《自然资源部行政处罚事项清单（2021 年）》包含《长江保护法》第八十七条和第八十八条的处罚事项等；住房和城乡建设部门依据《大气污染防治法》第一百一十五条关于建筑施工扬尘违法行为的处罚事项等；环境卫生主管部门依据《固体废物污染环境防治法》第一百一十一条关于生活垃圾、建筑垃圾和厨余垃圾违法行为的处罚事项等。

城市排水主管部门依据《水污染防治法》第八十八条和《固体废物污染环境防治法》第一百零八条对城镇污水处理设施污泥处理处置违法行为的处罚事项等。

第二章
生态环境保护综合行政执法依据

第一节　生态环境保护法律法规体系

生态环境保护法律法规体系是中国特色社会主义法律体系的重要组成部分。目前，由生态环境主管部门作为主要执法部门的生态环境方面法律共19件，占现行有效法律总数的1/20。另有生态环境行政法规32件。此外，还有与生态环境密切相关的党内法规文件，主要是生态文明体制改革制度性文件40件。生态环境部的部门规章87件。

此外还有地方性法规、地方政府规章、民族区域自治立法等。中国批准和参加的国际环境条约，包括双边和多边的条约，有40多件。最高人民法院、最高人民检察院颁布了大量的有关生态环境的司法解释，比如关于环境犯罪的、环境公益诉讼的、生态环境损害赔偿案件审理的等，不完整统计也在20件以上。其他法律法规中也有很多有关生态环境的规定，也是国家生态环境法律体系的有机组成部分。例如，《宪法》关于生态文明的规定，《民法典》关于“环境污染和生态破坏责任”的专章规定，《刑法》关于破坏环境资源保护罪的规定等。这些都是生态环境法律体系的有机组成部分。我国生态环境领域法律、法规体系已经基本形成，生态环境各主要领域已经基本实现有法可依（表2-1）。

表2-1　生态环境保护法律法规和标准数量

<table>
<tr><th>序号</th><th colspan="3">类别</th><th>数量/件</th></tr>
<tr><td>1</td><td rowspan="2">法律</td><td colspan="2">环保法律</td><td>19</td></tr>
<tr><td>2</td><td colspan="2">资源法律</td><td>23</td></tr>
<tr><td>3</td><td colspan="3">行政法规</td><td>32</td></tr>
<tr><td>4</td><td colspan="3">党内法规</td><td>40</td></tr>
<tr><td>5</td><td colspan="3">部门规章</td><td>86</td></tr>
<tr><td>6</td><td rowspan="3">生态环境标准</td><td colspan="2">标准总数</td><td>2 202</td></tr>
<tr><td>7</td><td rowspan="2">强制性标准</td><td>环境质量标准和风险管控标准</td><td>18</td></tr>
<tr><td>8</td><td>污染物排放标准</td><td>183</td></tr>
</table>

注：法律、法规统计时间截至2023年1月1日，生态环境标准统计截至2022年3月26日，部门规章的统计截至2024年4月7日。

第二节 《生态环境保护综合行政执法事项指导目录》所列执法依据

《行政处罚法》第四条规定："公民、法人或者其他组织违反行政管理秩序的行为，应当给予行政处罚的，依照本法由法律、法规、规章规定，并由行政机关依照本法规定的程序实施。"根据《行政处罚法》第三十八条第一款的规定，行政处罚没有依据或者实施主体不具有行政主体资格的，行政处罚无效。行政机关对公民、法人或者其他组织实施行政处罚，必须有法律、法规或者规章的依据，法无明文规定不得给予行政处罚，否则无效。行政处罚的法律依据主要是指《行政处罚法》第二章第十条至第十四条规定的法律、行政法规、地方性法规、部门规章以及地方政府规章。超出上述法律、法规和规章权限范围，或者依据其他规范性文件作出的行政处罚无效，行政相对人也不需要执行。

根据深化党和国家机构改革有关安排部署，为贯彻落实《国务院办公厅关于生态环境保护综合行政执法有关事项的通知》（国办函〔2020〕18号）要求，扎实推进生态环境保护综合行政执法改革，经国务院同意，生态环境部于2020年3月11日印发了《生态环境保护综合行政执法事项指导目录（2020年版）》及说明。需要说明的是，《生态环境保护综合行政执法事项指导目录（2020年版）》（表2-2～表2-4）并未涵盖所有现行有效的生态环境部规章①，国务院其他部委的部门规章也可以作为生态环境保护综合行政执法的依据。

表2-2 《生态环境保护综合行政执法事项指导目录（2020年版）》包含的法律名录

序号	名称	生效日期	制定、修正、修订情况
1	《环境保护法》	2015年1月1日	1989年12月26日第七届全国人民代表大会常务委员会第十一次会议通过，2014年4月24日第十二届全国人民代表大会常务委员会第八次会议修订

① 生态环境部规章库（http: //www.mee.gov.cn/gzk/）显示，截至2023年3月1日，生态环境部部门规章共86部。

续表

序号	名称	生效日期	制定、修正、修订情况
2	《大气污染防治法》	2016年1月1日	1987年9月5日第六届全国人民代表大会常务委员会第二十二次会议通过，根据1995年8月29日第八届全国人民代表大会常务委员会第十五次会议《关于修改〈中华人民共和国大气污染防治法〉的决定》第一次修正，2000年4月29日第九届全国人民代表大会常务委员会第十五次会议第一次修订，2015年8月29日第十二届全国人民代表大会常务委员会第十六次会议第二次修订，根据2018年10月26日第十三届全国人民代表大会常务委员会第六次会议《关于修改〈中华人民共和国野生动物保护法〉等十五部法律的决定》第二次修正
3	《水污染防治法》	2008年6月1日	1984年5月11日第六届全国人民代表大会常务委员会第五次会议通过，根据1996年5月15日第八届全国人民代表大会常务委员会第十九次会议《关于修改〈中华人民共和国水污染防治法〉的决定》第一次修正，2008年2月28日第十届全国人民代表大会常务委员会第三十二次会议修订，根据2017年6月27日第十二届全国人民代表大会常务委员会第二十八次会议《关于修改〈中华人民共和国水污染防治法〉的决定》第二次修正
4	《环境影响评价法》	2003年9月1日	2002年10月28日第九届全国人民代表大会常务委员会第三十次会议通过，根据2016年7月2日第十二届全国人民代表大会常务委员会第二十一次会议《关于修改〈中华人民共和国节约能源法〉等六部法律的决定》第一次修正，根据2018年12月29日第十三届全国人民代表大会常务委员会第七次会议《关于修改〈中华人民共和国劳动法〉等七部法律的决定》第二次修正
5	《土壤污染防治法》	2019年1月1日	2018年8月31日第十三届全国人民代表大会常务委员会第五次会议通过
6	《清洁生产促进法》	2003年1月1日	2002年6月29日第九届全国人民代表大会常务委员会第二十八次会议通过，根据2012年2月29日第十一届全国人民代表大会常务委员会第二十五次会议《关于修改〈中华人民共和国清洁生产促进法〉的决定》修正

续表

序号	名称	生效日期	制定、修正、修订情况
7	《野生动物保护法》	2023 年 1 月 1 日	1988 年 11 月 8 日第七届全国人民代表大会常务委员会第四次会议通过，根据 2004 年 8 月 28 日第十届全国人民代表大会常务委员会第十一次会议《关于修改〈中华人民共和国野生动物保护法〉的决定》第一次修正，根据 2009 年 8 月 27 日第十一届全国人民代表大会常务委员会第十次会议《关于修改部分法律的决定》第二次修正，2016 年 7 月 2 日第十二届全国人民代表大会常务委员会第二十一次会议第一次修订，根据 2018 年 10 月 26 日第十三届全国人民代表大会常务委员会第六次会议《关于修改〈中华人民共和国野生动物保护法〉等十五部法律的决定》第三次修正，2022 年 12 月 30 日第十三届全国人民代表大会常务委员会第三十八次会议第二次修订
8	《固体废物污染环境防治法》	2020 年 9 月 1 日	1995 年 10 月 30 日第八届全国人民代表大会常务委员会第十六次会议通过，2004 年 12 月 29 日第十届全国人民代表大会常务委员会第十三次会议第一次修订，根据 2013 年 6 月 29 日第十二届全国人民代表大会常务委员会第三次会议《关于修改〈中华人民共和国文物保护法〉等十二部法律的决定》第一次修正，根据 2015 年 4 月 24 日第十二届全国人民代表大会常务委员会第十四次会议《关于修改〈中华人民共和国港口法〉等七部法律的决定》第二次修正，根据 2016 年 11 月 7 日第十二届全国人民代表大会常务委员会第二十四次会议《关于修改〈中华人民共和国对外贸易法〉等十二部法律的决定》第三次修正，2020 年 4 月 29 日第十三届全国人民代表大会常务委员会第十七次会议第二次修订
9	《海洋环境保护法》	2024 年 1 月 1 日	1982 年 8 月 23 日第五届全国人民代表大会常务委员会第二十四次会议通过，1999 年 12 月 25 日第九届全国人民代表大会常务委员会第十三次会议修订，根据 2013 年 12 月 28 日第十二届全国人民代表大会常务委员会第六次会议《关于修改〈中华人民共和国海洋环境保护法〉等七部法律的决定》第一次修正，根据 2016 年 11 月 7 日第十二届全国人民代表大会常务委员会第二十四次会议《关于修改〈中华人民共和国海洋环境保护法〉的决定》第二次修正，根据 2017 年 11 月 4 日第十二届全国人民代表大会常务委员会第三十次会议《关于修改〈中华人民共和国会计法〉等十一部法律的决定》第三次修正　2023 年 10 月 24 日第十四届全国人民代表大会常务委员会第六次会议第二次修订

续表

序号	名称	生效日期	制定、修正、修订情况
10	《水法》	2002 年 10 月 1 日	1988 年 1 月 21 日第六届全国人民代表大会常务委员会第二十四次会议通过，2002 年 8 月 29 日第九届全国人民代表大会常务委员会第二十九次会议修订，根据 2009 年 8 月 27 日第十一届全国人民代表大会常务委员会第十次会议《关于修改部分法律的决定》第一次修正，根据 2016 年 7 月 2 日第十二届全国人民代表大会常务委员会第二十一次会议《关于修改〈中华人民共和国节约能源法〉等六部法律的决定》第二次修正
11	《海岛保护法》	2010 年 3 月 1 日	2009 年 12 月 26 日第十一届全国人民代表大会常务委员会第十二次会议通过
12	《环境噪声污染防治法》[1]	1997 年 3 月 1 日	已于 2022 年 6 月 5 日废止
13	《土地管理法》	1999 年 1 月 1 日	1986 年 6 月 25 日第六届全国人民代表大会常务委员会第十六次会议通过，根据 1988 年 12 月 29 日第七届全国人民代表大会常务委员会第五次会议《关于修改〈中华人民共和国土地管理法〉的决定》第一次修正，1998 年 8 月 29 日第九届全国人民代表大会常务委员会第四次会议修订，根据 2004 年 8 月 28 日第十届全国人民代表大会常务委员会第十一次会议《关于修改〈中华人民共和国土地管理法〉的决定》第二次修正，根据 2019 年 8 月 26 日第十三届全国人民代表大会常务委员会第十二次会议《关于修改〈中华人民共和国土地管理法〉、〈中华人民共和国城市房地产管理法〉的决定》第三次修正
14	《放射性污染防治法》	2003 年 10 月 1 日	2003 年 6 月 28 日第十届全国人民代表大会常务委员会第三次会议通过
15	《核安全法》	2018 年 1 月 1 日	2017 年 9 月 1 日第十二届全国人民代表大会常务委员会第二十九次会议通过

注：1. 于 2021 年 12 月 24 日通过《噪声污染防治法》，自 2022 年 6 月 5 日起施行。

表 2-3 《生态环境保护综合行政执法事项指导目录（2020 年版）》包含的行政法规名录

序号	名称	公布、修正、修订情况
1	《建设项目环境保护管理条例》	1998 年 11 月 29 日中华人民共和国国务院令第 253 号发布，根据 2017 年 7 月 16 日《国务院关于修改〈建设项目环境保护管理条例〉的决定》修订
2	《规划环境影响评价条例》	2009 年 8 月 17 日中华人民共和国国务院令第 559 号公布
3	《自然保护区条例》	1994 年 10 月 9 日中华人民共和国国务院令第 167 号发布，根据 2011 年 1 月 8 日《国务院关于废止和修改部分行政法规的决定》第一次修订，根据 2017 年 10 月 7 日国务院令第 687 号《国务院关于修改部分行政法规的决定》第二次修订
4	《风景名胜区条例》	2006 年 9 月 19 日中华人民共和国国务院令第 474 号公布，根据 2016 年 2 月 6 日《国务院关于修改部分行政法规的决定》修订
5	《太湖流域管理条例》	2011 年 9 月 7 日中华人民共和国国务院令第 604 号公布
6	《农药管理条例》	2001 年 11 月 29 日中华人民共和国国务院令第 326 号公布，根据 2001 年 11 月 29 日《国务院关于修改〈农药管理条例〉的决定》修订，根据 2017 年 3 月 16 日国务院令第 677 号修订
7	《防治海岸工程建设项目污染损害海洋环境管理条例》	1990 年 6 月 25 日中华人民共和国国务院令第 62 号公布，根据 2007 年 9 月 25 日国务院令第 507 号《国务院关于修改〈中华人民共和国防治海岸工程建设项目污染损害海洋环境管理条例〉的决定》第一次修订，根据 2017 年 3 月 1 日《国务院关于修改和废止部分行政法规的决定》进行了第二次修订，根据 2018 年 3 月 19 日《国务院关于修改和废止部分行政法规的决定》第三次修订
8	《防治陆源污染物污染损害海洋环境管理条例》	1990 年 6 月 22 日中华人民共和国国务院令第 61 号发布
9	《防治海洋工程建设项目污染损害海洋环境管理条例》	2006 年 9 月 19 日中华人民共和国国务院令第 475 号公布，根据 2017 年 3 月 1 日《国务院关于修改和废止部分行政法规的决定》第一次修订， 根据 2018 年 3 月 19 日《国务院关于修改和废止部分行政法规的决定》第二次修订
10	《消耗臭氧层物质管理条例》	因《国务院关于修改〈消耗臭氧层物质管理条例〉的决定》已经 2023 年 12 月 18 日国务院第 21 次常务会议通过，自 2024 年 3 月 1 日起施行

续表

序号	名称	公布、修正、修订情况
11	《危险废物经营许可证管理办法》	2004 年 5 月 30 日中华人民共和国国务院令第 408 号公布，根据 2013 年 12 月 7 日《国务院关于修改部分行政法规的决定》修订，根据 2016 年 2 月 6 日《国务院关于修改部分行政法规的决定》第二次修订
12	《危险化学品安全管理条例》	2002 年 1 月 26 日中华人民共和国国务院令第 344 号公布，根据 2011 年 3 月 2 日中华人民共和国国务院令第 591 号重新公布，根据 2013 年 12 月 7 日国务院令第 645 号公布修正
13	《医疗废物管理条例》	2003 年 6 月 16 日中华人民共和国国务院令第 380 号公布，根据 2011 年 1 月 8 日《国务院关于废止和修改部分行政法规的决定》修订
14	《废弃电器电子产品回收处理管理条例》	2009 年 2 月 25 日中华人民共和国国务院令第 551 号公布，根据 2019 年 3 月 2 日《国务院关于修改部分行政法规的决定》修订
15	《畜禽规模养殖污染防治条例》	2013 年 11 月 11 日中华人民共和国国务院令第 643 号公布
16	《土地复垦条例》	2011 年 3 月 5 日中华人民共和国国务院令第 592 号公布
17	《放射性废物安全管理条例》	2011 年 12 月 20 日中华人民共和国国务院令第 612 号公布
18	《放射性物品运输安全管理条例》	2009 年 9 月 14 日中华人民共和国国务院令第 562 号公布
19	《放射性同位素与射线装置安全和防护条例》	2005 年 9 月 14 日中华人民共和国国务院令第 449 号公布，根据 2014 年 7 月 29 日《国务院关于修改部分行政法规的决定》第一次修订，根据 2019 年 3 月 2 日《国务院关于修改部分行政法规的决定》第二次修订
20	《民用核安全设备监督管理条例》	2007 年 7 月 11 日中华人民共和国国务院令第 500 号公布，根据 2016 年 2 月 6 日《国务院关于修改部分行政法规的决定》第一次修订，根据 2019 年 3 月 2 日《国务院关于修改部分行政法规的决定》第二次修订
21	《核材料管理条例》	1987 年 6 月 15 日中华人民共和国国务院发布
22	《民用核设施安全监督管理条例》	1986 年 10 月 29 日中华人民共和国国务院发布

表 2-4 《生态环境保护综合行政执法事项指导目录（2020 年版）》包含的部门规章

序号	名称	文号	发布日期	备注
1	《排污许可管理办法（试行）》	环境保护部令第 48 号	2018 年 1 月 10 日	根据 2019 年 8 月 22 日《生态环境部关于废止、修改部分规章的决定》（生态环境部令第 7 号）修改
2	《企业事业单位环境信息公开办法》[1]	环境保护部令第 31 号	2014 年 12 月 19 日	已于 2022 年 2 月 8 日废止
3	《建设项目环境影响登记表备案管理办法》	环境保护部令第 41 号	2016 年 11 月 16 日	
4	《突发环境事件应急管理办法》	环境保护部令第 34 号	2015 年 4 月 16 日	
5	《国家级自然保护区监督检查办法》	国家环境保护总局令第 36 号	2006 年 10 月 18 日	根据 2017 年 12 月 20 日《环境保护部关于修改部分规章的决定》第一次修正，根据 2019 年 8 月 22 日《生态环境部关于废止、修改部分规章的决定》（中华人民共和国生态环境部令第 7 号）第二次修正，根据 2021 年 12 月 13 日《关于修改部分部门规章的决定》（中华人民共和国生态环境部令第 25 号）第三次修正
6	《在国家级自然保护区修筑设施审批管理暂行办法》	国家林业局令第 50 号	2018 年 3 月 5 日	
7	《森林公园管理办法》	林业部令第 3 号	1994 年 1 月 22 日	2023 年 9 月 15 日废止
8	《湿地保护管理规定》	国家林业局令第 32 号	2013 年 3 月 28 日	2017 年 12 月 5 日国家林业局令第 48 号修改
9	《国家级森林公园管理办法》	国家林业局令第 27 号	2011 年 5 月 20 日	2023 年 9 月 15 日废止

续表

序号	名称	文号	发布日期	备注
10	《水产苗种管理办法》	中华人民共和国农业部令第 46 号	2005 年 1 月 5 日	
11	《环境监测管理办法》	国家环境保护总局令第 39 号	2007 年 7 月 25 日	
12	《水产种质资源保护区管理暂行办法》	农业部令 2011 年第 1 号	2011 年 1 月 5 日	
13	《近岸海域环境功能区管理办法》	国家环境保护总局令第 8 号	1999 年 12 月 10 日	2010 年 12 月 22 日经环境保护部令第 16 号修正
14	《消耗臭氧层物质进出口管理办法》	环境保护部、商务部、海关总署令第 26 号	2014 年 1 月 27 日	根据 2019 年 8 月 22 日《生态环境部关于废止、修改部分规章的决定》（生态环境部令第 7 号）修正
15	《碳排放权交易管理暂行办法》[2]	国家发展和改革委员会令第 17 号	2014 年 12 月 10 日	已于 2021 年 4 月 1 日废止
16	《污染源自动监控管理办法》	国家环境保护总局令第 28 号	2005 年 9 月 19 日	
17	《医疗废物管理行政处罚办法》	卫生部、国家环境保护总局令第 21 号	2004 年 5 月 27 日	根据 2010 年 12 月 22 日经《环境保护部关于废止修改部分环保部门规章和规范性文件的决定》修正
18	《电子废物污染环境防治管理办法》	国家环境保护总局令第 40 号	2007 年 9 月 27 日	
19	《防治尾矿污染环境管理规定》[3]	国家环境保护局令第 11 号	1992 年 8 月 17 日	已于 2022 年 7 月 1 日废止
20	《煤矸石综合利用管理办法》	国家发展和改革委员会令第 18 号	2014 年 12 月 22 日	
21	《粉煤灰综合利用管理办法》	国家发展和改革委员会令第 19 号	2013 年 1 月 5 日	

续表

序号	名称	文号	发布日期	备注
22	《突发环境事件调查处理办法》	环境保护部令第32号	2014年12月19日	
23	《新化学物质环境管理办法》[4]	环境保护部令第7号	2010年1月19日	已于2021年1月1日起废止
24	《病原微生物实验室生物安全环境管理办法》	国家环境保护总局令第32号	2006年3月8日	
25	《进出口环保用微生物菌剂环境安全管理办法》	环境保护部、质检总局令第10号	2010年4月2日	
26	《危险废物出口核准管理办法》	国家环境保护总局令第47号	2008年1月25日	根据2019年8月22日《生态环境部关于废止、修改部分规章的决定》（生态环境部令第7号）修改
27	《危险废物转移联单管理办法》[5]	国家环境保护总局令第5号	1999年6月22日	已于2022年1月1日废止
28	《废弃电器电子产品处理资格许可管理办法》	环境保护部令第13号	2010年12月15日	
29	《放射性同位素与射线装置安全许可管理办法》	国家环境保护总局令第31号	2006年1月18日	2008年12月6日经环境保护部令第3号《关于修改〈放射性同位素与射线装置安全许可管理办法〉的决定》修改，2017年12月12日经环境保护部令第47号《环境保护部关于修改部分规章的决定》第二次修正。根据2019年8月22日《生态环境部关于废止、修改部分规章的决定》（生态环境部令第7号）修改。根据2021年1月4日《关于废止、修改部分生态环境规章和规范性文件的决定》（生态环境部令第20号）修改

续表

序号	名称	文号	发布日期	备注
30	《放射性同位素与射线装置安全和防护管理办法》	环境保护部令第 18 号	2011 年 4 月 18 日	HAF802—2011
31	《放射性固体废物贮存和处置许可管理办法》	环境保护部令第 25 号	2013 年 12 月 30 日	HAF402—2013。根据 2019 年 8 月 22 日《生态环境部关于废止、修改部分规章的决定》（生态环境部令第 7 号）修正
32	《民用核安全设备设计制造安装和无损检验监督管理规定》	国家环境保护总局令第 43 号	2007 年 12 月 28 日	HAF601—2007。根据 2019 年 8 月 22 日《生态环境部关于废止、修改部分规章的决定》（生态环境部令第 7 号）修改
33	《民用核安全设备焊工焊接操作工资格管理规定（HAF603）》[6]	国家环境保护总局令第 45 号	2007 年 12 月 28 日	已于 2020 年 1 月 1 日废止

注：1.《企业环境信息依法披露管理办法》（生态环境部令第 24 号）自 2022 年 2 月 8 日起施行，《企业事业单位环境信息公开办法》（环境保护部令第 31 号）同时废止。

2.《碳排放权交易管理暂行办法》（国家发展和改革委员会令第 17 号）自 2021 年 4 月 1 日起废止；《碳排放权交易管理办法（试行）》（生态环境保护部令第 19 号）自 2021 年 2 月 1 日起施行。

3.《防治尾矿污染环境管理规定》（国家环境保护局令第 16 号）于 2022 年 7 月 1 日废止；《尾矿污染环境防治管理办法》（生态环境部令第 26 号）自 2022 年 7 月 1 日起施行。

4.《新化学物质环境管理办法》（环境保护部令第 7 号）于 2021 年 1 月 1 日废止；《新化学物质环境管理登记办法》（生态环境部令第 12 号）自 2021 年 1 月 1 日起施行。

5.《危险废物转移联单管理办法》（国家环境保护总局令第 5 号）于 2022 年 1 月 1 日废止；《危险废物转移管理办法》（生态环境部令第 23 号）自 2022 年 1 月 1 日起施行。

6.《民用核安全设备焊工焊接操作工资格管理规定》（HAF603）自 2020 年 1 月 1 日起废止；《民用核安全设备焊接人员资格管理规定》（生态环境部令第 5 号）自 2020 年 1 月 1 日起施行。

第三章
污染源环境执法

第一节 污染源环境执法概述

污染源环境执法是生态环境主管部门及其执法机构依据生态环境保护法律、法规对辖区内污染源的污染物排放、污染治理和污染事故及污染纠纷进行现场检查、调查取证并参与处理的现场执法工作。

污染源环境执法是生态环境保护综合行政执法的中心工作。为贯彻《环境保护法》，保护环境，防治污染，规范工业污染源现场检查活动，原环境保护部于2011年制定了《工业污染源现场检查技术规范》（HJ 606—2011）。该标准规定了工业污染源现场检查的准备工作、主要内容及技术要点。该标准适用于各级生态环境主管部门的工业污染源现场检查工作。

工业污染源现场检查技术规范

关于《工业污染源现场检查技术规范》有关问题的复函

一、污染源环境执法的重点内容

（一）环境管理制度执行情况的检查

检查排污者的环评审批和验收手续是否齐全、有效；检查有无排污许可证，排污许可证是否有效；检查排污者是否曾有被处理、处罚记录，以及处理、处罚决定的执行情况。

（二）了解生产设施

了解排污单位的工艺、设备及生产状况，是否有国家规定淘汰的工艺、设备和技术，了解污染物的来源、产生规模、排污去向，具体内容应包括：①了解原辅材料、中间产品、产品的类型、数量及特性等情况；②了解生产工艺、设备及运行情况；③了解原辅材料、中间产品、产品的贮存场所与输移过程；④了解生产变动情况。

（三）污染治理设施检查

掌握排污者现有污染治理设施的类型、数量、性能和污染治理工艺，检查是否符合环境影响评价文件的要求；检查污染治理设施管理维护情况、运行情况、运行记录，是否存在停运或不正常运行情况，是否按规程操作；检查污染物处理量、处理率及处理达标率，有无违法违规的行为。

（四）污染物排放情况检查

检查污染物排放口（源）的类型、数量、位置的设置是否规范，是否有暗管排污等偷排行为；检查排污口（源）排放污染物的种类、数量、浓度、排放方式等是否满足相关污染物排放标准及排污许可的要求；查阅污染物排放自行监测记录，如有必要可进行现场采样或监测。

检查排污者是否遵守了《一般工业固体废物贮存和填埋污染控制标准》（GB 18599—2020）、《危险废物贮存污染控制标准》（GB 18597—2023）、《环境保护图形标志　固体废物贮存（处置）场》（GB 15562.2—1995）及修改单、《危险废物识别标志设置技术规范》（HJ 1276—2022）、《排污单位污染物排放口二维码标识技术规范》（HJ 1297—2023）、《环境保护图形标志——排放口（源）》（GB/T 15562.1—1995）等。

（五）环境风险防控情况检查

根据职责范围，生态环境保护综合行政执法人员可单独或配合其他环境执法机构对环境风险防控情况等进行检查。检查内容主要包括：环境影响评价中环境风险评价专题章节的落实情况；突发环境事件应急预案编制、报备、演练和培训情况；环境安全隐患排查治理情况；事故应急池、雨污切换阀门、出厂总排口阀门、企业液体原料或成品贮存区周边围堰及地面防渗、必要的应急物资储备等情况。

（六）自动监控系统运行情况检查

根据职责范围，生态环境保护综合行政执法人员可单独或配合其他环境执法机构对污染源自动监控系统运行情况进行检查。具体检查内容按照原环境保护部《污染源自动监控设施现场监督检查办法》及《污染源自动监控设施现场监督检查技术指南》的规定执行。

污染源自动监控设施现场监督检查办法

污染源自动监控设施现场监督检查技术指南

排污单位污染物排放口二维码标识技术规范（HJ 1297—2023）

生态环境部公布第九批生态环境执法典型案例（自动监控领域）

生态环境部公布第十二批生态环境执法典型案例（自动监控领域）

生态环境部公布第十五批生态环境执法典型案例（自动监控领域）

（七）排污者守法情况调查

《环境保护法》第四十二条第二款规定，排放污染物的企业事业单位，应当建立环境保护责任制度，明确单位负责人和相关人员的责任。检查排放污染物的企业事业单位是否建立了生态环境保护责任制度；检查排放污染物的企业事业单位是否明确了单位负责人和相关人员的生态环境保护责任。

二、污染源环境执法工作程序

（一）制定污染源环境执法计划

生态环境保护综合行政执法机构应当根据本行政区域生态环境保护工作任务，污染源数量、类型，管理权限等，制定环境执法工作年度计划。

《关于优化生态环境保护执法方式提高执法效能的指导意见》（环执法〔2021〕1号）曾指出，2021年起，市、县两级生态环境部门要依据履职要求，科学统筹日常监管和执法检查等所有现场检查任务，结合监管执法力量、技术装备和经费保障等情况制定年度现场检查计划并按月细化落实。国家、省级安排的专项监管执法活动也应纳入市、县现场检查计划。年度及月度现场检查计划应报上级生态环境部门备案。因上级临时部署重大执法行动等特殊情况，应对现场检查计划作出相应调整并备案。《关于进一步加强生态环境“双随机、一公开”监管工作的指导意见》（环办执法〔2021〕18号）进一步指出，加强“双随机、一公开”监管制度设计，根据法律法规规定和区域发展实际情况，做好“双随机”抽查工作计划，高效统筹监管执法活动，合理分类、科学配置监管执法资源，全面提高生态环境监管执法效能。

关于优化生态环境保护执法方式提高执法效能的指导意见

生态环境部公布2022年第一批生态环境执法典型案例（优化执法方式领域）

生态环境部通报优化执法方式第一批典型做法和案例

关于进一步加强生态环境“双随机、一公开”监管工作的指导意见

（二）污染源现场检查

现场执法检查应根据执法对象、内容、要求做好工作准备，熟悉执法任务，备好检查记录本（表）、执法文书和照相机、摄像机、执法记录仪、手持GPS定位等现场取证设备，并视情联络有关执法机构或人员参加。

执法人员进入执法现场，应当出示执法资格证件，异地执法应当同时出示临时工作证件，向被检查人员表明身份，介绍执法任务，提出明确要求，及时展开检查。配备执法记录仪的应当使用执法记录仪进行全过程记录，并填写《现场检查（勘察）笔录》。

对阻挠、拒绝检查的，执法人员应当使用执法记录仪或者采取拍照、录音、摄像等方式方法进行连贯性取证。

现场执法检查要认真、细致、全面。现场执法人员有权进入有关场所进行检查、勘察、取样、录音、拍照、摄像、查阅、复制生产记录、排污记录和其他有关材料，并询问当事人及有关人员。

收集证据要全面、客观、及时、公开。证据包括书证、物证、视听资料、电子数据、证人证言、当事人的陈述、环境监测报告及其他鉴定意见、现场检查（勘察）笔录等。取得的证据应当能够证明违法主体、违法情节、违法行为和违法后果。

现场检查需要采样的，可委托具备合法资质的机构、人员或者由取得采样资格证的执法人员按照技术规范进行。应当将采样情况记入现场检查（勘察）笔录，可以采取拍照、录像记录采样情况。

（三）视情处理

现场检查发现环境违法问题的，应当在填写《现场执法检查记录表》的

同时，结合取证情况制作《现场执法调查询问笔录》《现场检查（勘察）笔录》和《现场检查（勘察）示意图》。

经审查，符合下列四项条件的，予以立案：①有初步证据材料证明有涉嫌违反生态环境保护法律、法规和规章的违法行为；②依法应当或者可以给予行政处罚；③属于本机关管辖；④违法行为未超过《中华人民共和国行政处罚法》规定的追责期限。

及时填写《责令改正违法行为决定书》并送达，采取有效措施制止环境违法行为。

第二节　水污染源环境执法

一、水污染源检查重点内容

（一）水污染防治设施、设备建设情况

（1）水污染防治设施是否与主体工程同时设计、同时施工、同时投入使用；

（2）水污染防治设施是否符合经批准或者备案的环境影响评价文件的要求；

（3）水污染防治设施是否经过验收及环境保护设施验收中是否存在弄虚作假；

（4）排污口设置是否符合规定；

（5）排污口是否设置明显标志牌，标明监督管理单位和投诉举报电话等信息；

（6）是否按要求安装水污染物排放自动监测设备；

（7）自动监测设备是否按要求与生态环境主管部门的监控设备联网。

（二）水污染防治管理情况

（1）是否取得排污许可证或者已经取得的排污许可证是否在有效期内；

（2）水污染防治设施运行是否正常；

（3）是否建立环境管理台账，如实记录污染防治设施的运行、维护和水污染物排放等情况；

（4）直接或间接向水体排放水污染物，是否符合国家或者地方规定的水

污染物排放标准；

（5）排放水污染物的种类、浓度、总量和排放去向等是否符合排污许可证的规定；

（6）报告水污染物排放行为或者水污染物排放浓度、排放量情况是否属实；

（7）是否按照排污许可证和其他有关规定披露环境信息；

（8）是否按照有关规定和监测规范，对所排放的水污染物自行监测，保存原始监测记录；

（9）水污染排放自动监测设备运行是否正常，数据传输是否正常；

（10）自行监测数据是否真实、准确；

（11）是否存在利用渗井、渗坑、裂隙、溶洞，私设暗管，篡改、伪造监测数据，或者不正常运行水污染防治设施等逃避监管的方式排放水污染物的情况；

（12）对于含不同种类和浓度污染物的废水，是否进行了必要的分质管理；

（13）是否存在利用无防渗漏措施的沟渠、坑塘等输送或者存贮含有毒污染物的废水、含病原体的污水和其他废弃物的情况。

二、水污染源环境执法难点解析

（一）“不正常运行水污染防治设施”的认定

参照《行政主管部门移送适用行政拘留环境违法案件暂行办法》第七条的规定：“通过不正常运行防治污染设施等逃避监管的方式违法排放污染物，包括以下情形：（一）将部分或全部污染物不经过处理设施，直接排放的；（二）非紧急情况下开启污染物处理设施的应急排放阀门，将部分或者全部污染物直接排放的；（三）将未经处理的污染物从污染物处理设施的中间工序引出直接排放的；（四）在生产经营或者作业过程中，

关于逃避监管违法排污情形认定有关问题的复函

关于《水污染防治法》第二十二条有关“其他规避监管的方式排放污染物”及相关法律责任适用问题的复函

停止运行污染物处理设施的；（五）违反操作规程使用污染物处理设施，致使处理设施不能正常发挥处理作用的；（六）污染物处理设施发生故障后，排污单位不及时或者不按规程进行检查和维修，致使处理设施不能正常发挥处理作用的；（七）其他不正常运行污染防治设施的情形。”

（二）私设暗管超标排污的法律适用[①]

对于私设暗管超标排放水污染物的行为，《环境保护法》和《水污染防治法》的规定不太一致，到底该如何处罚呢？

《水污染防治法》第十条规定：“排放水污染物，不得超过国家或者地方规定的水污染物排放标准和重点水污染物排放总量控制指标。”其第三十九条规定：“禁止利用渗井、渗坑、裂隙、溶洞，私设暗管，篡改、伪造监测数据，或者不正常运行水污染防治设施等逃避监管的方式排放水污染物。”其第八十三条第二项和第三项分别规定，违反本法规定，超过水污染物排放标准排放水污染物的或者私设暗管排放水污染物的，由县级以上人民政府环境保护主管部门责令改正或者责令限制生产、停产整治，并处十万元以上一百万元以下的罚款；情节严重的，报经有批准权的人民政府批准，责令停业、关闭。

笔者认为，私设暗管超标排放水污染物在客观上应为一个行为，即利用私设的暗管排放超标的水污染物。但是，私设暗管超标排放水污染物这样一个行为又同时违反了不同的法律规范，此种情形类似于刑法理论中的“想象竞合”。行为人只实施了一个行为，作为评价对象的也只有一个行为。

现行行政和环境法律法规没有明文规定“想象竞合”的问题，我国刑法总则也没有明文规定想象竞合犯及其处理原则。但刑法分则的一些条文明显承认了想象竞合犯，并且规定对想象竞合犯仅适用从重量刑。

而依据《环境保护法》第六十三条第三项的规定，企业事业单位和其他生产经营者通过暗管等逃避监管的方式违法排放污染物，尚不构成犯罪的，除依照有关法律法规规定予以处罚外，由县级以上人民政府环境保护主管部门或者其他有关部门将案件移送公安机关，对其直接负责的主管人员和其他直接责任人员，处十日以上十五日以下拘留；情节较轻的，处五日以上十日以下拘留。

由此可见，私设暗管排放水污染物的行为与超过水污染物排放标准排放

① 曹晓凡 . 私设暗管超标排污，依据哪条法律处罚？[N]. 中国环境报，2019-08-23(8).

水污染物的行为相比，除了“责令改正或者限制生产、停产整治，并处十万元以上一百万元以下的罚款；情节严重的，报经有批准权的人民政府批准，责令停业、关闭”的法律责任外，还有行政拘留。

综上所述，笔者认为，私设暗管超标排放水污染物的，应依照处罚从重的规则进行处罚，即应依据《水染防治法》第八十三条第三项和《环境保护法》第六十三条第三项的规定进行处罚。纳入排污许可管理的，也可根据《排污许可管理条例》第三十四条第二项和《环境保护法》第六十三条第三项的规定进行处罚。

（三）私设暗管达标排污仍属违法行为

《水污染防治法》第三十九条规定：“禁止利用渗井、渗坑、裂隙、溶洞，私设暗管，篡改、伪造监测数据，或者不正常运行水污染防治设施等逃避监管的方式排放水污染物。”企业事业单位和其他生产经营者通过私设暗管等逃避监管的方式排放水污染物的，依法应当予以行政处罚；污染者以其排放的水污染物达标、没有对环境造成损害为由，主张不应受到行政处罚的，不予支持。

陈德龙诉成都市成华区环境保护局环境行政处罚案

三、水污染源环境违法行为的法律责任

水污染源主要执法事项目录见表 3-1。

表 3-1　水污染源主要执法事项目录

序号	违法行为	法律依据
1	拒绝、阻挠监督检查，或者在接受水污染监督检查时弄虚作假	《水污染防治法》 第三十条　环境保护主管部门和其他依照本法规定行使监督管理权的部门，有权对管辖范围内的排污单位进行现场检查，被检查的单位应当如实反映情况，提供必要的资料。检查机关有义务为被检查的单位保守在检查中获取的商业秘密。 第八十一条　以拖延、围堵、滞留执法人员等方式拒绝、阻挠环境保护主管部门或者其他依照本法规定行使监督管理权的部门的监督检查，或者在接受监督检查时弄虚作假的，由县级以上人民政府环境保护主管部门或者其他依照本法规定行使监督管理权的部门责令改正，处二万元以上二十万元以下的罚款

续表

序号	违法行为	法律依据
2	未按照规定对所排放的水污染物自行监测等行为	《水污染防治法》 第二十三条第一款　实行排污许可管理的企业事业单位和其他生产经营者应当按照国家有关规定和监测规范，对所排放的水污染物自行监测，并保存原始监测记录。重点排污单位还应当安装水污染物排放自动监测设备，与环境保护主管部门的监控设备联网，并保证监测设备正常运行。具体办法由国务院环境保护主管部门规定。 第三十二条第二款　排放前款规定名录中所列有毒有害水污染物的企业事业单位和其他生产经营者，应当对排污口和周边环境进行监测，评估环境风险，排查环境安全隐患，并公开有毒有害水污染物信息，采取有效措施防范环境风险。 第八十二条　违反本法规定，有下列行为之一的，由县级以上人民政府环境保护主管部门责令限期改正，处二万元以上二十万元以下的罚款；逾期不改正的，责令停产整治： （一）未按照规定对所排放的水污染物自行监测，或者未保存原始监测记录的； （二）未按照规定安装水污染物排放自动监测设备，未按照规定与环境保护主管部门的监控设备联网，或者未保证监测设备正常运行的； （三）未按照规定对有毒有害水污染物的排污口和周边环境进行监测，或者未公开有毒有害水污染物信息的
3	违法违规设置排污口	《水污染防治法》 第十九条第二款　建设单位在江河、湖泊新建、改建、扩建排污口的，应当取得水行政主管部门或者流域管理机构同意；涉及通航、渔业水域的，环境保护主管部门在审批环境影响评价文件时，应当征求交通、渔业主管部门的意见。 第二十二条　向水体排放污染物的企业事业单位和其他生产经营者，应当按照法律、行政法规和国务院环境保护主管部门的规定设置排污口；在江河、湖泊设置排污口的，还应当遵守国务院水行政主管部门的规定。 第六十四条　在饮用水水源保护区内，禁止设置排污口。 第八十四条　在饮用水水源保护区内设置排污口的，由县级以上地方人民政府责令限期拆除，处十万元以上五十万元以下的罚款；逾期不拆除的，强制拆除，所需费用由违法者承担，处五十万元以上一百万元以下的罚款，并可以责令停产整治。

续表

序号	违法行为	法律依据
3	违法违规设置排污口	除前款规定外，违反法律、行政法规和国务院环境保护主管部门的规定设置排污口的，由县级以上地方人民政府环境保护主管部门责令限期拆除，处二万元以上十万元以下的罚款；逾期不拆除的，强制拆除，所需费用由违法者承担，处十万元以上五十万元以下的罚款；情节严重的，可以责令停产整治。 未经水行政主管部门或者流域管理机构同意，在江河、湖泊新建、改建、扩建排污口的，由县级以上人民政府水行政主管部门或者流域管理机构依据职权，依照前款规定采取措施、给予处罚
4	违法向水体排放油类、酸液、碱液等行为	《水污染防治法》 第三十三条　禁止向水体排放油类、酸液、碱液或者剧毒废液。 禁止在水体清洗装贮过油类或者有毒污染物的车辆和容器。 第三十四条　禁止向水体排放、倾倒放射性固体废物或者含有高放射性和中放射性物质的废水。 向水体排放含低放射性物质的废水，应当符合国家有关放射性污染防治的规定和标准。 第三十六条　含病原体的污水应当经过消毒处理；符合国家有关标准后，方可排放。 第三十七条　禁止向水体排放、倾倒工业废渣、城镇垃圾和其他废弃物。 禁止将含有汞、镉、砷、铬、铅、氰化物、黄磷等的可溶性剧毒废渣向水体排放、倾倒或者直接埋入地下。 存放可溶性剧毒废渣的场所，应当采取防水、防渗漏、防流失的措施。 第三十八条　禁止在江河、湖泊、运河、渠道、水库最高水位线以下的滩地和岸坡堆放、存贮固体废弃物和其他污染物。 第四十条　化学品生产企业以及工业集聚区、矿山开采区、尾矿库、危险废物处置场、垃圾填埋场等的运营、管理单位，应当采取防渗漏等措施，并建设地下水水质监测井进行监测，防止地下水污染。 加油站等的地下油罐应当使用双层罐或者采取建造防渗池等其他有效措施，并进行防渗漏监测，防止地下水污染。 禁止利用无防渗漏措施的沟渠、坑塘等输送或者存贮含有毒污染物的废水、含病原体的污水和其他废弃物。 第八十五条　有下列行为之一的，由县级以上地方人民政府环境保护主管部门责令停止违法行为，限期采取治理措施，消除污染，处以罚款；逾期不采取治理措施的，环境保护主管部门可以指定有治理能力的单位代为治理，所需费用由违法者承担：

续表

序号	违法行为	法律依据
4	违法向水体排放油类、酸液、碱液等行为	（一）向水体排放油类、酸液、碱液的； （二）向水体排放剧毒废液，或者将含有汞、镉、砷、铬、铅、氰化物、黄磷等的可溶性剧毒废渣向水体排放、倾倒或者直接埋入地下的； （三）在水体清洗装贮过油类、有毒污染物的车辆或者容器的； （四）向水体排放、倾倒工业废渣、城镇垃圾或者其他废弃物，或者在江河、湖泊、运河、渠道、水库最高水位线以下的滩地、岸坡堆放、存贮固体废弃物或者其他污染物的； （五）向水体排放、倾倒放射性固体废物或者含有高放射性、中放射性物质的废水的； （六）违反国家有关规定或者标准，向水体排放含低放射性物质的废水、热废水或者含病原体的污水的； （七）未采取防渗漏等措施，或者未建设地下水水质监测井进行监测的； （八）加油站等的地下油罐未使用双层罐或者采取建造防渗池等其他有效措施，或者未进行防渗漏监测的； （九）未按照规定采取防护性措施，或者利用无防渗漏措施的沟渠、坑塘等输送或者存贮含有毒污染物的废水、含病原体的污水或者其他废弃物的。 有前款第三项、第四项、第六项、第七项、第八项行为之一的，处二万元以上二十万元以下的罚款。有前款第一项、第二项、第五项、第九项行为之一的，处十万元以上一百万元以下的罚款；情节严重的，报经有批准权的人民政府批准，责令停业、关闭
5	违规建设污染严重的生产项目	《水污染防治法》 第四十七条　国家禁止新建不符合国家产业政策的小型造纸、制革、印染、染料、炼焦、炼硫、炼砷、炼汞、炼油、电镀、农药、石棉、水泥、玻璃、钢铁、火电以及其他严重污染水环境的生产项目。 第八十七条　违反本法规定，建设不符合国家产业政策的小型造纸、制革、印染、染料、炼焦、炼硫、炼砷、炼汞、炼油、电镀、农药、石棉、水泥、玻璃、钢铁、火电以及其他严重污染水环境的生产项目的，由所在地的市、县人民政府责令关闭。

续表

序号	违法行为	法律依据
5	违规建设污染严重的生产项目的	《企业投资项目核准和备案管理条例》 第二十条　企业投资建设产业政策禁止投资建设项目的，由县级以上人民政府投资主管部门责令停止建设或者责令停产并恢复原状，对企业处项目总投资额5‰以上10‰以下的罚款；对直接负责的主管人员和其他直接责任人员处5万元以上10万元以下的罚款，属于国家工作人员的，依法给予处分。法律、行政法规另有规定的，依照其规定
6	超过水污染物排放标准或者超过重点水污染物排放总量控制指标排放水污染物	《水污染防治法》 第十条　排放水污染物，不得超过国家或者地方规定的水污染物排放标准和重点水污染物排放总量控制指标。 第八十三条第二项　违反本法规定，有下列行为之一的，由县级以上人民政府环境保护主管部门责令改正或者责令限制生产、停产整治，并处十万元以上一百万元以下的罚款；情节严重的，报经有批准权的人民政府批准，责令停业、关闭： （二）超过水污染物排放标准或者超过重点水污染物排放总量控制指标排放水污染物的
7	在饮用水水源一级保护区内新建、改建、扩建与供水设施和保护水源无关的建设项目等	《水污染防治法》 第六十五条　禁止在饮用水水源一级保护区内新建、改建、扩建与供水设施和保护水源无关的建设项目；已建成的与供水设施和保护水源无关的建设项目，由县级以上人民政府责令拆除或者关闭。 禁止在饮用水水源一级保护区内从事网箱养殖、旅游、游泳、垂钓或者其他可能污染饮用水水体的活动。 第六十六条第一款　禁止在饮用水水源二级保护区内新建、改建、扩建排放污染物的建设项目；已建成的排放污染物的建设项目，由县级以上人民政府责令拆除或者关闭。 第六十七条　禁止在饮用水水源准保护区内新建、扩建对水体污染严重的建设项目；改建建设项目，不得增加排污量。 第九十一条　有下列行为之一的，由县级以上地方人民政府环境保护主管部门责令停止违法行为，处十万元以上五十万元以下的罚款；并报经有批准权的人民政府批准，责令拆除或者关闭： （一）在饮用水水源一级保护区内新建、改建、扩建与供水设施和保护水源无关的建设项目的；

续表

序号	违法行为	法律依据
7	在饮用水水源一级保护区内新建、改建、扩建与供水设施和保护水源无关的建设项目等	（二）在饮用水水源二级保护区内新建、改建、扩建排放污染物的建设项目的； （三）在饮用水水源准保护区内新建、扩建对水体污染严重的建设项目，或者改建建设项目增加排污量的。 在饮用水水源一级保护区内从事网箱养殖或者组织进行旅游、垂钓或者其他可能污染饮用水水体的活动的，由县级以上地方人民政府环境保护主管部门责令停止违法行为，处二万元以上十万元以下的罚款。个人在饮用水水源一级保护区内游泳、垂钓或者从事其他可能污染饮用水水体的活动的，由县级以上地方人民政府环境保护主管部门责令停止违法行为，可以处五百元以下的罚款
8	不按规定制定水污染事故的应急方案等行为	《水污染防治法》 第七十七条第一款　可能发生水污染事故的企业事业单位，应当制定有关水污染事故的应急方案，做好应急准备，并定期进行演练。 第七十八条第一款　企业事业单位发生事故或者其他突发性事件，造成或者可能造成水污染事故的，应当立即启动本单位的应急方案，采取隔离等应急措施，防止水污染物进入水体，并向事故发生地的县级以上地方人民政府或者环境保护主管部门报告。环境保护主管部门接到报告后，应当及时向本级人民政府报告，并抄送有关部门。 第九十三条　企业事业单位有下列行为之一的，由县级以上人民政府环境保护主管部门责令改正；情节严重的，处二万元以上十万元以下的罚款： （一）不按照规定制定水污染事故的应急方案的； （二）水污染事故发生后，未及时启动水污染事故的应急方案，采取有关应急措施的
9	违法排放水污染物的	《环境保护法》 第二十五条　企业事业单位和其他生产经营者违反法律法规规定排放污染物，造成或者可能造成严重污染的，县级以上人民政府环境保护主管部门和其他负有环境保护监督管理职责的部门，可以查封、扣押造成污染物排放的设施、设备。

续表

序号	违法行为	法律依据
9	违法排放水污染物的	《环境保护主管部门实施查封、扣押办法》 第四条　排污者有下列情形之一的，环境保护主管部门依法实施查封、扣押： （一）违法排放、倾倒或者处置含传染病病原体的废物、危险废物、含重金属污染物或者持久性有机污染物等有毒物质或者其他有害物质的； （二）在饮用水水源一级保护区、自然保护区核心区违反法律法规规定排放、倾倒、处置污染物的； （三）违反法律法规规定排放、倾倒化工、制药、石化、印染、电镀、造纸、制革等工业污泥的； （四）通过暗管、渗井、渗坑、灌注或者篡改、伪造监测数据，或者不正常运行防治污染设施等逃避监管的方式违反法律法规规定排放污染物的； （五）较大、重大和特别重大突发环境事件发生后，未按照要求执行停产、停排措施，继续违反法律法规规定排放污染物的； （六）法律、法规规定的其他造成或者可能造成严重污染的违法排污行为。 有前款第一项、第二项、第三项、第六项情形之一的，环境保护主管部门可以实施查封、扣押；已造成严重污染或者有前款第四项、第五项情形之一的，环境保护主管部门应当实施查封、扣押

第三节　大气污染源环境执法

一、大气污染源检查重点内容

（一）一般涉气企业检查重点内容

（1）大气污染防治设施是否与主体工程同时设计、同时施工、同时投入使用；

（2）大气污染防治设施是否符合经批准或者备案的环境影响评价文件的要求；

（3）大气污染防治设施是否经过验收，以及环境保护设施验收中是否存在弄虚作假；

（4）是否取得排污许可证或者已经取得的排污许可证是否在有效期内；

（5）大气污染防治设施运行是否正常；

（6）排放口设置是否符合规定；

（7）是否建立环境管理台账，如实记录污染防治设施的运行、维护和大气污染物排放等情况；

（8）排放大气污染物是否符合国家或者地方规定的大气污染物排放标准；

（9）排放大气污染物的种类、浓度、总量等是否符合排污许可证的规定；

（10）是否按要求安装大气污染物排放自动监测设备；

（11）自动监测设备是否按要求与生态环境主管部门的监控设备联网；

（12）报告大气污染物排放行为或者大气污染物排放浓度、排放量情况是否属实；

（13）是否按照排污许可证和其他有关规定披露环境信息；

（14）是否按照有关规定和监测规范，对所排放的大气污染物自行监测，保存原始监测记录；

（15）大气污染排放自动监测设备运行是否正常，数据传输是否正常；

（16）自行监测数据是否真实、准确；

（17）是否存在以逃避现场检查为目的的临时停产、非紧急情况下开启应急排放通道、不正常运行大气污染防治设施等逃避监管的方式排放大气污染物的行为；

（18）废气无组织排放情况是否采取有效管控措施。

（二）涉 VOCs 企业检查重点内容

（1）工业涂装企业是否使用低挥发性有机物含量的涂料，是否建立台账，记录生产原料、辅料的使用量、废弃量、去向以及挥发性有机物含量。台账保存期限是否少于 3 年；

（2）挥发性有机物（VOCs）原辅材料使用情况与原辅材料质检报告、合格证、进货量等台账是否一致；

（3）挥发性有机物（VOCs）原辅材料库房及生产工序是否密闭；

（4）盛装挥发性有机物（VOCs）原辅材料的容器（包括储存、转移、使用后）是否加盖；

（5）挥发性有机物（VOCs）原辅材料是否密闭转移输送；

（6）涉挥发性有机物（VOCs）的生产装置是否存在“跑、冒、滴、漏”现象；

（7）涉挥发性有机物（VOCs）生产工序是否按照规定安装、使用污染防治设施；

（8）废气治理设施收集管道是否有破损、锈蚀等情况；

（9）产生含挥发性有机物废气的生产和服务活动无法密闭的，是否采取措施减少废气排放；

（10）石油、化工以及其他生产和使用有机溶剂的企业，是否采取措施对管道、设备进行日常维护、维修，减少物料泄漏，对泄漏的物料是否及时收集处理；储油储气库、加油加气站、原油成品油码头、原油成品油运输船舶和油罐车、气罐车等，是否按照国家有关规定安装油气回收装置并保持正常使用。

为贯彻《环境保护法》《大气污染防治法》，防治环境污染，改善环境质量，加强对VOCs无组织排放的控制和管理，生态环境部于2019年制定《挥发性有机物无组织排放控制标准》（GB 37822—2019）。该标准规定了VOCs物料储存无组织排放控制要求、VOCs物料转移和输送无组织排放控制要求、工艺过程VOCs无组织排放控制要求、设备与管线组件VOCs泄漏控制要求、敞开液面VOCs无组织排放控制要求，以及VOCs无组织排放废气收集处理系统要求、企业厂区内及周边污染监控要求。

挥发性有机物无组织排放控制标准

（三）涉粉尘、扬尘等企业检查重点内容

（1）是否采取密闭、围挡、遮盖、清扫、洒水等措施，减少内部物料的堆存、传输、装卸等环节产生的粉尘的排放；

（2）贮存煤炭、煤矸石、煤渣、煤灰、水泥、石灰、石膏、砂土等易产生扬尘的物料是否密闭；不能密闭的，是否设置不低于堆放物高度的严密围挡，并采取有效覆盖措施防治扬尘污染；

（3）码头、矿山、填埋场和消纳场是否实施分区作业，并采取有效措施防治扬尘污染。

二、大气污染源环境执法难点解析

（一）不正常运行治污设施且超标排放的违法行为认定[①]

通过不正常运行治污设施的方式排放大气污染物与超标排放大气污染物同时存在的，应如何认定违法行为的个数，一直在执法实践中困扰着执法人员。

笔者认为，应根据具体案情区别对待。

第一种情况，当通过不正常运行治污设施的方式排放大气污染物与超标排放大气污染物之间，不存在因果关系或者没有证据证明两者之间存在因果关系时，应认定为两个违法行为。

第二种情况，当有充分证据证明两者之间存在因果关系时，宜认定为两者之间具有牵连关系，即认定为一个违法行为。

理由是，牵连行为事实上存在两个行为，原本应该认定为两个违法行为，只是由于结果行为与原因行为之间具有密切关联性，实施该原因行为（通过不正常运行治污设施的方式排放大气污染物）时，通常会出现结果行为（超标排放大气污染物），才不认定为两个违法行为。

现行法律没有明文规定牵连行为的处罚原则，不过可以借鉴刑法理论，刑法理论上一般认为，对牵连犯应从"一重处罚"，或者从"一重从重处罚"。牵连犯是按照较重的法定刑处罚，还是按照较重的法定刑从重处罚，则不是重大分歧。

按照《大气污染防治法》第九十九条第二项和第三项的规定，通过不正常运行治污设施的方式排放大气污染物与超标排放大气污染物的法律责任均是"责令改正或者限制生产、停产整治，并处十万元以上一百万元以下的罚款；情节严重的，报经有批准权的人民政府批准，责令停业、关闭"。

而依据《环境保护法》第六十三条的规定，企业事业单位和其他生产经营者通过不正常运行治污设施等逃避监管的方式违法排放污染物，尚不构成犯罪的，除依照有关法律法规规定予以处罚外，由县级以上人民政府环境保护主管部门或者其他有关部门将案件移送公安机关，对其直接负责的主管人员和其他直接责任人员，处十日以上十五日以下拘留；情节较轻的，处五日以上十日以下拘留。

---

① 曹晓凡．不正常运行治污设施且超标排放，算几个违法行为？[N]. 中国环境报，2019-01-15(8).

由此可见，通过不正常运行治污设施排放大气污染物的行为与超标排放大气污染物的行为相比，除了“责令改正或者限制生产、停产整治，并处十万元以上一百万元以下的罚款；情节严重的，报经有批准权的人民政府批准，责令停业、关闭”的法律责任外，还有行政拘留。

当通过不正常运行治污设施的方式排放大气污染物与超标排放大气污染物的行为同时存在，且存在牵连关系的，应认定为处罚较重的违法行为，即通过不正常运行治污设施的方式排放大气污染物的行为。

（二）产生含挥发性有机物废气的生产和服务活动，未按照规定使用污染防治设施的法律适用

《大气污染防治法》第二十条第二款规定，禁止通过以不正常运行大气污染防治设施等逃避监管的方式排放大气污染物。

实践中，受经济利益驱使，一些不法企业通过各种方式逃避监管，违法排放大气污染物。如有的为降低运行成本，只在生态环境部门检查时运行防治污染设施，平时不运行或者时开时停，造成大量污染物未经处理直接排放，严重污染大气环境。对这些行为，必须予以严厉打击。

根据《大气污染防治法》第九十九条、第一百二十三条，《环境保护法》第六十三条第三项的规定，对通过逃避监管的方式违法排放大气污染物的行为，应处以罚款、责令限制生产、停产整治、停业、关闭、按日连续处罚、对直接负责的主管人员和其他直接责任人员予以行政拘留等。

《大气污染防治法》第四十五条规定：“产生含挥发性有机物废气的生产和服务活动，应当在密闭空间或者设备中进行，并按照规定安装、使用污染防治设施；无法密闭的，应当采取措施减少废气排放。”产生挥发性有机物废气的生产和服务活动，是指企业通过不同方式排放挥发性有机物或挥发性有机物废气的生产活动，以及排放挥发性有机物废气的服务活动。

根据《大气污染防治法》第一百零八条第一项的规定，产生含挥发性有机物废气的生产和服务活动，未在密闭空间或者设备中进行，未按照规定安装、使用污染防治设施，或者未采取减少废气排放措施的，由县级以上人民政府生态环境主管部门责令改正，处二万元以上二十万元以下的罚款；拒不改正的，责令停产整治。

针对此类违法行为，查处时需要特别注意的是，根据《立法法》第一百零

三条的规定："同一机关制定的法律、行政法规、地方性法规、自治条例和单行条例、规章，特别规定与一般规定不一致的，适用特别规定。新的规定与旧的规定不一致的，适用新的规定。"《大气污染防治法》第二十条和第九十九条是一般规定；《大气污染防治法》第四十五条和一百零八条第一项是特别规定。所以，产生含挥发性有机物废气的生产和服务活动，未按照规定使用污染防治设施的违法行为应依据《大气污染防治法》第一百零八条第一项的规定予以处罚，而不应适用《大气污染防治法》第九十九条、第一百二十三条和《环境保护法》第六十三条第三项的规定予以处罚。

（三）易产生扬尘的物料"等"字的理解

《大气污染防治法》第七十二条第一款规定："贮存煤炭、煤矸石、煤渣、煤灰、水泥、石灰、石膏、砂土等易产生扬尘的物料应当密闭；不能密闭的，应当设置不低于堆放物高度的严密围挡，并采取有效覆盖措施防治扬尘污染。"

根据《大气污染防治法》第一百一十七条和第一百二十三条第四项的规定，对料堆经营者违法行为的行政处罚，是由县级以上人民政府生态环境等主管部门按照职责责令改正，处以一万元以上十万元以下的罚款；被责令改正但拒不改正的，责令停工整治或者停业整治，可以按日连续处罚等。

针对此类违法行为，查处时需要特别注意的是，《大气污染防治法》第七十二条第一款和第一百一十七条列举的是几种最常见的易产生扬尘的物料。此处的"等"字应作"等外"理解，与煤炭、煤矸石、煤渣、煤灰、水泥、石灰、石膏、砂土性质一致的沙石等，也属于易产生扬尘的物料。

（四）恶臭气体超标排放的法律适用

企业事业单位和其他生产经营者未采取措施防止排放恶臭气体，导致恶臭气体超标排放的，同时违反了《大气污染防治法》第十八条和第八十条的规定，属于当事人一个违法行为同时违反两个以上法律条款的情形。根据《行政处罚法》第二十九条的规定，同一个违法行为违反多个法律规范应当给予罚款处罚的，按照罚款数额高的规定处罚，即适用《大气污染防治法》第九十九条第二项的规定予以处罚。

需注意的是，对餐饮服务业经营者未安装油烟净化设施、不正常使用油烟净化设施或者未采取其他油烟净化措施，超过排放标准排放油烟的违法行为，《大气污染防治法》第八十一条第一款和第一百一十八条第一款已作出特别规定。因此，按照特别条款优于一般条款的原则，餐饮服务业经营者未安装油烟净化设施、不正常使用油烟净化设施或者未采取其他油烟净化措施，超过排放标准排放油烟的，应当适用《大气污染防治法》第一百一十八条第一款的规定予以处罚。

关于恶臭气体超标排放法律适用有关问题的复函

三、大气污染源环境违法行为的法律责任

大气污染源主要执法事项目录见表3-2。

表3-2　大气污染源主要执法事项目录

序号	违法行为	法律依据
1	违法排放大气污染物造成或者可能造成严重大气污染，或者有关证据可能灭失或者被隐匿的	《大气污染防治法》 第三十条　企业事业单位和其他生产经营者违反法律法规规定排放大气污染物，造成或者可能造成严重大气污染，或者有关证据可能灭失或者被隐匿的，县级以上人民政府生态环境主管部门和其他负有大气环境保护监督管理职责的部门，可以对有关设施、设备、物品采取查封、扣押等行政强制措施。 《环境保护主管部门实施查封、扣押办法》 第四条　排污者有下列情形之一的，环境保护主管部门依法实施查封、扣押： （一）违法排放、倾倒或者处置含传染病病原体的废物、危险废物、含重金属污染物或者持久性有机污染物等有毒物质或者其他有害物质的； （二）在饮用水水源一级保护区、自然保护区核心区违反法律法规规定排放、倾倒、处置污染物的； （三）违反法律法规规定排放、倾倒化工、制药、石化、印染、电镀、造纸、制革等工业污泥的； （四）通过暗管、渗井、渗坑、灌注或者篡改、伪造监测数据，或者不正常运行防治污染设施等逃避监管的方式违反法律法规规定排放污染物的； （五）较大、重大和特别重大突发环境事件发生后，未按照要求执行停产、停排措施，继续违反法律法规规定排放污染物的； （六）法律、法规规定的其他造成或者可能造成严重污染的违法排污行为。 有前款第一项、第二项、第三项、第六项情形之一的，环境保护主管部门可以实施查封、扣押；已造成严重污染或者有前款第四项、第五项情形之一的，环境保护主管部门应当实施查封、扣押

续表

序号	违法行为	法律依据
2	拒不接受大气污染监督检查或在接受监督检查时弄虚作假的	《大气污染防治法》 第二十九条　生态环境主管部门及其环境执法机构和其他负有大气环境保护监督管理职责的部门，有权通过现场检查监测、自动监测、遥感监测、远红外摄像等方式，对排放大气污染物的企业事业单位和其他生产经营者进行监督检查。被检查者应当如实反映情况，提供必要的资料。实施检查的部门、机构及其工作人员应当为被检查者保守商业秘密。 第九十八条　违反本法规定，以拒绝进入现场等方式拒不接受生态环境主管部门及其环境执法机构或者其他负有大气环境保护监督管理职责的部门的监督检查，或者在接受监督检查时弄虚作假的，由县级以上人民政府生态环境主管部门或者其他负有大气环境保护监督管理职责的部门责令改正，处二万元以上二十万元以下的罚款；构成违反治安管理行为的，由公安机关依法予以处罚
3	未依法取得排污许可证排放大气污染物等行为受到罚款处罚，被责令改正，拒不改正的	《环境保护法》 第五十九条　企业事业单位和其他生产经营者违法排放污染物，受到罚款处罚，被责令改正，拒不改正的，依法作出处罚决定的行政机关可以自责令改正之日的次日起，按照原处罚数额按日连续处罚。 前款规定的罚款处罚，依照有关法律法规按照防治污染设施的运行成本、违法行为造成的直接损失或者违法所得等因素确定的规定执行。 地方性法规可以根据环境保护的实际需要，增加第一款规定的按日连续处罚的违法行为的种类。 《大气污染防治法》 第一百二十三条　违反本法规定，企业事业单位和其他生产经营者有下列行为之一，受到罚款处罚，被责令改正，拒不改正的，依法作出处罚决定的行政机关可以自责令改正之日的次日起，按照原处罚数额按日连续处罚： （一）未依法取得排污许可证排放大气污染物的； （二）超过大气污染物排放标准或者超过重点大气污染物排放总量控制指标排放大气污染物的； （三）通过逃避监管的方式排放大气污染物的； （四）建筑施工或者贮存易产生扬尘的物料未采取有效措施防治扬尘污染的。

续表

序号	违法行为	法律依据
3	未依法取得排污许可证排放大气污染物等行为受到罚款处罚，被责令改正，拒不改正的	《环境保护主管部门实施按日连续处罚办法》 第五条第五项　排污者有下列行为之一，受到罚款处罚，被责令改正，拒不改正的，依法作出罚款处罚决定的环境保护主管部门可以实施按日连续处罚： （五）其他违法排放污染物行为。 第十三条　排污者具有下列情形之一的，认定为拒不改正： （一）责令改正违法行为决定书送达后，环境保护主管部门复查发现仍在继续违法排放污染物的； （二）拒绝、阻挠环境保护主管部门实施复查的
4	侵占、损毁或者擅自移动、改变大气环境质量监测设施等行为	《大气污染防治法》 第二十条　企业事业单位和其他生产经营者向大气排放污染物的，应当依照法律法规和国务院生态环境主管部门的规定设置大气污染物排放口。 第二十四条第一款　企业事业单位和其他生产经营者应当按照国家有关规定和监测规范，对其排放的工业废气和本法第七十八条规定名录中所列有毒有害大气污染物进行监测，并保存原始监测记录。其中，重点排污单位应当安装、使用大气污染物排放自动监测设备，与生态环境主管部门的监控设备联网，保证监测设备正常运行并依法公开排放信息。监测的具体办法和重点排污单位的条件由国务院生态环境主管部门规定。 第二十六条　禁止侵占、损毁或者擅自移动、改变大气环境质量监测设施和大气污染物排放自动监测设备。 第一百条　违反本法规定，有下列行为之一的，由县级以上人民政府生态环境主管部门责令改正，处二万元以上二十万元以下的罚款；拒不改正的，责令停产整治： （一）侵占、损毁或者擅自移动、改变大气环境质量监测设施或者大气污染物排放自动监测设备的； （二）未按照规定对所排放的工业废气和有毒有害大气污染物进行监测并保存原始监测记录的； （三）未按照规定安装、使用大气污染物排放自动监测设备或者未按照规定与环境保护主管部门的监控设备联网，并保证监测设备正常运行的； （四）重点排污单位不公开或者不如实公开自动监测数据的； （五）未按照规定设置大气污染物排放口的

续表

序号	违法行为	法律依据
5	单位燃用不符合质量标准的煤炭、石油焦的	《大气污染防治法》 第三十五条第一款　国家禁止进口、销售和燃用不符合质量标准的煤炭，鼓励燃用优质煤炭。 第三十七条第二款　禁止进口、销售和燃用不符合质量标准的石油焦。 第一百零五条　违反本法规定，单位燃用不符合质量标准的煤炭、石油焦的，由县级以上人民政府生态环境主管部门责令改正，处货值金额一倍以上三倍以下的罚款
6	在禁燃区内新、扩建燃用高污染燃料的设施等	《大气污染防治法》 第三十八条第二款　在禁燃区内，禁止销售、燃用高污染燃料；禁止新建、扩建燃用高污染燃料的设施，已建成的，应当在城市人民政府规定的期限内改用天然气、页岩气、液化石油气、电或者其他清洁能源。 第三十九条　城市建设应当统筹规划，在燃煤供热地区，推进热电联产和集中供热。在集中供热管网覆盖地区，禁止新建、扩建分散燃煤供热锅炉；已建成的不能达标排放的燃煤供热锅炉，应当在城市人民政府规定的期限内拆除。 第一百零七条第一款　违反本法规定，在禁燃区内新建、扩建燃用高污染燃料的设施，或者未按照规定停止燃用高污染燃料，或者在城市集中供热管网覆盖地区新建、扩建分散燃煤供热锅炉，或者未按照规定拆除已建成的不能达标排放的燃煤供热锅炉的，由县级以上地方人民政府生态环境主管部门没收燃用高污染燃料的设施，组织拆除燃煤供热锅炉，并处二万元以上二十万元以下的罚款
7	生产、进口、销售或者使用不符合规定标准或者要求锅炉的	《大气污染防治法》 第四十条　县级以上人民政府市场监督管理部门应当会同生态环境主管部门对锅炉生产、进口、销售和使用环节执行环境保护标准或者要求的情况进行监督检查；不符合环境保护标准或者要求的，不得生产、进口、销售和使用。 第一百零七条第二款　违反本法规定，生产、进口、销售或者使用不符合规定标准或者要求的锅炉，由县级以上人民政府市场监督管理、生态环境主管部门责令改正，没收违法所得，并处二万元以上二十万元以下的罚款

续表

序号	违法行为	法律依据
8	违反挥发性有机物治理相关规定等行为	《大气污染防治法》 第四十五条　产生含挥发性有机物废气的生产和服务活动，应当在密闭空间或者设备中进行，并按照规定安装、使用污染防治设施；无法密闭的，应当采取措施减少废气排放。 第四十六条　工业涂装企业应当使用低挥发性有机物含量的涂料，并建立台账，记录生产原料、辅料的使用量、废弃量、去向以及挥发性有机物含量。台账保存期限不得少于三年。 第四十七条　石油、化工以及其他生产和使用有机溶剂的企业，应当采取措施对管道、设备进行日常维护、维修，减少物料泄漏，对泄漏的物料应当及时收集处理。 储油储气库、加油加气站、原油成品油码头、原油成品油运输船舶和油罐车、气罐车等，应当按照国家有关规定安装油气回收装置并保持正常使用。 第四十八条　钢铁、建材、有色金属、石油、化工、制药、矿产开采等企业，应当加强精细化管理，采取集中收集处理等措施，严格控制粉尘和气态污染物的排放。 工业生产企业应当采取密闭、围挡、遮盖、清扫、洒水等措施，减少内部物料的堆存、传输、装卸等环节产生的粉尘和气态污染物的排放。 第四十九条　工业生产、垃圾填埋或者其他活动产生的可燃性气体应当回收利用，不具备回收利用条件的，应当进行污染防治处理。 可燃性气体回收利用装置不能正常作业的，应当及时修复或者更新。在回收利用装置不能正常作业期间确需排放可燃性气体的，应当将排放的可燃性气体充分燃烧或者采取其他控制大气污染物排放的措施，并向当地生态环境主管部门报告，按照要求限期修复或者更新。 第一百零八条　违反本法规定，有下列行为之一的，由县级以上人民政府生态环境主管部门责令改正，处二万元以上二十万元以下的罚款；拒不改正的，责令停产整治： （一）产生含挥发性有机物废气的生产和服务活动，未在密闭空间或者设备中进行，未按照规定安装、使用污染防治设施，或者未采取减少废气排放措施的；

续表

序号	违法行为	法律依据
8	违反挥发性有机物治理相关规定等行为	（二）工业涂装企业未使用低挥发性有机物含量涂料或者未建立、保存台账的； （三）石油、化工以及其他生产和使用有机溶剂的企业，未采取措施对管道、设备进行日常维护、维修，减少物料泄漏或者对泄漏的物料未及时收集处理的； （四）储油储气库、加油加气站和油罐车、气罐车等，未按照国家有关规定安装并正常使用油气回收装置的； （五）钢铁、建材、有色金属、石油、化工、制药、矿产开采等企业，未采取集中收集处理、密闭、围挡、遮盖、清扫、洒水等措施，控制、减少粉尘和气态污染物排放的； （六）工业生产、垃圾填埋或者其他活动中产生的可燃性气体未回收利用，不具备回收利用条件未进行防治污染处理，或者可燃性气体回收利用装置不能正常作业，未及时修复或者更新的
9	生产超过污染物排放标准的机动车、非道路移动机械的	《大气污染防治法》 第五十一条第二款　禁止生产、进口或者销售大气污染物排放超过标准的机动车船、非道路移动机械。 第一百零九条第一款　违反本法规定，生产超过污染物排放标准的机动车、非道路移动机械的，由省级以上人民政府生态环境主管部门责令改正，没收违法所得，并处货值金额一倍以上三倍以下的罚款，没收销毁无法达到污染物排放标准的机动车、非道路移动机械；拒不改正的，责令停产整治，并由国务院机动车生产主管部门责令停止生产该车型
10	机动车、非道路移动机械生产企业对发动机、污染控制装置弄虚作假、以次充好等行为	《大气污染防治法》 第五十二条第一款　机动车、非道路移动机械生产企业应当对新生产的机动车和非道路移动机械进行排放检验。经检验合格的，方可出厂销售。检验信息应当向社会公开。 第一百零九条第二款　违反本法规定，机动车、非道路移动机械生产企业对发动机、污染控制装置弄虚作假、以次充好，冒充排放检验合格产品出厂销售的，由省级以上人民政府生态环境主管部门责令停产整治，没收违法所得，并处货值金额一倍以上三倍以下的罚款，没收销毁无法达到污染物排放标准的机动车、非道路移动机械，并由国务院机动车生产主管部门责令停止生产该车型

续表

序号	违法行为	法律依据
11	机动车生产、进口企业未按照规定向社会公布其生产、进口机动车车型的排放检验信息或者污染控制技术信息的	《大气污染防治法》 第五十五条第一款　机动车生产、进口企业应当向社会公布其生产、进口机动车车型的排放检验信息、污染控制技术信息和有关维修技术信息。 第一百一十一条第一款　违反本法规定，机动车生产、进口企业未按照规定向社会公布其生产、进口机动车车型的排放检验信息或者污染控制技术信息的，由省级以上人民政府生态环境主管部门责令改正，处五万元以上五十万元以下的罚款
12	伪造机动车、非道路移动机械排放检验结果等行为	《大气污染防治法》 第五十四条第一款　机动车排放检验机构应当依法通过计量认证，使用经依法检定合格的机动车排放检验设备，按照国务院生态环境主管部门制定的规范，对机动车进行排放检验，并与生态环境主管部门联网，实现检验数据实时共享。机动车排放检验机构及其负责人对检验数据的真实性和准确性负责。 第一百一十二条第一款　违反本法规定，伪造机动车、非道路移动机械排放检验结果或者出具虚假排放检验报告的，由县级以上人民政府生态环境主管部门没收违法所得，并处十万元以上五十万元以下的罚款；情节严重的，由负责资质认定的部门取消其检验资格
13	弄虚作假的方式通过机动车排放检验或者破坏机动车车载排放诊断系统	《大气污染防治法》 第五十五条第三款　禁止机动车所有人以临时更换机动车污染控制装置等弄虚作假的方式通过机动车排放检验。禁止机动车维修单位提供该类维修服务。禁止破坏机动车车载排放诊断系统。 第一百一十二条第三款　违反本法规定，以临时更换机动车污染控制装置等弄虚作假的方式通过机动车排放检验或者破坏机动车车载排放诊断系统的，由县级以上人民政府生态环境主管部门责令改正，对机动车所有人处五千元的罚款；对机动车维修单位处每辆机动车五千元的罚款
14	使用排放不合格的非道路移动机械等行为	《大气污染防治法》 第五十九条　在用重型柴油车、非道路移动机械未安装污染控制装置或者污染控制装置不符合要求，不能达标排放的，应当加装或者更换符合要求的污染控制装置。 第一百一十四条第一款　违反本法规定，使用排放不合格的非道路移动机械，或者在用重型柴油车、非道路移动机械未按照规定加装、更换污染控制装置的，由县级以上人民政府生态环境等主管部门按照职责责令改正，处五千元的罚款

续表

序号	违法行为	法律依据
15	在禁止使用高排放非道路移动机械的区域使用高排放非道路移动机械	《大气污染防治法》 第六十一条　城市人民政府可以根据大气环境质量状况，划定并公布禁止使用高排放非道路移动机械的区域。 第一百一十四条第二款　违反本法规定，在禁止使用高排放非道路移动机械的区域使用高排放非道路移动机械的，由城市人民政府生态环境等主管部门依法予以处罚
16	未密闭煤炭、煤矸石、煤渣等易产生扬尘的物料等行为	《大气污染防治法》 第三十五条第二款　单位存放煤炭、煤矸石、煤渣、煤灰等物料，应当采取防燃措施，防止大气污染。 第七十条第二款　装卸物料应当采取密闭或者喷淋等方式防治扬尘污染。 第七十二条　贮存煤炭、煤矸石、煤渣、煤灰、水泥、石灰、石膏、砂土等易产生扬尘的物料应当密闭；不能密闭的，应当设置不低于堆放物高度的严密围挡，并采取有效覆盖措施防治扬尘污染。 码头、矿山、填埋场和消纳场应当实施分区作业，并采取有效措施防治扬尘污染。 第七十八条第二款　排放前款规定名录中所列有毒有害大气污染物的企业事业单位，应当按照国家有关规定建设环境风险预警体系，对排放口和周边环境进行定期监测，评估环境风险，排查环境安全隐患，并采取有效措施防范环境风险。 第七十九条　向大气排放持久性有机污染物的企业事业单位和其他生产经营者以及废弃物焚烧设施的运营单位，应当按照国家有关规定，采取有利于减少持久性有机污染物排放的技术方法和工艺，配备有效的净化装置，实现达标排放。 第八十条　企业事业单位和其他生产经营者在生产经营活动中产生恶臭气体的，应当科学选址，设置合理的防护距离，并安装净化装置或者采取其他措施，防止排放恶臭气体。

续表

序号	违法行为	法律依据
16	未密闭煤炭、煤矸石、煤渣等易产生扬尘的物料等行为	第一百一十七条　违反本法规定，有下列行为之一的，由县级以上人民政府生态环境等主管部门按照职责责令改正，处一万元以上十万元以下的罚款；拒不改正的，责令停工整治或者停业整治： （一）未密闭煤炭、煤矸石、煤渣、煤灰、水泥、石灰、石膏、砂土等易产生扬尘的物料的； （二）对不能密闭的易产生扬尘的物料，未设置不低于堆放物高度的严密围挡，或者未采取有效覆盖措施防治扬尘污染的； （三）装卸物料未采取密闭或者喷淋等方式控制扬尘排放的； （四）存放煤炭、煤矸石、煤渣、煤灰等物料，未采取防燃措施的； （五）码头、矿山、填埋场和消纳场未采取有效措施防治扬尘污染的； （六）排放有毒有害大气污染物名录中所列有毒有害大气污染物的企业事业单位，未按照规定建设环境风险预警体系或者对排放口和周边环境进行定期监测、排查环境安全隐患并采取有效措施防范环境风险的； （七）向大气排放持久性有机污染物的企业事业单位和其他生产经营者以及废弃物焚烧设施的运营单位，未按照国家有关规定采取有利于减少持久性有机污染物排放的技术方法和工艺，配备净化装置的； （八）未采取措施防止排放恶臭气体的
17	干洗、机动车维修未设置废气污染防治设施并保持正常使用，影响周边环境的	《大气污染防治法》 第八十四条　从事服装干洗和机动车维修等服务活动的经营者，应当按照国家有关标准或者要求设置异味和废气处理装置等污染防治设施并保持正常使用，防止影响周边环境。 第一百二十条　违反本法规定，从事服装干洗和机动车维修等服务活动，未设置异味和废气处理装置等污染防治设施并保持正常使用，影响周边环境的，由县级以上地方人民政府生态环境主管部门责令改正，处二千元以上二万元以下的罚款；拒不改正的，责令停业整治

第四节　固体废物污染环境执法

一、固体废物污染环境执法①

（一）固体废物污染环境检查重点内容

1. 固体废物生态环境保护手续检查重点内容

（1）固体废物污染环境防治设施是否与主体工程同时设计、同时施工、同时投入使用；

（2）固体废物污染环境防治设施是否符合经批准或者备案的环境影响评价文件的要求；

（3）固体废物污染环境防治设施是否经过验收，以及环境保护设施验收中是否存在弄虚作假；

（4）是否取得排污许可证或者已经取得的排污许可证是否在有效期内。

2. 固体废物是否符合管理要求的检查重点

（1）产生、收集、贮存、运输、利用、处置固体废物的单位是否依法及时公开了固体废物污染环境防治信息；

（2）生活垃圾处理单位是否按照国家有关规定安装使用监测设备、实时监测污染物的排放情况并公开污染排放数据；

（3）是否将列入限期淘汰名录被淘汰的设备转让给他人使用；

（4）建设工业固体废物、危险废物集中贮存、利用、处置的设施、场所和生活垃圾填埋场的，是否在生态保护红线区域、永久基本农田集中区域和其他需要特别保护的区域内；

（5）转移固体废物出省、自治区、直辖市行政区域贮存、处置是否经过批准；

（6）转移固体废物出省、自治区、直辖市行政区域利用是否报备案；

（7）是否存在擅自倾倒、堆放、丢弃、遗撒工业固体废物，或者未采取

① 本部分为固体废物污染环境执法的一般要求，针对危险废物污染环境执法还应针对危险废物监管的特殊要求开展，详见本节第二部分。

相应防范措施，造成工业固体废物扬散、流失、渗漏或者其他环境污染；

（8）产生工业固体废物的单位是否建立固体废物管理台账并如实记录；

（9）产生工业固体废物的单位是否违反《固体废物污染环境防治法》规定委托他人运输、利用、处置工业固体废物的；

（10）贮存工业固体废物是否采取了符合国家环境保护标准的防护措施；

（11）单位和其他生产经营者是否存在违反固体废物管理其他要求，污染环境、破坏生态的情况。

（二）固体废物污染环境执法难点解析

1. 堆放、处理固体废物产生的臭气浓度超过大气污染物排放标准的法律适用

同一个违法行为违反多个法律规范应当给予罚款处罚时，究竟应当适用哪个法律规范进行处罚？对此，《行政处罚法》第二十九条规定，同一个违法行为违反多个法律规范应当给予罚款处罚的，按照罚款数额高的规定处罚。

最高人民法院于 2019 年 12 月 26 日发布的 139 号指导案例“上海鑫晶山建材开发有限公司诉上海市金山区环境保护局环境行政处罚案”认为：“企业事业单位和其他生产经营者堆放、处理固体废物产生的臭气浓度超过大气污染物排放标准，环境保护主管部门适用《大气污染防治法》从重对其进行处罚，企业事业单位和其他生产经营者主张应当适用《固体废物污染环境防治法》对其进行处罚的，人民法院不予支持。”

旧《固体废物污染环境防治法》第六十八条第七项规定，违反本法规定，未采取相应防范措施，造成工业固体废物扬散、流失、渗漏或者造成其他环境污染的，处一万元以上十万元以下的罚款。《大气污染防治法》第九十九条第二项规定，超过大气污染物排放标准排放大气污染物的，处十万元以上一百万元以下的罚款。上述最高人民法院 139 号指导案例是适用罚款数额高的法律规范的典型案例。

需要进一步讨论的是，新修订的《固体废物污染环境防治法》已于 2020 年 9 月 1 日正式施行，最高人民法院发布的 139 号指导案例援引的第六十八条已被修改为第一百零二条。该条第七项规定，违反本法规定，擅自倾倒、堆放、丢弃、遗撒工业固体废物，或者未采取相应防范措施，造成工业固体废物扬散、流失、渗漏或者其他环境污染的，处所需处置费用一倍以上三倍以下的

罚款，所需处置费用不足十万元的，按十万元计算。

显而易见，新修订的《固体废物污染环境防治法》第一百零二条第七项和《大气污染防治法》第九十九条第二项相比，哪一个法律规范属于“罚款数额高的规定”不太容易确定。

上海鑫晶山建材开发有限公司诉上海市金山区环境保护局环境行政处罚案

笔者建议，应当分别依据前述两项规定进行裁量确定罚款的金额后再进行比较，最终依据对应的法律规范作出一个罚款数额高的处罚。

2. 产废单位应按照不同情况利用、贮存、处置其产生的工业固体废物

《固体废物污染环境防治法》第四十条规定：“产生工业固体废物的单位应当根据经济、技术条件对工业固体废物加以利用；对暂时不利用或者不能利用的，应当按照国务院生态环境等主管部门的规定建设贮存设施、场所，安全分类存放，或者采取无害化处置措施。贮存工业固体废物应当采取符合国家环境保护标准的防护措施。建设工业固体废物贮存、处置的设施、场所，应当符合国家环境保护标准。”

按照污染担责的原则，产生工业固体废物的单位对其产生的工业固体废物负有防治污染的义务，应当根据不同的情况采取相应的污染防治措施。同时，为了落实防治固体废物污染环境的“减量化、资源化和无害化”原则，《固体废物污染环境防治法》第四十条第一款要求产生工业固体废物的单位原则上应当对其产生的所有工业固体废物均加以利用，只有在暂时不利用或者不能利用的情况下，才允许将该工业固体废物贮存或者处置。《固体废物污染环境防治法》从贯彻循环经济理念出发，更强调对工业固体废物的资源化利用。

产生工业固体废物的单位首先应当根据经济、技术条件对工业固体废物加以利用。也就是说，产生工业固体废物的单位对其产生的所有工业固体废物，都应当在充分考虑自身经济、技术条件的基础上，进行利用。从实际情况看，产生工业固体废物的单位贯彻循环经济理念，加强工业固体废物的利用，不仅可以防治工业固体废物污染环境，还可以带来经济效益。因此，产生工业固体废物的单位应当切实采取措施，依靠技术进步，提高对所产生的工业固体废物进行利用的能力。

对暂时不利用或者不能利用的工业固体废物，产生工业固体废物的单位应当按照国务院生态环境等主管部门的规定建设贮存设施、场所，安全分类

存放，或者采取无害化处置措施。这一规定是对上一点原则规定的例外，具体而言：这一规定仅适用于对所产生的工业固体废物暂时不利用或者不能利用的产生工业固体废物的单位。原则上，产生工业固体废物的单位必须对其产生的工业固体废物加以利用。但如果该单位的经济、技术条件确实有限，如企业负债经营，经济条件困难，没有足够的资金开展利用工作；或者下游设备尚未安装到位，不能满足工业固体废物利用的要求。在这种情况下，强行要求产生工业固体废物的单位利用废物是不现实的，实践中也无法操作。此外，有的产生工业固体废物的单位虽然具备一定的经济、技术条件，但是该单位从自身的实际情况出发，如出现利用的成本较高、需要进行一定的技术改造，或者利用后的产品市场销售情况不好等情况时，单位为了获取利润的最大化，对产生的工业固体废物也可以决定暂时不加以利用。这种情况法律也应当允许。实践中，也有一小部分工业固体废物是完全不具备利用价值的，属于不能利用的废物。对这部分工业固体废物，也应当允许贮存或处置。对暂时不利用或者不能利用的工业固体废物，产生工业固体废物的单位应当按照有关规定进行贮存或者处置。具体选择哪一种，产生工业固体废物的单位可以根据其经济、技术水平和工业固体废物的种类、数量等实际情况确定。例如，对暂时不利用的工业固体废物，可以采取贮存的方法；对不能利用的工业固体废物，则应当采取无害化处置措施。无论是贮存还是处置，都必须按照国务院生态环境等主管部门的规定进行。要贮存的，必须建设贮存设施、场所，安全分类存放；贮存工业固体废物应当采取符合国家环境保护标准的防护措施。根据《固体废物污染环境防治法》第一百零二条第一款第十项、第二款的规定，违反本法规定，贮存工业固体废物未采取符合国家环境保护标准的防护措施的，由生态环境主管部门责令改正，处十万元以上一百万元以下的罚款，没收违法所得；情节严重的，报经有批准权的人民政府批准，可以责令停业或者关闭。另外，要处置的，也必须达到无害化处置的要求。

《固体废物污染环境防治法》第四十条第二款规定，建设工业固体废物贮存、处置的设施、场所，应当符合国家环境保护标准。这里所指的国家环境保护标准，是指《一般工业固体废物贮存和填埋污染控制标准》（GB 18599—2020）、《危险废物贮存污染控制标准》（GB 18597—2023）、《危险废物焚烧污染控制标准》（GB 18484—2020）、《危险废物填埋污染控制标准》（GB 18598—2019）、《医疗废物处理处置污染控制标准》（GB 39707—2020）、

《水泥窑协同处置固体废物污染控制标准》（GB 30485—2013）等国家有关环境保护标准。以一般工业固体废物贮存、填埋场所的选址为例，《一般工业固体废物贮存和填埋污染控制标准》（GB 18599—2020）要求，一般工业固体废物贮存场、填埋场的选址应符合环境保护法律法规及相关法定规划要求。贮存场、填埋场的位置与周围居民区的距离应依据环境影响评价文件及审批意见确定。贮存场、填埋场不得选在生态保护红线区域、永久基本农田集中区域和其他需要特别保护的区域内。贮存场、填埋场应避开活动断层、溶洞区、天然滑坡或泥石流影响区以及湿地等区域。贮存场、填埋场不得选在江河、湖泊、运河、渠道、水库最高水位线以下的滩地和岸坡，以及国家和地方长远规划中的水库等人工蓄水设施的淹没区和保护区之内。上述选址规定不适用于一般工业固体废物的充填和回填。

一般工业固体废物贮存和填埋污染控制标准

危险废物焚烧污染控制标准

危险废物填埋污染控制标准

医疗废物处理处置污染控制标准

水泥窑协同处置固体废物污染控制标准

（三）固体废物污染环境违法行为的法律责任

固体废物污染环境主要执法事项目录见表 3-3。

表 3-3　固体废物污染环境主要执法事项目录

序号	违法行为	法律依据
1	重点排污单位等不公开或者不如实公开环境信息的	《固体废物污染环境防治法》 第二十九条第二款　产生、收集、贮存、运输、利用、处置固体废物的单位，应当依法及时公开固体废物污染环境防治信息，主动接受社会监督。 第五十六条　生活垃圾处理单位应当按照国家有关规定，安装使用监测设备，实时监测污染物的排放情况，将污染排放数据实时公开。监测设备应当与所在地生态环境主管部门的监控设备联网。

续表

序号	违法行为	法律依据
1	重点排污单位等不公开或者不如实公开环境信息的	第一百零二条第一款第一项、第二项　违反本法规定，有下列行为之一，由生态环境主管部门责令改正，处以罚款，没收违法所得；情节严重的，报经有批准权的人民政府批准，可以责令停业或者关闭： （一）产生、收集、贮存、运输、利用、处置固体废物的单位未依法及时公开固体废物污染环境防治信息的； （二）生活垃圾处理单位未按照国家有关规定安装使用监测设备、实时监测污染物的排放情况并公开污染排放数据的； 第二款　有前款第一项、第八项行为之一，处五万元以上二十万元以下的罚款；有前款第二项、第三项、第四项、第五项、第六项、第九项、第十项、第十一项行为之一，处十万元以上一百万元以下的罚款；有前款第七项行为，处所需处置费用一倍以上三倍以下的罚款，所需处置费用不足十万元的，按十万元计算。对前款第十一项行为的处罚，有关法律、行政法规另有规定的，适用其规定
2	拒不接受固体废物污染检查或在检查时弄虚作假的	《固体废物污染环境防治法》 第二十六条　生态环境主管部门及其环境执法机构和其他负有固体废物污染环境防治监督管理职责的部门，在各自职责范围内有权对从事产生、收集、贮存、运输、利用、处置固体废物等活动的单位和其他生产经营者进行现场检查。被检查者应当如实反映情况，并提供必要的资料。 实施现场检查，可以采取现场监测、采集样品、查阅或者复制与固体废物污染环境防治相关的资料等措施。检查人员进行现场检查，应当出示证件。对现场检查中知悉的商业秘密应当保密。 第一百零三条　违反本法规定，以拖延、围堵、滞留执法人员等方式拒绝、阻挠监督检查，或者在接受监督检查时弄虚作假的，由生态环境主管部门或者其他负有固体废物污染环境防治监督管理职责的部门责令改正，处五万元以上二十万元以下的罚款；对直接负责的主管人员和其他直接责任人员，处二万元以上十万元以下的罚款

续表

序号	违法行为	法律依据
3	将列入限期淘汰名录被淘汰的设备转让给他人使用等行为	《固体废物污染环境防治法》 第二十条第一款　产生、收集、贮存、运输、利用、处置固体废物的单位和其他生产经营者，应当采取防扬散、防流失、防渗漏或者其他防止污染环境的措施，不得擅自倾倒、堆放、丢弃、遗撒固体废物。 第二十一条　在生态保护红线区域、永久基本农田集中区域和其他需要特别保护的区域内，禁止建设工业固体废物、危险废物集中贮存、利用、处置的设施、场所和生活垃圾填埋场。 第二十二条　转移固体废物出省、自治区、直辖市行政区域贮存、处置的，应当向固体废物移出地的省、自治区、直辖市人民政府生态环境主管部门提出申请。移出地的省、自治区、直辖市人民政府生态环境主管部门应当及时商经接受地的省、自治区、直辖市人民政府生态环境主管部门同意后，在规定期限内批准转移该固体废物出省、自治区、直辖市行政区域。未经批准的，不得转移。 转移固体废物出省、自治区、直辖市行政区域利用的，应当报固体废物移出地的省、自治区、直辖市人民政府生态环境主管部门备案。移出地的省、自治区、直辖市人民政府生态环境主管部门应当将备案信息通报接受地的省、自治区、直辖市人民政府生态环境主管部门。 第三十三条第三款　列入限期淘汰名录被淘汰的设备，不得转让给他人使用。 第三十六条第一款　产生工业固体废物的单位应当建立健全工业固体废物产生、收集、贮存、运输、利用、处置全过程的污染环境防治责任制度，建立工业固体废物管理台账，如实记录产生工业固体废物的种类、数量、流向、贮存、利用、处置等信息，实现工业固体废物可追溯、可查询，并采取防治工业固体废物污染环境的措施。 第三十七条第一款　产生工业固体废物的单位委托他人运输、利用、处置工业固体废物的，应当对受托方的主体资格和技术能力进行核实，依法签订书面合同，在合同中约定污染防治要求。 第四十条第一款　产生工业固体废物的单位应当根据经济、技术条件对工业固体废物加以利用；对暂时不利用或者不能利用的，应当按照国务院生态环境等主管部门的规定建设贮存设施、场所，安全分类存放，或者采取无害化处置措施。贮存工业固体废物应当采取符合国家环境保护标准的防护措施。

续表

序号	违法行为	法律依据
3	将列入限期淘汰名录被淘汰的设备转让给他人使用等行为	第一百零二条第一款第三项至第十一项　违反本法规定，有下列行为之一，由生态环境主管部门责令改正，处以罚款，没收违法所得；情节严重的，报经有批准权的人民政府批准，可以责令停业或者关闭： （三）将列入限期淘汰名录被淘汰的设备转让给他人使用的； （四）在生态保护红线区域、永久基本农田集中区域和其他需要特别保护的区域内，建设工业固体废物、危险废物集中贮存、利用、处置的设施、场所和生活垃圾填埋场的； （五）转移固体废物出省、自治区、直辖市行政区域贮存、处置未经批准的； （六）转移固体废物出省、自治区、直辖市行政区域利用未报备案的； （七）擅自倾倒、堆放、丢弃、遗撒工业固体废物，或者未采取相应防范措施，造成工业固体废物扬散、流失、渗漏或者其他环境污染的； （八）产生工业固体废物的单位未建立固体废物管理台账并如实记录的； （九）产生工业固体废物的单位违反本法规定委托他人运输、利用、处置工业固体废物的； （十）贮存工业固体废物未采取符合国家环境保护标准的防护措施的； （十一）单位和其他生产经营者违反固体废物管理其他要求，污染环境、破坏生态的。 第二款　有前款第一项、第八项行为之一，处五万元以上二十万元以下的罚款；有前款第二项、第三项、第四项、第五项、第六项、第九项、第十项、第十一项行为之一，处十万元以上一百万元以下的罚款；有前款第七项行为，处所需处置费用一倍以上三倍以下的罚款，所需处置费用不足十万元的，按十万元计算。对前款第十一项行为的处罚，有关法律、行政法规另有规定的，适用其规定
4	矿业固体废物贮存设施停止使用后未按规定封场的	《固体废物污染环境防治法》 第四十二条第三款　尾矿、煤矸石、废石等矿业固体废物贮存设施停止使用后，矿山企业应当按照国家有关环境保护等规定进行封场，防止造成环境污染和生态破坏。 第一百一十条　尾矿、煤矸石、废石等矿业固体废物贮存设施停止使用后，未按照国家有关环境保护规定进行封场的，由生态环境主管部门责令改正，处二十万元以上一百万元以下的罚款

续表

序号	违法行为	法律依据
5	拒不改正违法排放污染物行为的	《环境保护法》 第五十九条　企业事业单位和其他生产经营者违法排放污染物，受到罚款处罚，被责令改正，拒不改正的，依法作出处罚决定的行政机关可以自责令改正之日的次日起，按照原处罚数额按日连续处罚。 前款规定的罚款处罚，依照有关法律法规按照防治污染设施的运行成本、违法行为造成的直接损失或者违法所得等因素确定的规定执行。 地方性法规可以根据环境保护的实际需要，增加第一款规定的按日连续处罚的违法行为的种类。 《固体废物污染环境防治法》 第一百一十九条　单位和其他生产经营者违反本法规定排放固体废物，受到罚款处罚，被责令改正的，依法作出处罚决定的行政机关应当组织复查，发现其继续实施该违法行为的，依照《中华人民共和国环境保护法》的规定按日连续处罚
6	造成或者可能造成严重环境污染的，可能造成证据灭失、被隐匿或者非法转移的	《环境保护法》 第二十五条　企业事业单位和其他生产经营者违反法律法规规定排放污染物，造成或者可能造成严重污染的，县级以上人民政府环境保护主管部门和其他负有环境保护监督管理职责的部门，可以查封、扣押造成污染物排放的设施、设备。 《固体废物污染环境防治法》 第二十七条　有下列情形之一，生态环境主管部门和其他负有固体废物污染环境防治监督管理职责的部门，可以对违法收集、贮存、运输、利用、处置的固体废物及设施、设备、场所、工具、物品予以查封、扣押： （一）可能造成证据灭失、被隐匿或者非法转移的； （二）造成或者可能造成严重环境污染的。 《环境保护主管部门实施查封、扣押办法》 第四条　排污者有下列情形之一的，环境保护主管部门依法实施查封、扣押： （一）违法排放、倾倒或者处置含传染病病原体的废物、危险废物、含重金属污染物或者持久性有机污染物等有毒物质或者其他有害物质的； （二）在饮用水水源一级保护区、自然保护区核心区违反法律法规规定排放、倾倒、处置污染物的；

续表

序号	违法行为	法律依据
6	造成或者可能造成严重环境污染的，可能造成证据灭失、被隐匿或者非法转移的	（三）违反法律法规规定排放、倾倒化工、制药、石化、印染、电镀、造纸、制革等工业污泥的； （四）通过暗管、渗井、渗坑、灌注或者篡改、伪造监测数据，或者不正常运行防治污染设施等逃避监管的方式违反法律法规规定排放污染物的； （五）较大、重大和特别重大突发环境事件发生后，未按照要求执行停产、停排措施，继续违反法律法规规定排放污染物的； （六）法律、法规规定的其他造成或者可能造成严重污染的违法排污行为。 有前款第一项、第二项、第三项、第六项情形之一的，环境保护主管部门可以实施查封、扣押；已造成严重污染或者有前款第四项、第五项情形之一的，环境保护主管部门应当实施查封、扣押

二、危险废物污染环境执法

（一）危险废物污染环境检查重点内容

1. 产生危险废物的单位检查重点内容

（1）是否按照国家有关规定制定危险废物管理计划；

（2）是否建立危险废物管理台账，如实记录有关信息，并通过国家危险废物信息管理系统向所在地生态环境主管部门申报危险废物的种类、产生量、流向、贮存、处置等有关资料；

（3）是否按照国家有关规定和环境保护标准要求贮存、利用、处置危险废物，是否存在擅自倾倒、堆放的情况；

（4）是否将危险废物提供或者委托给无许可证的单位或者其他生产经营者从事收集、贮存、利用、处置活动；

（5）收集、贮存危险废物，是否按照危险废物特性分类进行；

（6）是否混合收集、贮存、运输、处置性质不相容而未经安全性处置的危险废物；

国家危险废物名录（2021年版）

关于印发医疗废物分类目录（2021年版）的通知

（7）贮存危险废物是否采取符合国家环境保护标准的防护措施；

（8）是否将危险废物混入非危险废物中贮存；

（9）对危险废物的容器和包装物以及收集、贮存、运输、利用、处置危险废物的设施、场所，是否按照规定设置危险废物识别标志；

危险废物贮存污染控制标准

（10）自行利用与处置是否符合相关规定。

2. 危险废物转移情况检查重点内容

（1）是否通过国家危险废物信息管理系统按照国家有关规定填写、运行危险废物电子转移联单；

（2）是否按照国家有关规定公开危险废物转移相关污染环境防治信息；

（3）在危险废物转移过程中是否采取了防扬散、防流失、防渗漏或者其他防止污染环境的措施；是否存在擅自倾倒、堆放、丢弃、遗撒危险废物，造成环境污染及生态破坏的情况；

（4）移出人是否对承运人或者接受人的主体资格和技术能力进行了核实；是否依法签订了书面合同，并在合同中约定运输、贮存、利用、处置危险废物的污染防治要求及相关责任；

（5）移出人是否制订了危险废物管理计划，并明确拟转移危险废物的种类、重量（数量）和流向等信息；

（6）移出人是否建立了危险废物管理台账，对转移的危险废物进行计量称重，如实记录、妥善保管转移危险废物的种类、重量（数量）和接受人等相关信息；

（7）移出人填写、运行危险废物转移联单，在危险废物转移联单中是否如实填写移出人、承运人、接受人信息，转移危险废物的种类、重量（数量）、危险特性等信息，以及突发环境事件的防范措施等；

（8）移出人是否及时核实了接受人贮存、利用或者处置相关危险废物情况；

（9）是否存在将危险废物以副产品等名义提供或者委托给无危险废物经营许可证的单位或者其他生产经营者从事收集、贮存、利用、处置活动的情况；

（10）承运人是否核实了危险废物转移联单，是否存在没有转移联单承运的情况；

（11）承运人填写、运行危险废物转移联单，在危险废物转移联单中是否如实填写承运人名称、运输工具及其营运证件号，以及运输起点和终点等运输相关信息，是否与危险货物运单一并随运输工具携带；

（12）承运人是否按照危险废物污染环境防治和危险货物运输相关规定运输危险废物，记录运输轨迹，防范危险废物丢失、包装破损、泄漏或者发生突发环境事件；

（13）承运人将运输的危险废物运抵接受人地址，是否交付给危险废物转移联单上指定的接受人；是否将运输情况及时告知移出人；

（14）接受人是否核实拟接受的危险废物的种类、重量（数量）、包装、识别标志等相关信息；

（15）接受人填写、运行危险废物转移联单，在危险废物转移联单中是否如实填写是否接受的意见，以及利用、处置方式和接受量等信息；

（16）接受人是否按照国家和地方有关规定和标准，对接受的危险废物进行贮存、利用或者处置；

（17）接受人将危险废物接受情况、利用或者处置结果及时告知移出人；

（18）危险废物托运人是否按照国家危险货物相关标准确定危险废物对应危险货物的类别、项别、编号等，并委托具备相应危险货物运输资质的单位承运危险废物，依法签订运输合同；

（19）采用包装方式运输危险废物的，是否妥善包装；是否按照国家有关标准在外包装上设置相应的识别标志；

（20）装载危险废物时，托运人是否核实了承运人、运输工具及收运人员是否具有相应经营范围的有效危险货物运输许可证件，以及待转移的危险废物识别标志中的相关信息与危险废物转移联单是否相符；不相符的，是否仍然装载；

（21）因特殊原因无法运行危险废物电子转移联单，先使用纸质转移联单的，是否于转移活动完成后十个工作日内在信息系统中补录电子转移联单；

（22）跨省、自治区、直辖市转移危险废物的，是否向危险废物移出地省、自治区、直辖市人民政府生态环境主管部门申请，转移是否经过批准；

（23）计划转移的危险废物的种类发生变化或者重量（数量）超过原批准重量（数量）的，计划转移的危险废物

危险废物转移管理办法

的贮存、利用、处置方式发生变化的，接受人发生变更或者接受人不再具备拟接受危险废物的贮存、利用或者处置条件的，移出人是否重新提出危险废物跨省转移申请。

生态环境部公布第八批生态环境执法典型案例（打击危险废物环境违法犯罪领域）

生态环境部公布第三批生态环境执法典型案例（打击危险废物环境违法犯罪领域）

3. 危险废物经营单位检查重点内容

（1）从事收集、贮存、利用、处置危险废物经营活动的单位，是否按照国家有关规定申请取得许可证；

（2）是否存在无许可证或者未按照许可证规定从事危险废物收集、贮存、利用、处置的经营活动；

（3）是否将危险废物提供或者委托给无许可证的单位或者其他生产经营者从事收集、贮存、利用、处置活动；

（4）收集、贮存危险废物，是否按照危险废物特性分类进行；

（5）是否混合收集、贮存、运输、处置性质不相容而未经安全性处置的危险废物；

（6）贮存危险废物是否采取符合国家环境保护标准的防护措施；

（7）是否将危险废物混入非危险废物中贮存；

（8）贮存危险废物是否超过一年；确需延长期限的，是否报经颁发许可证的生态环境主管部门批准；

（9）对危险废物的容器和包装物以及收集、贮存、运输、利用、处置危险废物的设施、场所，是否按照规定设置危险废物识别标志；

危险废物经营许可证管理办法

（10）经营范围与危险废物经营许可证所列范围是否一致，利用处置方式与环评及批复文件是否一致；

（11）是否有接受不明废物和超出经营范围接受其他危险废物的情况。

（二）危险废物污染环境执法难点解析

1.《固体废物污染环境防治法》第一百一十二条的罚款幅度

《固体废物污染环境防治法》第一百一十二条第一款第三项、第四项、第十项、第十一项规定：“违反本法规定，有下列行为之一，由生态环境主管部门责令改正，处以罚款，没收违法所得；情节严重的，报经有批准权的人民政府批准，可以责令停业或者关闭：（三）擅自倾倒、堆放危险废物的；（四）将危险废物提供或者委托给无许可证的单位或者其他生产经营者从事经营活动的；（十）未采取相应防范措施，造成危险废物扬散、流失、渗漏或者其他环境污染的；（十一）在运输过程中沿途丢弃、遗撒危险废物的。”第二款进一步规定：“有前款第三项、第四项、第十项、第十一项行为之一，处所需处置费用三倍以上五倍以下的罚款，所需处置费用不足二十万元的，按二十万元计算。”

立法机关考虑到需要对涉及的危险废物进行无害化处置，第一百一十二条第二款将涉案危险废物所需处置费用作为计罚依据。同时，为解决违法成本低的问题，设定了一个保底的罚款数额，所需处置费用不足二十万元的，按照二十万元计算[①]。执法实践中，有部分执法人员对上述罚则的处罚幅度存在疑问，即“处罚下限是二十万元还是二十万元的三倍?”第一百一十二条第二款针对第一款第三项、第四项、第十项、第十一项违法行为规定的“处所需处置费用三倍以上五倍以下的罚款，所需处置费用不足二十万元的，按二十万元计算”，处罚下限应是六十万元。

执法中需要注意的是，根据《行政处罚法》第三十二条的规定：“当事人有下列情形之一，应当从轻或者减轻行政处罚：（一）主动消除或者减轻违法行为危害后果的；（二）受他人胁迫或者诱骗实施违法行为的；（三）主动供述行政机关尚未掌握的违法行为的；（四）配合行政机关查处违法行为有立功表现的；（五）法律、法规、规章规定其他应当从轻或者减轻行政处罚的。”第三十三条又规定：“违法行为轻微并及时改正，没有造成危害后果的，不予行政处罚。初次违法且危害后果轻微并及时改正的，可以不予行政处罚。当事人有证据足以证明没有主观过错的，不予行政处罚。法律、行政法规另有规定的，从其规定。”对当事人的违法行为依法不予行政处罚的，行政机关应当对当事人进行教育。

2. 产废单位未履行危险废物处置责任行为的认定

《固体废物污染环境防治法》第七十九条规定：“产生危险废物的单位，应当按照国家有关规定和环境保护标准要求贮存、利用、处置危险废物，不

---

① 袁杰，黄祎，别涛，等.《中华人民共和国固体废物污染环境防治法》释义 [M]. 北京：中国民主法制出版社，2020: 263-264.

得擅自倾倒、堆放。”第一百一十三条规定：“违反本法规定，危险废物产生者未按照规定处置其产生的危险废物被责令改正后拒不改正的，由生态环境主管部门组织代为处置，处置费用由危险废物产生者承担；拒不承担代为处置费用的，处代为处置费用一倍以上三倍以下的罚款。”第七十九条规定确定了危险废物处置责任，即由“产生者处置”的原则，产生者应当承担对其所产生的危险废物进行适当处置的义务，这是产生者的产生危险废物行为所导致的直接的必然的法律后果（法定义务）。同时，由于产生者对其所产生的危险废物的种类、数量和危险特性及程度等有着比较全面、直接、准确地了解和掌握，从而对依环境保护要求如何处置其所产生的危险废物的标准和要求也有着全面、直接、准确地了解，由产生者负责处置便可能是较为有效、方便的。《固体废物污染环境防治法》第五条第一款规定：“固体废物污染环境防治坚持污染担责的原则。”第二款进一步规定：“产生、收集、贮存、运输、利用、处置固体废物的单位和个人，应当采取措施，防止或者减少固体废物对环境的污染，对所造成的环境污染依法承担责任。”第七十九条规定是对污染担责原则在危险废物管理中的具体规定，是“谁污染，谁治理”在危险废物污染防治方面得到切实地贯彻和实现的保障。

“产生者处置”原则是根据关于产生者处置其所产生的危险废物的法定义务的原则规定，但实现这一原则即产生者承担处置责任、履行处置义务的具体方式却有着多样的形式，并非意味着只是或只能由产生者直接履行义务。产生者履行处置义务、承担处置责任的具体方式大致有自行处置（直接承担责任的形式）和委托他人处置（间接履行义务的形式）。对于有处置能力且自行处置又安全、经济的产生者而言，应当首先要求其依靠自己的能力，对其产生的危险废物进行自行处置。这是履行义务、承担处置责任的直接形式。对于无能力自行处置或出于安全、经济的因素考虑，需要委托他人处置其所产生的危险废物的产生者，如委托区域性集中处置设施处置，或委托给具有处置能力的其他单位处置等，其委托或交给他人处置，只是产生者履行处置义务、承担处置责任的另一种方式（间接形式），并不意味着产生者的处置义务和责任便因此而转移、改变或减少、消灭。产生者不能因委托他人处置而自认为自己便无处置义务，也不能因委托他人处置而自认为完全不对处置活动负责。作为委托给他人处置的产生者而言，委托处置只是将委托活动托付给他人代为完成并由此实现其履行义务，而不是转移责任，产生者仍应对处置活动负有相当责任。例如，在委托前，产生者应对拟接受委托的处置者的处置资格、能力和处置设备等进行调查、核实，查明拟接受委托的处置者的处置设施是否具备处置拟交给其处置的危险废物的种类、性质的条件，其处置水平和可能达到的环境、安全标准，其能够接受的数量，其实际操作和管理水平，其是否拥有法定的经营许可证等；应以书面形式签订委托协议，在协议中明确说明拟交给的危险废物的种类、性质、数量，交付方式，交付核查、处置要求与标准，处置核查的事项；在处置时，产生者应要求处置者报告处置情况并应主动查询、核实处置情况，保证委托协议得到实施，保证危险废物得到有效、安全和无害环境的处置。总之，产生者无论是采取自行处置的履行义务的直接形式还是采取委托他人处置的履行义务的间接形式，其都是“产生者处置”原则的实现形式，是产生者承担处置责任的具体方式。产生者必须切实承担责任，不得以任何理由和方式来试图逃避、减轻或转移、改变其处置责任。

《固体废物污染环境防治法》第七十九条明确规定：“产生危险废物的单位，应当按照国家有关规定和环境保护标准要求贮存、利用、处置危险废物，不得擅自倾倒、堆放。”无论产生者是采取直接形式（自行处置）还是间接形式（委托他人），都必须实际、有效地处置危险废物，这是必须履行的义务，也就是说，必须按照国家有关规定处置危险废物，向危险废物污染防治设施（包括危险废物的综合利用、贮存和处置设施等）排放，不得直接向土地、水体或其他环境因素丢弃、投放、倾倒、堆放、注入、溢出、流失、泄漏危险废物或以其他方式使险废物进入环境。对危险废物的处置，不能是任意的毫无拘束的，不能是简易、简单的、一般性的处置，因为随意向环境排放危险废物可能会造成严重的危害，《固体废物污染环境防治法》要求处置危险废物必须要符合一定的条件，达到一定的标准要求。这方面规定涉及危险废物处置场所的选址、设计、防护，危险废物处置设施的设计、制造、安装、操作等方面的技术标准、设计规范、操作规程、防护要求等；还包括处置场所的安全防护措施，废物的鉴别标准和方法要求，处置活动及场所的环境监测，处置后的残余物质的收集、处理、处置，处置设施的停止使用和退役关闭的管理及残留物质的处理、处置等。

违反《固体废物污染环境防治法》规定，危险废物产生者未按照规定处置其产生的危险废物被责令改正后拒不改正的，由生态环境主管部门组织代为处置，处置费用由危险废物产生者承担；拒不承担代为处置费用的，处代为处置费用一倍以上三倍以下的罚款。代为处置属于代执行的法律制度的实现形式之一。《固体废物污染环境防治法》第一百一十三条规定的“代为处置”主要适用于两种情形。第一种情形是法定义务人（产生者）不履行处置义务，经责令改正后拒不改正的。第二种情形是法定义务人虽履行处置义务进行处置（包括在限期改正中进行处置），但处置不符合国家有关规定的，即处置不当（或称不当处置）的。在后一种情形中，法定义务人虽有履行义务的行为，但却履行不当，其履行义务的实际方式或实际效果不能满足法律规定的要求，即不符合国家的有关规定，不符合无害化和安全处置原则和要求。这种未完全或未很好履行处置义务的处置行为，实际并未有效控制危险废物的危害，未达到法律所规定的防治污染的目的，因此，实质上可以被认为是属于不履行义务的行为，同样可以对其采取代为处置的强制措施，以保证法律目的的实现。代为处置的实施程序一般可分为三个阶段。第一阶段是告诫和警示，即由产生危险废物的单位所在地生态环境主管部门向未按照规定履行处置义务的法定义务人采取责令其改正的措施，并告诉其拒不改正（仍不处置或仍未达到符合国家有关规定的要求），即将对其采取强制措施并由其负担处置费用。第二阶段是代为处置。被责令改正后，产生者拒不改正的，拥有监督管理权的生态环境主管部门可以作出代为处置的决定，采取代为处置的措施。按照《固体废物污染环境防治法》第一百一十三条的规定，代为处置的决定权由产生者所在地生态环境主管部门行使，组织代为处置。代为处置单位必须依国家的有关规定，对危险废物进行无害化和安全处置。产生者不得拒绝、妨碍、阻挠代为处置活动；如有拒绝、妨碍、阻挠代为处置的，应作为妨碍国家机关工作人员依法执行职务论处。第三阶段为代为处置费用的征收。处置费用包括因代为处置所招致和实施代为处置所发生的全部费用，其全部由危险废物产生者承担。产生者不得拒绝给付费用，拒不承担代为处置费用的，处代为处置费用一倍以上三倍以下的罚款。

（三）危险废物污染环境违法行为的法律责任

危险废物污染环境主要执法事项目录见表 3-4。

表 3-4　危险废物污染环境主要执法事项目录

序号	违法行为	法律依据
1	不设置危险废物识别标志等行为	《固体废物污染环境防治法》 第二十条第一款　产生、收集、贮存、运输、利用、处置固体废物的单位和其他生产经营者，应当采取防扬散、防流失、防渗漏或者其他防止污染环境的措施，不得擅自倾倒、堆放、丢弃、遗撒固体废物。 第七十七条　对危险废物的容器和包装物以及收集、贮存、运输、利用、处置危险废物的设施、场所，应当按照规定设置危险废物识别标志。 第七十八条　产生危险废物的单位，应当按照国家有关规定制定危险废物管理计划；建立危险废物管理台账，如实记录有关信息，并通过国家危险废物信息管理系统向所在地生态环境主管部门申报危险废物的种类、产生量、流向、贮存、处置等有关资料。 前款所称危险废物管理计划应当包括减少危险废物产生量和降低危险废物危害性的措施以及危险废物贮存、利用、处置措施。危险废物管理计划应当报产生危险废物的单位所在地生态环境主管部门备案。 产生危险废物的单位已经取得排污许可证的，执行排污许可管理制度的规定。 第七十九条　产生危险废物的单位，应当按照国家有关规定和环境保护标准要求贮存、利用、处置危险废物，不得擅自倾倒、堆放。 第八十条第三款　禁止将危险废物提供或者委托给无许可证的单位或者其他生产经营者从事收集、贮存、利用、处置活动。 第八十一条第一款　收集、贮存危险废物，应当按照危险废物特性分类进行。禁止混合收集、贮存、运输、处置性质不相容而未经安全性处置的危险废物。 第二款　贮存危险废物应当采取符合国家环境保护标准的防护措施。禁止将危险废物混入非危险废物中贮存。 第八十二条第一款　转移危险废物的，应当按照国家有关规定填写、运行危险废物电子或者纸质转移联单。 第二款　跨省、自治区、直辖市转移危险废物的，应当向危险废物移出地省、自治区、直辖市人民政府生态环境主管部门申请。移出地省、自治区、直辖市人民政府生态环境主管部门应当及时商经接受地省、自治区、直辖市人民政府生态环境主管部门同意后，在规定期限内批准转移该危险废物，并将批准信息通报相关省、自治区、直辖市人民政府生态环境主管部门和交通运输主管部门。未经批准的，不得转移。 第八十三条　运输危险废物，应当采取防止污染环境的措施，并遵守国家有关危险货物运输管理的规定。

续表

序号	违法行为	法律依据
1	不设置危险废物识别标志等行为	禁止将危险废物与旅客在同一运输工具上载运。 第八十四条　收集、贮存、运输、利用、处置危险废物的场所、设施、设备和容器、包装物及其他物品转作他用时，应当按照国家有关规定经过消除污染处理，方可使用。 第八十五条　产生、收集、贮存、运输、利用、处置危险废物的单位，应当依法制定意外事故的防范措施和应急预案，并向所在地生态环境主管部门和其他负有固体废物污染环境防治监督管理职责的部门备案；生态环境主管部门和其他负有固体废物污染环境防治监督管理职责的部门应当进行检查。 第一百一十二条　违反本法规定，有下列行为之一，由生态环境主管部门责令改正，处以罚款，没收违法所得；情节严重的，报经有批准权的人民政府批准，可以责令停业或者关闭： （一）未按照规定设置危险废物识别标志的； （二）未按照国家有关规定制定危险废物管理计划或者申报危险废物有关资料的； （三）擅自倾倒、堆放危险废物的； （四）将危险废物提供或者委托给无许可证的单位或者其他生产经营者从事经营活动的； （五）未按照国家有关规定填写、运行危险废物转移联单或者未经批准擅自转移危险废物的； （六）未按照国家环境保护标准贮存、利用、处置危险废物或者将危险废物混入非危险废物中贮存的； （七）未经安全性处置，混合收集、贮存、运输、处置具有不相容性质的危险废物的； （八）将危险废物与旅客在同一运输工具上载运的； （九）未经消除污染处理，将收集、贮存、运输、处置危险废物的场所、设施、设备和容器、包装物及其他物品转作他用的； （十）未采取相应防范措施，造成危险废物扬散、流失、渗漏或者其他环境污染的； （十一）在运输过程中沿途丢弃、遗撒危险废物的； （十二）未制定危险废物意外事故防范措施和应急预案的； （十三）未按照国家有关规定建立危险废物管理台账并如实记录的。 有前款第一项、第二项、第五项、第六项、第七项、第八项、第九项、第十二项、第十三项行为之一，处十万元以上一百万元以下的罚款；有前款第三项、第四项、第十项、第十一项行为之一，处所需处置费用三倍以上五倍以下的罚款，所需处置费用不足二十万元的，按二十万元计算

续表

序号	违法行为	法律依据
2	危险废物产生者不处置其产生的危险废物又不承担依法应当承担的处置费用	《固体废物污染环境防治法》 第七十九条　产生危险废物的单位，应当按照国家有关规定和环境保护标准要求贮存、利用、处置危险废物，不得擅自倾倒、堆放。 第一百一十三条　违反本法规定，危险废物产生者未按照规定处置其产生的危险废物被责令改正后拒不改正的，由生态环境主管部门组织代为处置，处置费用由危险废物产生者承担；拒不承担代为处置费用的，处代为处置费用一倍以上三倍以下的罚款
3	单位不处置危险废物的	《固体废物污染环境防治法》 第七十九条　产生危险废物的单位，应当按照国家有关规定和环境保护标准要求贮存、利用、处置危险废物，不得擅自倾倒、堆放。 第一百一十三条　违反本法规定，危险废物产生者未按照规定处置其产生的危险废物被责令改正后拒不改正的，由生态环境主管部门组织代为处置，处置费用由危险废物产生者承担；拒不承担代为处置费用的，处代为处置费用一倍以上三倍以下的罚款
4	未按规定填写、运行、保管危险废物转移单据等行为	《危险废物出口核准管理办法》 第十二条　危险废物出口者应当对每一批出口的危险废物，填写《危险废物越境转移－转移单据》，一式二份。 转移单据应当随出口的危险废物从转移起点直至处置或者利用地点，并由危险废物出口者、承运人和进口国（地区）的进口者、处置者或者利用者及有关国家（地区）海关部门填写相关信息。 危险废物出口者应当将信息填写完整的转移单据，一份报国务院环境保护行政主管部门，一份自留存档。 危险废物出口者应当妥善保存自留存档的转移单据，不得擅自损毁。转移单据的保存期应不少于 5 年。国务院环境保护行政主管部门要求延长转移单据保存期限的，有关单位应当按照要求延长转移单据的保存期限。 第十三条　国务院环境保护行政主管部门有权检查转移单据的运行情况，也可以委托县级以上地方人民政府环境保护行政主管部门检查转移单据的运行情况。被检查单位应当接受检查，如实汇报情况。 第二十三条第一款　违反本办法规定，有下列行为之一的，由县级以上人民政府环境保护行政主管部门责令改正，并处以罚款： （一）未按规定填写转移单据的； （二）未按规定运行转移单据的； （三）未按规定的存档期限保管转移单据的；

续表

序号	违法行为	法律依据
4	未按规定填写、运行、保管危险废物转移单据等行为	（四）拒绝接受环境保护行政主管部门对转移单据执行情况进行检查的。 第二款　有前款第（一）项、第（二）项、第（三）项行为的，处3万元以下罚款；有前款第（四）项行为的，依据《固体废物污染环境防治法》第七十条的规定，予以处罚
5	危险废物出口者未按规定报送有关信息	《危险废物出口核准管理办法》 第十五条　自危险废物离境之日起10个工作日内，危险废物出口者应当填写《离境信息报告单》，并将其连同危险废物出口者和相关承运人填写的转移单据复印件和危险废物出口报关单复印件，报送国务院环境保护行政主管部门。 第十六条　自危险废物进口者接收危险废物之日起10个工作日内，危险废物出口者应当填写《抵达进口国（地区）信息报告单》，并将其连同危险废物出口者、相关承运人、危险废物进口者及过境国（地区）海关、进口国（地区）海关填写完毕的转移单据复印件，一并报送国务院环境保护行政主管部门。 第十七条　自危险废物处置或者利用完毕之日起40个工作日内，危险废物出口者应当填写《处置或者利用完毕信息报告单》，并将其连同危险废物出口者、相关承运人、危险废物进口者、进口国（地区）的危险废物处置者或者利用者及过境国（地区）海关、进口国（地区）海关填写完毕的转移单据原件，一并报送国务院环境保护行政主管部门。 第十八条　自危险废物出口核准通知单有效期届满之日起20个工作日内，危险废物出口者应当填写《危险废物出口总结信息报告单》，并报送国务院环境保护行政主管部门。 第十九条　危险废物出口者应当将按照第十五条、第十六条、第十七条和第十八条的规定向国务院环境保护行政主管部门报送的有关材料，同时抄送危险废物移出地省级、设区的市级和县级人民政府环境保护行政主管部门。 第二十四条　违反本办法规定，未将有关信息报送国务院环境保护行政主管部门，或者未抄报有关地方人民政府环境保护行政主管部门的，由县级以上人民政府环境保护行政主管部门责令限期改正；逾期不改正的，由县级以上人民政府环境保护行政主管部门处3万元以下罚款，并记载危险废物出口者的不良记录

续表

序号	违法行为	法律依据
6	未按照国家有关规定填写、运行危险废物转移联单或者未经批准擅自转移危险废物	《固体废物污染环境防治法》 第八十二条第一款　转移危险废物的，应当按照国家有关规定填写、运行危险废物电子或者纸质转移联单。 第一百一十二条第一款第五项　违反本法规定，有下列行为之一，由生态环境主管部门责令改正，处以罚款，没收违法所得；情节严重的，报经有批准权的人民政府批准，可以责令停业或者关闭： （五）未按照国家有关规定填写、运行危险废物转移联单或者未经批准擅自转移危险废物的； 第二款　有前款第一项、第二项、第五项、第六项、第七项、第八项、第九项、第十二项、第十三项行为之一，处十万元以上一百万元以下的罚款；有前款第三项、第四项、第十项、第十一项行为之一，处所需处置费用三倍以上五倍以下的罚款，所需处置费用不足二十万元的，按二十万元计算
7	未按规定向原发证机关申请办理危险废物经营许可证变更手续	《危险废物经营许可证管理办法》 第十一条　危险废物经营单位变更法人名称、法定代表人和住所的，应当自工商变更登记之日起15个工作日内，向原发证机关申请办理危险废物经营许可证变更手续。 第二十二条　违反本办法第十一条规定的，由县级以上地方人民政府环境保护主管部门责令限期改正，给予警告；逾期不改正的，由原发证机关暂扣危险废物经营许可证
8	未按规定重新申请领取危险废物经营许可证	《危险废物经营许可证管理办法》 第十二条　有下列情形之一的，危险废物经营单位应当按照原申请程序，重新申请领取危险废物经营许可证： （一）改变危险废物经营方式的； （二）增加危险废物类别的； （三）新建或者改建、扩建原有危险废物经营设施的； （四）经营危险废物超过原批准年经营规模20%以上的。 第十三条第二款　危险废物经营许可证有效期届满，危险废物经营单位继续从事危险废物经营活动的，应当于危险废物经营许可证有效期届满30个工作日前向原发证机关提出换证申请。原发证机关应当自受理换证申请之日起20个工作日内进行审查，符合条件的，予以换证；不符合条件的，书面通知申请单位并说明理由。 第二十三条　违反本办法第十二条、第十三条第二款规定的，由县级以上地方人民政府环境保护主管部门责令停止违法行为；有违法所得的，没收违法所得；违法所得超过10万元的，并处违法所得1倍以上2倍以下的罚款；没有违法所得或者违法所得不足10万元的，处5万元以上10万元以下的罚款

续表

序号	违法行为	法律依据
9	危险废物经营单位终止从事经营活动未对经营设施、场所采取污染防治措施等行为	《危险废物经营许可证管理办法》 第十四条第一款　危险废物经营单位终止从事收集、贮存、处置危险废物经营活动的，应当对经营设施、场所采取污染防治措施，并对未处置的危险废物做出妥善处理。 第二十一条　危险废物的经营设施在废弃或者改作其他用途前，应当进行无害化处理。 填埋危险废物的经营设施服役期届满后，危险废物经营单位应当按照有关规定对填埋过危险废物的土地采取封闭措施，并在划定的封闭区域设置永久性标记。 第二十四条　违反本办法第十四条第一款、第二十一条规定的，由县级以上地方人民政府环境保护主管部门责令限期改正；逾期不改正的，处 5 万元以上 10 万元以下的罚款；造成污染事故，构成犯罪的，依法追究刑事责任
10	危险废物经营单位未按要求执行经营情况记录簿制度	《危险废物经营许可证管理办法》 第十八条　县级以上人民政府环境保护主管部门有权要求危险废物经营单位定期报告危险废物经营活动情况。危险废物经营单位应当建立危险废物经营情况记录簿，如实记载收集、贮存、处置危险废物的类别、来源、去向和有无事故等事项。 危险废物经营单位应当将危险废物经营情况记录簿保存 10 年以上，以填埋方式处置危险废物的经营情况记录簿应当永久保存。终止经营活动的，应当将危险废物经营情况记录簿移交所在地县级以上地方人民政府环境保护主管部门存档管理。 第二十六条　违反本办法第十八条规定的，由县级以上地方人民政府环境保护主管部门责令限期改正，给予警告；逾期不改正的，由原发证机关暂扣或者吊销危险废物经营许可证
11	未按规定与处置单位签订接收合同，并将收集的废矿物油和废镉镍电池进行处置	《危险废物经营许可证管理办法》 第二十条　领取危险废物收集经营许可证的单位，应当与处置单位签订接收合同，并将收集的废矿物油和废镉镍电池在 90 个工作日内提供或者委托给处置单位进行处置。 第二十七条　违反本办法第二十条规定的，由县级以上地方人民政府环境保护主管部门责令限期改正，给予警告；逾期不改正的，处 1 万元以上 5 万元以下的罚款，并可以由原发证机关暂扣或者吊销危险废物经营许可证

续表

序号	违法行为	法律依据
12	无证或不按照经营许可证规定从事收集、贮存、利用、处置危险废物经营活动	《固体废物污染环境防治法》 第八十条第二款　禁止无许可证或者未按照许可证规定从事危险废物收集、贮存、利用、处置的经营活动。 第一百一十四条　无许可证从事收集、贮存、利用、处置危险废物经营活动的，由生态环境主管部门责令改正，处一百万元以上五百万元以下的罚款，并报经有批准权的人民政府批准，责令停业或者关闭；对法定代表人、主要负责人、直接负责的主管人员和其他责任人员，处十万元以上一百万元以下的罚款。 未按照许可证规定从事收集、贮存、利用、处置危险废物经营活动的，由生态环境主管部门责令改正，限制生产、停产整治，处五十万元以上二百万元以下的罚款；对法定代表人、主要负责人、直接负责的主管人员和其他责任人员，处五万元以上五十万元以下的罚款；情节严重的，报经有批准权的人民政府批准，责令停业或者关闭，还可以由发证机关吊销许可证

第五节　核安全与放射性污染源环境执法

一、核安全与放射性污染源检查重点内容

（一）核安全现场检查重点内容

（1）核设施营运单位是否设置了核设施纵深防御体系；

（2）核设施营运单位或者为其提供设备、工程以及服务等的单位是否存在未建立或者未实施质量保证体系的情况；

（3）核设施营运单位是否按照要求控制辐射照射剂量；

（4）核设施营运单位是否建立了核安全经验反馈体系；

（5）核设施营运单位是否就涉及公众利益的重大核安全事项征求了利益相关方意见；

（6）是否存在在规划限制区内建设可能威胁核设施安全的易燃、易爆、腐蚀性物品的生产、贮存设施或者人口密集场所的情况；

（7）是否存在未经许可，从事核设施建造、运行或者退役等活动的情况；

（8）是否存在未经许可，变更许可文件规定条件的情况；

（9）核设施运行许可证有效期届满，是否存在未经审查批准，继续运行核设施的情况；

（10）是否存在未经审查批准，进口核设施的情况；

（11）是否存在未对核设施进行定期安全评价，或者不接受国务院核安全监督管理部门审查的情况；

（12）核设施终止运行后，是否采取安全方式进行停闭管理，是否确保退役所需的基本功能、技术人员和文件；

（13）核设施退役时，是否将构筑物、系统或者设备的放射性水平降低至满足标准的要求；

（14）是否将产生的放射性固体废物或者不能经净化排放的放射性废液转变为稳定的、标准化的固体废物，及时送交放射性废物处置单位处置；

（15）是否对产生的放射性废气进行处理，排放是否能达到国家放射性污染防治标准；

（16）核设施营运单位是否对核设施周围环境中所含的放射性核素的种类、浓度或者核设施流出物中的放射性核素总量实施监测，是否按照规定报告监测结果；

（17）是否存在未经许可，为核设施提供核安全设备设计、制造、安装或者无损检验服务的情况；

（18）是否存在未经注册，境外机构为境内核设施提供核安全设备设计、制造、安装或者无损检验服务的情况；

（19）核设施营运单位或者核安全设备制造、安装、无损检验单位聘用人员从事与核设施安全专业技术有关的工作的，是否取得相应资格证书；

（20）是否存在未经许可，从事放射性废物处理、贮存、处置活动的情况；

（21）是否建立放射性废物处置情况记录档案，是否如实记录与处置活动有关的事项，或者是否永久保存记录档案；

（22）对应当关闭的放射性废物处置设施，是否依法办理了关闭手续；

（23）关闭放射性废物处置设施，是否在划定的区域设置永久性标记；

（24）放射性废物处置设施关闭，是否编制放射性废物处置设施关闭安全监护计划；

（25）放射性废物处置设施关闭后，是否按照经批准的安全监护计划进行安全监护；

（26）核设施营运单位是否按照规定公开相关信息。

（二）放射性污染源现场检查重点内容

（1）是否按照规定报告有关环境监测结果；

（2）是否存在未编制环境影响评价文件，或者环境影响评价文件未经生态环境主管部门批准，擅自进行建造、运行、生产和使用等活动；

（3）放射性污染防治设施、放射防护设施是否与主体工程同时设计、同时施工、同时投入使用；

（4）放射性污染防治设施、放射防护设施是否符合经批准或者备案的环境影响评价文件的要求；

（5）主体工程即投入生产或者使用的，放射性污染防治设施、放射防护设施是否未经验收合格；

（6）是否存在未经许可或者批准，核设施营运单位擅自进行核设施的建造、装料、运行、退役等活动；

（7）是否生产、销售、使用、转让、进口、贮存放射性同位素和射线装置以及装备有放射性同位素的仪表；

（8）是否存在未建造尾矿库或者不按照放射性污染防治的要求建造尾矿库，贮存、处置铀（钍）矿和伴生放射性矿的尾矿的情况；

（9）是否向环境排放不得排放的放射性废气、废液；

（10）是否不按照规定的方式排放放射性废液，是否利用渗井、渗坑、天然裂隙、溶洞或者国家禁止的其他方式排放放射性废液；

（11）是否不按照规定处理或者贮存不得向环境排放的放射性废液；

（12）是否将放射性固体废物提供或者委托给无许可证的单位贮存和处置；

（13）是否按照规定设置放射性标识、标志、中文警示说明；

（14）产生放射性固体废物的单位，是否按照《放射性污染防治法》第四十五条的规定对其产生的放射性固体废物进行处置；

（15）是否存在未经许可，擅自从事贮存和处置放射性

中国核与辐射安全管理体系总论

固体废物活动的情况；

（16）是否存在不按照许可的有关规定从事贮存和处置放射性固体废物活动。

二、核安全与放射性污染源环境执法难点解析

（一）《核安全法》与《放射性污染防治法》的关系

《放射性污染防治法》第二条规定："本法适用于中华人民共和国领域和管辖的其他海域在核设施选址、建造、运行、退役和核技术、铀（钍）矿、伴生放射性矿开发利用过程中发生的放射性污染的防治活动。"《放射性污染防治法》的调整范围和调整对象为核设施选址、建造、运行、退役和核技术、铀（钍）矿、伴生放射性矿开发利用过程中发生的放射性污染的防治活动，而没有将天然辐射和非核领域的放射性污染防治纳入《放射性污染防治法》。

《放射性污染防治法》仅从放射性污染防治的角度加以规范核安全。《放射性污染防治法》未就核安全基本方针、原则，法律制度、措施的建立和实施，核安全责任、公众参与及监督管理体制等重大问题作出规定。《核安全法》是有关核领域关于安全问题的专门法，重点以核设施、核材料安全为主要规范内容。《核安全法》不规范有关核技术应用和伴生放射性矿涉及的放射性污染防治问题。

（二）核事故的概念

国内立法中，2003年的《放射性污染防治法》、2009年的《侵权责任法》[①]和2015年的《国家安全法》中均采用了"核事故"这一概念，但均未明确作出界定。国务院于1986年发布的《民用核设施安全监督管理条例》对核事故做了明确界定。《核安全法》沿用了这一概念，其第九十三条规定：核事故，是指核设施内的核燃料、放射性产物、放射性废物或者运入运出核设施的核材料所发生的放射性、毒害性、爆炸性或者其他危害性事故，或者一系列事故。

① 《民法典》已于2021年1月1日起施行，《侵权责任法》同时废止。

三、核安全与放射性污染源违法行为的法律责任

核安全与放射性污染源主要执法事项目录见表 3-5。

表 3-5 核安全与放射性污染源主要执法事项目录

序号	违法行为	法律依据
1	拒不接受放射性污染检查或被检查时不如实反映情况和提供必要资料的	《放射性污染防治法》 第十一条第三款 监督检查人员进行现场检查时，应当出示证件。被检查的单位必须如实反映情况，提供必要的资料。监督检查人员应当为被检查单位保守技术秘密和业务秘密。对涉及国家秘密的单位和部位进行检查时，应当遵守国家有关保守国家秘密的规定，依法办理有关审批手续。 第四十九条第二项 违反本法规定，有下列行为之一的，由县级以上人民政府环境保护行政主管部门或者其他有关部门依据职权责令限期改正，可以处二万元以下罚款： （二）拒绝环境保护行政主管部门和其他有关部门进行现场检查，或者被检查时不如实反映情况和提供必要资料的
2	未建造放射性污染防治设施等行为	《放射性污染防治法》 第二十一条 与核设施相配套的放射性污染防治设施，应当与主体工程同时设计、同时施工、同时投入使用。 放射性污染防治设施应当与主体工程同时验收；验收合格的，主体工程方可投入生产或者使用。 第三十条 新建、改建、扩建放射工作场所的放射防护设施，应当与主体工程同时设计、同时施工、同时投入使用。 放射防护设施应当与主体工程同时验收；验收合格的，主体工程方可投入生产或者使用。 第五十一条 违反本法规定，未建造放射性污染防治设施、放射防护设施，或者防治防护设施未经验收合格，主体工程即投入生产或者使用的，由审批环境影响评价文件的环境保护行政主管部门责令停止违法行为，限期改正，并处五万元以上二十万元以下罚款

续表

序号	违法行为	法律依据
3	违法生产、销售、使用、转让、进口、贮存放射性同位素和射线装置以及装备有放射性同位素仪表	《放射性污染防治法》 第二十八条　生产、销售、使用放射性同位素和射线装置的单位，应当按照国务院有关放射性同位素与射线装置放射防护的规定申请领取许可证，办理登记手续。 转让、进口放射性同位素和射线装置的单位以及装备有放射性同位素的仪表的单位，应当按照国务院有关放射性同位素与射线装置放射防护的规定办理有关手续。 第五十三条　违反本法规定，生产、销售、使用、转让、进口、贮存放射性同位素和射线装置以及装备有放射性同位素的仪表的，由县级以上人民政府环境保护行政主管部门或者其他有关部门依据职权责令停止违法行为，限期改正；逾期不改正的，责令停产停业或者吊销许可证；有违法所得的，没收违法所得；违法所得十万元以上的，并处违法所得一倍以上五倍以下罚款；没有违法所得或者违法所得不足十万元的，并处一万元以上十万元以下罚款；构成犯罪的，依法追究刑事责任
4	未建造尾矿库或者不按照放射性污染防治的要求建造尾矿库，贮存、处置铀（钍）矿和伴生放射性矿的尾矿等行为	《放射性污染防治法》 第三十七条　对铀（钍）矿和伴生放射性矿开发利用过程中产生的尾矿，应当建造尾矿库进行贮存、处置；建造的尾矿库应当符合放射性污染防治的要求。 第四十条　向环境排放放射性废气、废液，必须符合国家放射性污染防治标准。 第四十二条　产生放射性废液的单位，必须按照国家放射性污染防治标准的要求，对不得向环境排放的放射性废液进行处理或者贮存。 产生放射性废液的单位，向环境排放符合国家放射性污染防治标准的放射性废液，必须采用符合国务院环境保护行政主管部门规定的排放方式。 禁止利用渗井、渗坑、天然裂隙、溶洞或者国家禁止的其他方式排放放射性废液。 第四十六条第三款　禁止将放射性固体废物提供或者委托给无许可证的单位贮存和处置。 第五十四条　违反本法规定，有下列行为之一的，由县级以上人民政府环境保护行政主管部门责令停止违法行为，限期改正，处以罚款；构成犯罪的，依法追究刑事责任： （一）未建造尾矿库或者不按照放射性污染防治的要求建造尾矿库，贮存、处置铀（钍）矿和伴生放射性矿的尾矿的；

续表

序号	违法行为	法律依据
4	未建造尾矿库或者不按照放射性污染防治的要求建造尾矿库，贮存、处置铀（钍）矿和伴生放射性矿的尾矿等行为	（二）向环境排放不得排放的放射性废气、废液的； （三）不按照规定的方式排放放射性废液，利用渗井、渗坑、天然裂隙、溶洞或者国家禁止的其他方式排放放射性废液的； （四）不按照规定处理或者贮存不得向环境排放的放射性废液的； （五）将放射性固体废物提供或者委托给无许可证的单位贮存和处置的。 有前款第（一）项、第（二）项、第（三）项、第（五）项行为之一的，处十万元以上二十万元以下罚款；有前款第（四）项行为的，处一万元以上十万元以下罚款
5	产生放射性固体废物的单位未按规定对放射性固体废物进行处置	《放射性污染防治法》 第四十五条第一款　产生放射性固体废物的单位，应当按照国务院环境保护行政主管部门的规定，对其产生的放射性固体废物进行处理后，送交放射性固体废物处置单位处置，并承担处置费用。 第五十六条　产生放射性固体废物的单位，不按照本法第四十五条的规定对其产生的放射性固体废物进行处置的，由审批该单位立项环境影响评价文件的环境保护行政主管部门责令停止违法行为，限期改正；逾期不改正的，指定有处置能力的单位代为处置，所需费用由产生放射性固体废物的单位承担，可以并处二十万元以下罚款；构成犯罪的，依法追究刑事责任
6	未经许可擅自从事贮存和处置放射性固体废物活动等行为	《放射性污染防治法》 第四十六条第二款　禁止未经许可或者不按照许可的有关规定从事贮存和处置放射性固体废物的活动。 第五十七条　违反本法规定，有下列行为之一的，由省级以上人民政府环境保护行政主管部门责令停产停业或者吊销许可证；有违法所得的，没收违法所得；违法所得十万元以上的，并处违法所得一倍以上五倍以下罚款；没有违法所得或者违法所得不足十万元的，并处五万元以上十万元以下罚款；构成犯罪的，依法追究刑事责任： （一）未经许可，擅自从事贮存和处置放射性固体废物活动的； （二）不按照许可的有关规定从事贮存和处置放射性固体废物活动的。

续表

序号	违法行为	法律依据
6	未经许可擅自从事贮存和处置放射性固体废物活动等行为	《放射性废物安全管理条例》 第十七条第一款 放射性固体废物贮存单位应当按照国家有关放射性污染防治标准和国务院环境保护主管部门的规定，对其接收的废旧放射源和其他放射性固体废物进行分类存放和清理，及时予以清洁解控或者送交取得相应许可证的放射性固体废物处置单位处置。 第二十五条第一款 放射性固体废物处置单位应当按照国家有关放射性污染防治标准和国务院环境保护主管部门的规定，对其接收的放射性固体废物进行处置。 第三十三条第二款 禁止无许可证或者不按照许可证规定的活动种类、范围、规模和期限从事放射性固体废物贮存、处置活动。 第三十八条 违反本条例规定，有下列行为之一的，由省级以上人民政府环境保护主管部门责令停产停业或者吊销许可证；有违法所得的，没收违法所得；违法所得10万元以上的，并处违法所得1倍以上5倍以下的罚款；没有违法所得或者违法所得不足10万元的，并处5万元以上10万元以下的罚款；造成环境污染的，责令限期采取治理措施消除污染，逾期不采取治理措施，经催告仍不治理的，可以指定有治理能力的单位代为治理，所需费用由违法者承担；构成犯罪的，依法追究刑事责任： （一）未经许可，擅自从事废旧放射源或者其他放射性固体废物的贮存、处置活动的； （二）放射性固体废物贮存、处置单位未按照许可证规定的活动种类、范围、规模、期限从事废旧放射源或者其他放射性固体废物的贮存、处置活动的； （三）放射性固体废物贮存、处置单位未按照国家有关放射性污染防治标准和国务院环境保护主管部门的规定贮存、处置废旧放射源或者其他放射性固体废物的。 《放射性固体废物贮存和处置许可管理办法》 第十八条 持证单位应当按照国家有关放射性污染防治标准和国务院环境保护主管部门的规定，在许可证规定的种类、范围和规模内从事放射性固体废物贮存或者处置活动。 禁止伪造、变造、转让许可证。禁止无许可证从事放射性固体废物贮存或者处置活动。 第二十二条 未取得相应许可证擅自从事放射性固体废物贮存、处置活动，或者未按照许可证规定的活动种类、范围、规模、期限从事放射性固体废物贮存、处置活动的，依照《放射性废物安全管理条例》第三十八条的规定处罚

续表

序号	违法行为	法律依据
7	不按照规定设置放射性标识、标志、中文警示说明等行为	《放射性污染防治法》 第十六条　放射性物质和射线装置应当设置明显的放射性标识和中文警示说明。生产、销售、使用、贮存、处置放射性物质和射线装置的场所，以及运输放射性物质和含放射源的射线装置的工具，应当设置明显的放射性标志。 第二十五条第一款　核设施营运单位应当建立健全安全保卫制度，加强安全保卫工作，并接受公安部门的监督指导。 第二款　核设施营运单位应当按照核设施的规模和性质制定核事故场内应急计划，做好应急准备。 第三十三条第一款　生产、销售、使用、贮存放射源的单位，应当建立健全安全保卫制度，指定专人负责，落实安全责任制，制定必要的事故应急措施。发生放射源丢失、被盗和放射性污染事故时，有关单位和个人必须立即采取应急措施，并向公安部门、卫生行政部门和环境保护行政主管部门报告。 第五十五条　违反本法规定，有下列行为之一的，由县级以上人民政府环境保护行政主管部门或者其他有关部门依据职权责令限期改正；逾期不改正的，责令停产停业，并处二万元以上十万元以下罚款；构成犯罪的，依法追究刑事责任： （一）不按照规定设置放射性标识、标志、中文警示说明的； （二）不按照规定建立健全安全保卫制度和制定事故应急计划或者应急措施的； （三）不按照规定报告放射源丢失、被盗情况或者放射性污染事故的
8	产生放射性固体废物的单位未按规定对放射性固体废物进行处置	《放射性污染防治法》 第四十五条第一款　产生放射性固体废物的单位，应当按照国务院环境保护行政主管部门的规定，对其产生的放射性固体废物进行处理后，送交放射性固体废物处置单位处置，并承担处置费用。 第五十六条　产生放射性固体废物的单位，不按照本法第四十五条的规定对其产生的放射性固体废物进行处置的，由审批该单位立项环境影响评价文件的环境保护行政主管部门责令停止违法行为，限期改正；逾期不改正的，指定有处置能力的单位代为处置，所需费用由产生放射性固体废物的单位承担，可以并处二十万元以下罚款；构成犯罪的，依法追究刑事责任

续表

序号	违法行为	法律依据
9	核设施营运单位未设置核设施纵深防御体系等行为	《核安全法》 第十六条第一款 核设施营运单位应当依照法律、行政法规和标准的要求，设置核设施纵深防御体系，有效防范技术原因、人为原因和自然灾害造成的威胁，确保核设施安全。 第十七条 核设施营运单位和为其提供设备、工程以及服务等的单位应当建立并实施质量保证体系，有效保证设备、工程和服务等的质量，确保设备的性能满足核安全标准的要求，工程和服务等满足核安全相关要求。 第十八条 核设施营运单位应当严格控制辐射照射，确保有关人员免受超过国家规定剂量限值的辐射照射，确保辐射照射保持在合理、可行和尽可能低的水平。 第三十五条第三款 核设施营运单位应当建立核安全经验反馈体系。 第六十六条第一款 核设施营运单位应当就涉及公众利益的重大核安全事项通过问卷调查、听证会、论证会、座谈会，或者采取其他形式征求利益相关方的意见，并以适当形式反馈。 第七十七条 违反本法规定，有下列情形之一的，由国务院核安全监督管理部门或者其他有关部门责令改正，给予警告；情节严重的，处二十万元以上一百万元以下的罚款；拒不改正的，责令停止建设或者停产整顿： （一）核设施营运单位未设置核设施纵深防御体系的； （二）核设施营运单位或者为其提供设备、工程以及服务等的单位未建立或者未实施质量保证体系的； （三）核设施营运单位未按照要求控制辐射照射剂量的； （四）核设施营运单位未建立核安全经验反馈体系的； （五）核设施营运单位未就涉及公众利益的重大核安全事项征求利益相关方意见的
10	在规划限制区内违规建设可能威胁核设施安全	《核安全法》 第二十一条第三款 禁止在规划限制区内建设可能威胁核设施安全的易燃、易爆、腐蚀性物品的生产、贮存设施以及人口密集场所。 第七十八条 违反本法规定，在规划限制区内建设可能威胁核设施安全的易燃、易爆、腐蚀性物品的生产、贮存设施或者人口密集场所的，由国务院核安全监督管理部门责令限期拆除，恢复原状，处十万元以上五十万元以下的罚款

续表

序号	违法行为	法律依据
11	未经许可从事核设施建造、运行或者退役等行为	《核安全法》 第二十二条第二款　核设施营运单位进行核设施选址、建造、运行、退役等活动，应当向国务院核安全监督管理部门申请许可。 第三款　核设施营运单位要求变更许可文件规定条件的，应当报国务院核安全监督管理部门批准。 第二十八条　核设施运行许可证有效期届满需要继续运行的，核设施营运单位应当于有效期届满前五年，向国务院核安全监督管理部门提出延期申请，并对其是否符合核安全标准进行论证、验证，经审查批准后，方可继续运行。 第三十一条第一款　进口核设施，应当满足中华人民共和国有关核安全法律、行政法规和标准的要求，并报国务院核安全监督管理部门审查批准。 第七十九条　违反本法规定，核设施营运单位有下列情形之一的，由国务院核安全监督管理部门责令改正，处一百万元以上五百万元以下的罚款；拒不改正的，责令停止建设或者停产整顿；有违法所得的，没收违法所得；造成环境污染的，责令限期采取治理措施消除污染，逾期不采取措施的，指定有能力的单位代为履行，所需费用由污染者承担；对直接负责的主管人员和其他直接责任人员，处五万元以上二十万元以下的罚款： （一）未经许可，从事核设施建造、运行或者退役等活动的； （二）未经许可，变更许可文件规定条件的； （三）核设施运行许可证有效期届满，未经审查批准，继续运行核设施的； （四）未经审查批准，进口核设施的
12	未经许可从事核设施建造、运行或者退役活动等行为	《核安全法》 第二十二条第二款　核设施营运单位进行核设施选址、建造、运行、退役等活动，应当向国务院核安全监督管理部门申请许可。 第三款　核设施营运单位要求变更许可文件规定条件的，应当报国务院核安全监督管理部门批准。 第二十八条　核设施运行许可证有效期届满需要继续运行的，核设施营运单位应当于有效期届满前五年，向国务院核安全监督管理部门提出延期申请，并对其是否符合核安全标准进行论证、验证，经审查批准后，方可继续运行。 第三十一条第一款　进口核设施，应当满足中华人民共和国有关核安全法律、行政法规和标准的要求，并报国务院核安全监督管理部门审查批准。

续表

序号	违法行为	法律依据
12	未经许可从事核设施建造、运行或者退役活动等行为	第七十九条　违反本法规定，核设施营运单位有下列情形之一的，由国务院核安全监督管理部门责令改正，处一百万元以上五百万元以下的罚款；拒不改正的，责令停止建设或者停产整顿；有违法所得的，没收违法所得；造成环境污染的，责令限期采取治理措施消除污染，逾期不采取措施的，指定有能力的单位代为履行，所需费用由污染者承担；对直接负责的主管人员和其他直接责任人员，处五万元以上二十万元以下的罚款： （一）未经许可，从事核设施建造、运行或者退役等活动的； （二）未经许可，变更许可文件规定条件的； （三）核设施运行许可证有效期届满，未经审查批准，继续运行核设施的； （四）未经审查批准，进口核设施的
13	未对核设施进行定期安全评价，或者不接受国务院核安全监督管理部门审查等行为	《核安全法》 第十六条第二款　核设施营运单位应当对核设施进行定期安全评价，并接受国务院核安全监督管理部门的审查。 第二十九条　核设施终止运行后，核设施营运单位应当采取安全的方式进行停闭管理，保证停闭期间的安全，确保退役所需的基本功能、技术人员和文件。 第三十条第二款　核设施退役时，核设施营运单位应当按照合理、可行和尽可能低的原则处理、处置核设施场址的放射性物质，将构筑物、系统和设备的放射性水平降低至满足标准的要求。 第四十四条　核设施营运单位应当对其产生的放射性固体废物和不能经净化排放的放射性废液进行处理，使其转变为稳定的、标准化的固体废物后，及时送交放射性废物处置单位处置。 核设施营运单位应当对其产生的放射性废气进行处理，达到国家放射性污染防治标准后，方可排放。 第八十条　违反本法规定，核设施营运单位有下列情形之一的，由国务院核安全监督管理部门责令改正，给予警告；情节严重的，处五十万元以上二百万元以下的罚款；造成环境污染的，责令限期采取治理措施消除污染，逾期不采取措施的，指定有能力的单位代为履行，所需费用由污染者承担： （一）未对核设施进行定期安全评价，或者不接受国务院核安全监督管理部门审查的；

续表

序号	违法行为	法律依据
13	未对核设施进行定期安全评价，或者不接受国务院核安全监督管理部门审查等行为	（二）核设施终止运行后，未采取安全方式进行停闭管理，或者未确保退役所需的基本功能、技术人员和文件的； （三）核设施退役时，未将构筑物、系统或者设备的放射性水平降低至满足标准的要求的； （四）未将产生的放射性固体废物或者不能经净化排放的放射性废液转变为稳定的、标准化的固体废物，及时送交放射性废物处置单位处置的； （五）未对产生的放射性废气进行处理，或者未达到国家放射性污染防治标准排放的
14	核设施营运单位未对核设施周围环境中所含的放射性核素的种类、浓度或者核设施流出物中的放射性核素总量实施监测，或者未按照规定报告监测结果	《核安全法》 第十九条　核设施营运单位应当对核设施周围环境中所含的放射性核素的种类、浓度以及核设施流出物中的放射性核素总量实施监测，并定期向国务院环境保护主管部门和所在地省、自治区、直辖市人民政府环境保护主管部门报告监测结果。 第八十一条　违反本法规定，核设施营运单位未对核设施周围环境中所含的放射性核素的种类、浓度或者核设施流出物中的放射性核素总量实施监测，或者未按照规定报告监测结果的，由国务院环境保护主管部门或者所在地省、自治区、直辖市人民政府环境保护主管部门责令改正，处十万元以上五十万元以下的罚款
15	受委托的技术支持单位在核设施安全技术审查中出具虚假技术评价结论	《核安全法》 第三十三条　国务院核安全监督管理部门组织安全技术审查时，应当委托与许可申请单位没有利益关系的技术支持单位进行技术审评。受委托的技术支持单位应当对其技术评价结论的真实性、准确性负责。 第八十二条　违反本法规定，受委托的技术支持单位出具虚假技术评价结论的，由国务院核安全监督管理部门处二十万元以上一百万元以下的罚款；有违法所得的，没收违法所得；对直接负责的主管人员和其他直接责任人员处十万元以上二十万元以下的罚款

续表

序号	违法行为	法律依据
16	违规为核设施提供核安全设备设计、制造、安装或者无损检验服务等行为	《核安全法》 第三十六条第一款　为核设施提供核安全设备设计、制造、安装和无损检验服务的单位，应当向国务院核安全监督管理部门申请许可。境外机构为境内核设施提供核安全设备设计、制造、安装和无损检验服务的，应当向国务院核安全监督管理部门申请注册。 第八十三条　违反本法规定，有下列情形之一的，由国务院核安全监督管理部门责令改正，处五十万元以上一百万元以下的罚款；有违法所得的，没收违法所得；对直接负责的主管人员和其他直接责任人员处二万元以上十万元以下的罚款： （一）未经许可，为核设施提供核安全设备设计、制造、安装或者无损检验服务的； （二）未经注册，境外机构为境内核设施提供核安全设备设计、制造、安装或者无损检验服务的
17	核设施营运等单位聘用未取得相应资格证书的人员从事与核设施安全专业技术有关的工作	《核安全法》 第三十七条第二款　核设施营运单位以及核安全设备制造、安装和无损检验单位应当聘用取得相应资格证书的人员从事与核设施安全专业技术有关的工作。 第八十四条　违反本法规定，核设施营运单位或者核安全设备制造、安装、无损检验单位聘用未取得相应资格证书的人员从事与核设施安全专业技术有关的工作的，由国务院核安全监督管理部门责令改正，处十万元以上五十万元以下的罚款；拒不改正的，暂扣或者吊销许可证，对直接负责的主管人员和其他直接责任人员处二万元以上十万元以下的罚款
18	违法从事放射性废物处理、贮存、处置活动等行为	《核安全法》 第四十三条第二款　专门从事放射性废物处理、贮存、处置的单位，应当向国务院核安全监督管理部门申请许可。 第四十五条第二款　放射性废物处置单位应当建立放射性废物处置情况记录档案，如实记录处置的放射性废物的来源、数量、特征、存放位置等与处置活动有关的事项。记录档案应当永久保存。 第四十六条第二款　放射性废物处置设施有下列情形之一的，应当依法办理关闭手续，并在划定的区域设置永久性标记： （一）设计服役期届满；

续表

序号	违法行为	法律依据
18	违法从事放射性废物处理、贮存、处置活动等行为	（二）处置的放射性废物已经达到设计容量； （三）所在地区的地质构造或者水文地质等条件发生重大变化，不适宜继续处置放射性废物； （四）法律、行政法规规定的其他需要关闭的情形。 第四十七条　放射性废物处置设施关闭前，放射性废物处置单位应当编制放射性废物处置设施关闭安全监护计划，报国务院核安全监督管理部门批准。 安全监护计划应当包括下列主要内容： （一）安全监护责任人及其责任； （二）安全监护费用； （三）安全监护措施； （四）安全监护期限。 放射性废物处置设施关闭后，放射性废物处置单位应当按照经批准的安全监护计划进行安全监护；经国务院核安全监督管理部门会同国务院有关部门批准后，将其交由省、自治区、直辖市人民政府进行监护管理。 第八十六条　违反本法规定，有下列情形之一的，由国务院核安全监督管理部门责令改正，处十万元以上五十万元以下的罚款；情节严重的，处五十万元以上二百万元以下的罚款；造成环境污染的，责令限期采取治理措施消除污染，逾期不采取措施的，指定有能力的单位代为履行，所需费用由污染者承担： （一）未经许可，从事放射性废物处理、贮存、处置活动的； （二）未建立放射性废物处置情况记录档案，未如实记录与处置活动有关的事项，或者未永久保存记录档案的； （三）对应当关闭的放射性废物处置设施，未依法办理关闭手续的； （四）关闭放射性废物处置设施，未在划定的区域设置永久性标记的； （五）未编制放射性废物处置设施关闭安全监护计划的； （六）放射性废物处置设施关闭后，未按照经批准的安全监护计划进行安全监护的

续表

序号	违法行为	法律依据
19	核设施营运单位违反核事故应急管理规定	《核安全法》 第五十五条第三款　核设施营运单位负责制定本单位场内核事故应急预案，报国务院核工业主管部门、能源主管部门和省、自治区、直辖市人民政府指定的部门备案。 第五十六条第一款　核设施营运单位应当按照应急预案，配备应急设备，开展应急工作人员培训和演练，做好应急准备。 第五十九条第三款　核设施营运单位应当按照核事故应急救援工作的要求，实施应急响应支援。 第八十七条　违反本法规定，核设施营运单位有下列情形之一的，由国务院核安全监督管理部门责令改正，处十万元以上五十万元以下的罚款；对直接负责的主管人员和其他直接责任人员，处二万元以上五万元以下的罚款： （一）未按照规定制定场内核事故应急预案的； （二）未按照应急预案配备应急设备，未开展应急工作人员培训或者演练的； （三）未按照核事故应急救援工作的要求，实施应急响应支援的
20	核设施营运单位违反信息公开规定	《核安全法》 第六十四条　核设施营运单位应当公开本单位核安全管理制度和相关文件、核设施安全状况、流出物和周围环境辐射监测数据、年度核安全报告等信息。具体办法由国务院核安全监督管理部门制定。 第八十八条　违反本法规定，核设施营运单位未按照规定公开相关信息的，由国务院核安全监督管理部门责令改正；拒不改正的，处十万元以上五十万元以下的罚款
21	从事核安全活动的单位拒绝、阻挠监督检查	《核安全法》 第七十三条　对国务院核安全监督管理部门和其他有关部门依法进行的监督检查，从事核安全活动的单位应当予以配合，如实说明情况，提供必要资料，不得拒绝、阻挠。 第八十九条　违反本法规定，对国务院核安全监督管理部门或者其他有关部门依法进行的监督检查，从事核安全活动的单位拒绝、阻挠的，由国务院核安全监督管理部门或者其他有关部门责令改正，可以处十万元以上五十万元以下的罚款；拒不改正的，暂扣或者吊销其许可证；构成违反治安管理行为的，由公安机关依法给予治安管理处罚

第六节　噪声污染源环境执法

一、噪声污染源检查重点内容

（一）噪声污染防治设施、设备建设情况

（1）噪声污染防治设施是否与主体工程同时设计、同时施工、同时投入使用；

（2）噪声污染防治设施是否符合经批准或者备案的环境影响评价文件的要求；

（3）噪声污染防治设施是否经过验收及环境保护设施验收中是否存在弄虚作假；

（4）噪声重点排污单位是否按照国家规定安装、使用、维护噪声自动监测设备；

（5）自动监测设备是否按要求与生态环境主管部门的监控设备联网。

（二）噪声污染防治管理情况

（1）是否取得排污许可证或者已经取得的排污许可证是否在有效期内；

（2）在噪声敏感建筑物集中区域的排放噪声的工业企业，是否属于新建工业企业；改建、扩建工业企业的，是否采取了有效措施防止工业噪声污染；

（3）实行排污许可管理的单位，是否按照排污许可证的要求进行噪声污染防治；

（4）排放噪声、产生振动，是否符合噪声排放标准以及相关的环境振动控制标准和有关法律、法规、规章的要求；

（5）噪声自动监测设备运行是否正常，数据传输是否正常；

（6）自行监测数据是否真实、准确；

（7）实行排污许可管理的单位是否按照规定对工业噪声开展了自行监测，是否保存原始监测记录，是否向社会公开监测结果。

二、噪声污染源环境执法难点解析

（一）噪声污染防治执法实施查封、扣押的特殊性[①]

查封、扣押属于行政强制措施。《中华人民共和国行政强制法》第二条规定，行政强制措施，是指行政机关在行政管理过程中，为制止违法行为、防止证据损毁、避免危害发生、控制危险扩大等情形，依法对公民的人身自由实施暂时性限制，或者对公民、法人或者其他组织的财物实施暂时性控制的行为。

查封、扣押是生态环境主管部门在调查取证过程中使用的有效行政强制措施，对当事人利益影响巨大。一旦滥用，将可能造成当事人的重大损失和极坏的社会影响。因此，实施查封、扣押等行政强制措施，必须依照法律、法规的明确规定。

目前，《环境保护法》第二十五条、《大气污染防治法》第三十条、《土壤污染防治法》第七十八条、《固体废物污染环境防治法》第二十七条和《噪声污染防治法》第三十条、《海洋环境保护法》第三十条就查封、扣押作出了规定，而《水污染防治法》《放射性污染防治法》《环境影响评价法》《建设项目环境保护管理条例》等并未就查封、扣押作出规定。对《环境保护法》第二十五条进行细化规定的《环境保护主管部门实施查封、扣押办法》第四条明确规定了属于适用查封、扣押的具体情形，主要列举了可以依法实施查封、扣押的水污染、大气污染、固体废物污染环境、通过逃避监管的方式排放污染物以及突发环境事件发生后继续违法排污等违法行为。

关于查封、扣押的适用情形，《噪声污染防治法》在查封、扣押的适用情形上与《环境保护法》及《大气污染防治法》《土壤污染防治法》《固体废物污染环境防治法》《海洋环境保护法》的有关规定存在明显不同。只有《噪声污染防治法》第三十条规定了“被责令改正拒不改正的”才可以实施查封、扣押。《大气污染防治法》第三十条、《土壤污染防治法》第七十八条、《固体废物污染环境防治法》第二十七条和《海洋环境保护法》第三十条均将“有关证据可能灭失或者被隐匿的”情形规定为可以实施查封、扣押的情形，而

---

① 曹晓凡. 噪声污染防治领域，如何实施查封（扣押）？[J]. 中国环境监察，2022(4).

《噪声污染防治法》则并无此类规定。在噪声污染防治执法活动中，执法机关根据《行政处罚法》第五十六条的规定，在证据可能灭失或者以后难以取得的情况下，经行政机关负责人批准，可以先行登记保存，并应当在七日内及时作出处理决定，在此期间，当事人或者有关人员不得销毁或者转移证据。需要注意的是，证据先行登记保存与查封、扣押在法律依据、实施目的、实施对象、期限和实施程序等方面均不相同。

关于查封、扣押的对象，无论是《环境保护法》还是各单行法，均将“设施、设备”列为查封、扣押的对象；《大气污染防治法》第三十条、《土壤污染防治法》第七十八条、《固体废物污染环境防治法》第二十七条和《噪声污染防治法》第三十条又将“物品”列为实施查封、扣押的对象；只有《噪声污染防治法》第三十条和《固体废物污染环境防治法》第二十七条将“场所、工具”列为了查封、扣押的对象。《海洋环境保护法》第三十条将船舶列为了查封、扣押的对象。

关于查封、扣押的执法主体，包括生态环境主管部门以及其他负有噪声污染防治监督管理职责的部门。《噪声污染防治法》第八条第三款规定：“各级住房和城乡建设、公安、交通运输、铁路监督管理、民用航空、海事等部门，在各自职责范围内，对建筑施工、交通运输和社会生活噪声污染防治实施监督管理。”所以，其他负有噪声污染防治监督管理职责的部门的查封、扣押行为主要是指各级住房和城乡建设、公安、交通运输、铁路监督管理、民用航空、海事等部门在对建筑施工、交通运输和社会生活噪声污染违法行为进行执法时，依据《噪声污染防治法》第三十条实施的查封、扣押。

（二）超标、无证或者未按证排放工业噪声的按日计罚

根据《噪声污染防治法》第二条第二款的规定，超过噪声排放标准排放噪声，并干扰他人正常生活、工作和学习的现象属于《环境保护法》第五十九条第一款规定的“违法排放污染物”的行为。《噪声污染防治法》虽未对按日连续处罚的违法行为种类进行明确，但《环境保护法》第五十九条第一款、《环境保护主管部门实施按日连续处罚办法》第五条第一项均规定了“超过国家或者地方规定的污染物排放标准”按日连续处罚的法律适用。

另外，根据《噪声污染防治法》第三十六条的规定，排放工业噪声的企业、事业单位和其他生产经营者，应当采取有效措施，减少振动、降低噪声，

依法取得排污许可证或者填报排污登记表。实行排污许可管理的单位，不得在无排污许可证的情况下排放工业噪声，并应当按照排污许可证的要求，运行和维护污染防治设施、依法开展自行监测，建立环境管理台账记录制度，提交排污许可证执行报告，如实在全国排污许可证管理信息平台上公开污染物排放信息等。违反排污许可管理规定排放噪声的，应依据《噪声污染防治法》《排污许可管理条例》的相关规定予以处罚。《排污许可管理条例》第三十八条还规定："排污单位违反本条例规定排放污染物，受到罚款处罚，被责令改正的，生态环境主管部门应当组织复查，发现其继续实施该违法行为或者拒绝、阻挠复查的，依照《中华人民共和国环境保护法》的规定按日连续处罚。"

三、噪声污染源环境违法行为的法律责任

噪声污染源主要执法事项目录见表 3-6。

表 3-6　噪声污染源主要执法事项目录

序号	违法行为	法律依据
1	拒绝、阻挠监督检查，或者在接受监督检查时弄虚作假	《噪声污染防治法》 第二十九条第一款　生态环境主管部门和其他负有噪声污染防治监督管理职责的部门，有权对排放噪声的单位或者场所进行现场检查。被检查者应当如实反映情况，提供必要的资料，不得拒绝或者阻挠。实施检查的部门、人员对现场检查中知悉的商业秘密应当保密。 第七十一条　违反本法规定，拒绝、阻挠监督检查，或者在接受监督检查时弄虚作假的，由生态环境主管部门或者其他负有噪声污染防治监督管理职责的部门责令改正，处二万元以上二十万元以下的罚款
2	在噪声敏感建筑物集中区域新建排放噪声的工业企业	《噪声污染防治法》 第三十五条第二款　在噪声敏感建筑物集中区域，禁止新建排放噪声的工业企业，改建、扩建工业企业的，应当采取有效措施防止工业噪声污染。 第七十四条第一款　违反本法规定，在噪声敏感建筑物集中区域新建排放噪声的工业企业的，由生态环境主管部门责令停止违法行为，处十万元以上五十万元以下的罚款，并报经有批准权的人民政府批准，责令关闭

续表

序号	违法行为	法律依据
3	在噪声敏感建筑物集中区域改建、扩建工业企业，未采取有效措施防止工业噪声污染	《噪声污染防治法》 第三十五条第二款　在噪声敏感建筑物集中区域，禁止新建排放噪声的工业企业，改建、扩建工业企业的，应当采取有效措施防止工业噪声污染。 第七十四条第二款　违反本法规定，在噪声敏感建筑物集中区域改建、扩建工业企业，未采取有效措施防止工业噪声污染的，由生态环境主管部门责令改正，处十万元以上五十万元以下的罚款；拒不改正的，报经有批准权的人民政府批准，责令关闭
4	无排污许可证或者超过噪声排放标准排放工业噪声	《噪声污染防治法》 第二十二条第一款　排放噪声、产生振动，应当符合噪声排放标准以及相关的环境振动控制标准和有关法律、法规、规章的要求。 第三十六条第二款　实行排污许可管理的单位，不得无排污许可证排放工业噪声，并应当按照排污许可证的要求进行噪声污染防治。 第七十五条　违反本法规定，无排污许可证或者超过噪声排放标准排放工业噪声的，由生态环境主管部门责令改正或者限制生产、停产整治，并处二万元以上二十万元以下的罚款；情节严重的，报经有批准权的人民政府批准，责令停业、关闭
5	实行排污许可管理的单位未按照规定对工业噪声开展自行监测，未保存原始监测记录，或者未向社会公开监测结果	《噪声污染防治法》 第三十八条第一款　实行排污许可管理的单位应当按照规定，对工业噪声开展自行监测，保存原始监测记录，向社会公开监测结果，对监测数据的真实性和准确性负责。 第七十六条第一项　违反本法规定，有下列行为之一，由生态环境主管部门责令改正，处二万元以上二十万元以下的罚款；拒不改正的，责令限制生产、停产整治： （一）实行排污许可管理的单位未按照规定对工业噪声开展自行监测，未保存原始监测记录，或者未向社会公开监测结果的

续表

序号	违法行为	法律依据
6	噪声重点排污单位未按照国家规定安装、使用、维护噪声自动监测设备，或者未与生态环境主管部门的监控设备联网	《噪声污染防治法》 第三十八条第二款　噪声重点排污单位应当按照国家规定，安装、使用、维护噪声自动监测设备，与生态环境主管部门的监控设备联网。 第七十六条第二项　违反本法规定，有下列行为之一，由生态环境主管部门责令改正，处二万元以上二十万元以下的罚款；拒不改正的，责令限制生产、停产整治： （二）噪声重点排污单位未按照国家规定安装、使用、维护噪声自动监测设备，或者未与生态环境主管部门的监控设备联网的
7	排放噪声造成严重污染，被责令改正拒不改正	《噪声污染防治法》 第三十条　排放噪声造成严重污染，被责令改正拒不改正的，生态环境主管部门或者其他负有噪声污染防治监督管理职责的部门，可以查封、扣押排放噪声的场所、设施、设备、工具和物品

第四章

建设项目环境保护与排污许可管理执法

第一节　建设项目环境保护管理执法

一、建设项目环境保护管理检查重点内容

（一）建设项目环境影响评价制度检查重点内容

（1）建设单位是否存在未依法报批建设项目环境影响报告书、报告表，擅自开工建设的行为；

（2）是否存在建设项目环境影响报告书、报告表未经批准，建设单位擅自开工建设的行为；

（3）建设项目的环境影响评价文件自批准之日起超过五年才开工建设的，是否存在未经原审批部门重新审核同意，建设单位擅自开工建设的行为；

（4）是否存在建设项目发生重大变动，未依照《环境影响评价法》第二十四条的规定重新报批环境影响报告书、报告表，建设单位擅自开工建设的行为；

（5）建设项目运行过程中产生不符合经审批的环境影响报告书情形的，是否依法开展了环境影响后评价；

（6）建设单位环境影响登记表在建设项目建成并投入生产运营前，是否备案；

（7）建设项目环境影响报告书、环境影响报告表是否存在基础资料明显不实，内容是否存在重大缺陷、遗漏或者虚假，环境影响评价结论是否正确或者合理等质量问题。

关于印发《输变电建设项目重大变动清单（试行）》的通知

建设项目环境影响评价分类管理名录（2021年版）

关于印发《污染影响类建设项目重大变动清单（试行）》的通知

关于印发制浆造纸等十四个行业建设项目重大变动清单的通知

关于印发淀粉等五个行业建设项目重大变动清单的通知

水电等九个行业建设项目重大变动清单（试行）

铀矿冶建设项目重大变动清单（试行）

建设项目环境影响登记表备案管理办法

建设项目环境影响后评价管理办法（试行）

（二）建设项目“三同时”制度检查重点内容

1.“同时设计”检查要点

（1）建设项目设计文件中是否编制环境保护篇章、落实防治环境污染和生态破坏的措施以及环境保护设施投资概算情况；

（2）建设单位施工合同是否涵盖环境保护设施建设内容并配置相应资金情况。

2.“同时施工”检查要点

（1）环境保护设施和措施与主体工程施工是否同步实施；

（2）建设过程中是否存在对生态环境的破坏或污染；

（3）建设性质、规模、地点、采用的生产工艺或者防治污染、防止生态破坏的措施与环评文件、批复文件或环境保护设施设计要求是否一致。

3.“同时投入生产或者使用”检查要点

（1）是否存在环评要求的环境保护设施未建成、未与主体工程同时投入生产或使用的行为；

（2）环境影响评价文件经批准后，建设项目的性质、规模、地点、采用的生产工艺或者防治污染、防止生态破坏的措施是否发生重大变动；

（3）纳入排污许可管理的项目是否存在无证或不按许可证排污的情况；

（4）被责令限期改正后，是否存在逾期不改正的情况；

（5）验收报告是否存在严重质量问题或验收中是否有弄虚作假行为；

（6）确定直接负责的主管人员和其他责任人员范围。

建设项目竣工环境保护验收暂行办法

关于进一步完善建设项目环境保护“三同时”及竣工环境保护自主验收监管工作机制的意见

二、建设项目环境保护管理执法难点解析

（一）建设项目“未批先建”，并已建成投产或者使用的违法行为个数判断

对建设项目“未批先建”并已建成投产或者使用，同时违反环保设施“三同时”验收制度的违法行为应当如何处罚？全国人民代表大会常务委员会法制工作委员会2007年3月21日作出的《关于建设项目环境管理有关法律适用问题的答复意见》（法工委复〔2007〕2号）规定：“关于建设单位未依法报批建设项目环境影响评价文件却已建成建设项目，同时该建设项目需要配套建设的环境保护设施未建成、未经验收或者经验收不合格，主体工程正式投入生产或者使用的，应当分别依照《环境影响评价法》第三十一条、《建设项目环境保护管理条例》第二十八条的规定作出相应处罚。”

全国人大常委会法制工作委员会关于建设项目环境管理有关法律适用问题的答复意见

关于建设项目“未批先建”违法行为法律适用问题的意见

据此，建设单位同时构成“未批先建”和违反环保设施“三同时”验收制度两个违法行为的，应当分别依法作出相应处罚。

（二）建设项目“总投资额”的认定

对实行审批制管理的政府投资项目，已经取得建设项目审批文件的，可以根据与该建设项目所处进度对应的有关审批文件中的投资匡算、投资估算或者投资概算认定总投资额。对实行核准制管理的企业投资项目，已经取得建设项目核准文件的，可以根据该建设项目核准文件确定的投资规模认定总投资额。对实行备案制管理的企业投资项目，可以根据备案的项目总投资额认定。

有下列情形之一的建设项目，有关行使行政处罚权的主管部门可以委托工程咨询单位、资产评估机构、会计师事务所等专业机构进行评估确定其总投资额：①备案的项目总投资额与实际情况存在明显差异的；②未经审批、核准、备案的；③产业政策禁止投资建设的。地方有关行使行政处罚权的主管部门可以根据实际情况，探索采取要求建设单位有关责任人出具证明文件、

第三方询价等方式对建设项目总投资额进行认定。

对正在建设过程中的建设项目，不能根据建设项目在建设过程中实际发生的投资额认定该建设项目总投资额。对已经全部建成并投入生产或者使用的建设项目，项目单位能够证明项目实际投资额与审批、核准文件或者备案信息不一致的，根据该建设项目实际全部投资额认定总投资额。

关于分期建设的建设项目总投资额认定问题。建设项目在发展改革部门按一个建设项目进行核准、备案，但实际中分期建设的，对项目开工前已取得核准、备案文件且核准、备案文件中明确说明该项目是分期建设的，可以依据《关于生态环境执法中建设项目“总投资额”认定问题的指导意见（试行）》（环政法〔2018〕85 号），以当期工程总投资额作为处罚依据；对项目核准、备案文件中未明确该项目是分期建设的，应当以发展改革部门核准、备案的建设项目总投资额作为处罚依据。

建设项目基本建成但未全部建成，尚未投入生产或者使用的，属于仍处于建设过程中，应当依据《关于生态环境执法中建设项目“总投资额”认定问题的指导意见（试行）》（环政法〔2018〕85 号）第五条、第六条，认定其总投资额。

关于生态环境执法中建设项目“总投资额”认定问题的指导意见（试行）

关于建设项目总投资额认定有关意见的复函

（三）关于“未批先建”“未验先投”违法行为的行政处罚追责期限

《行政处罚法》第三十六条规定：“违法行为在二年内未被发现的，不再给予行政处罚；涉及公民生命健康安全、金融安全且有危害后果的，上述期限延长至五年。法律另有规定的除外。前款规定的期限，从违法行为发生之日起计算；违法行为有连续或者继续状态的，从行为终了之日起计算。”

适用五年的追责期限的生态环境违法行为需要同时满足两个条件：一是涉及公民生命健康安全；二是有危害后果。需要审慎判断处罚追责期限延长至五年的违法行为是否同时满足上述两个前提条件。对于应当立案处罚的违法行为没有立案处罚，是存在相关行政机关不作为的问题；而对超过时效不应再给予处罚的违法行为实施处罚，也是错误的。

关于追责期限的起算时间。根据上述法律规定，“未批先建”违法行为的行政处罚追责期限应当自建设行为终了之日起计算。因此，“未批先建”违法行为自建设行为终了之日起二年内或者五年内未被发现的，生态环境部门应当遵守《行政处罚法》第三十六条的规定，不予行政处罚。

建设项目违反环保设施“三同时”验收制度投入生产或者使用期间，由于违反环保设施“三同时”验收制度的违法行为一直处于连续或者继续状态，因此，即使“未批先建”违法行为已超过二年或者五年行政处罚追责期限，生态环境部门仍可以对违反环保设施“三同时”验收制度的违法行为依法作出处罚，不受“未批先建”违法行为行政处罚追责期限的影响。

（四）“未验先投”违法行为发生在旧条例施行期间，一直连续或继续到新条例施行之后的法律适用

2017年修订的《建设项目环境保护管理条例》（自2017年10月1日起施行，以下简称新条例）施行以来，关于需要配套建设的环境保护设施未建成、未经验收或者验收不合格，建设项目即投入生产或者使用违法行为的处罚，在新旧条例过渡期间如何适用法律，实践中存在较大争议。

《关于审理行政案件适用法律规范问题的座谈会纪要》（法〔2004〕96号，以下简称《纪要》）中提到的“行政相对人的行为发生在新法施行之前”，是指行政相对人的行为终了之日发生在新法施行之前。如果行政相对人的违法行为一直持续到新法施行之后，则不属于“行政相对人的行为发生在新法施行之前”。

因此，“未验先投”违法行为发生在旧条例施行期间，一直连续或继续到新条例施行之后的，不属于《纪要》规定的“行政相对人的行为发生在新法施行以前”的情形，不存在新旧条例的选择适用问题，应当适用新条例作出行政处罚。

关于“未验先投”违法行为行政处罚新旧法律规范衔接适用问题的意见

（五）《建设项目环境保护管理条例》第二十三条规定的“双罚制”适用问题

《建设项目环境保护管埋条例》第二十三条第一款规定：“违反本条例规定，需要配套建设的环境保护设施未建成、未经验收或者验收不合格，建设项目即投入生产或者使用，或者在环境保护设施验收中弄虚作假的，由县级

以上环境保护行政主管部门责令限期改正，处20万元以上100万元以下的罚款；逾期不改正的，处100万元以上200万元以下的罚款；对直接负责的主管人员和其他责任人员，处5万元以上20万元以下的罚款；造成重大环境污染或者生态破坏的，责令停止生产或者使用，或者报经有批准权的人民政府批准，责令关闭。”其中“对直接负责的主管人员和其他责任人员，处5万元以上20万元以下的罚款”规定的适用，不以生态环境部门责令建设单位限期改正而其逾期不改正为前提。生态环境部门在发现建设单位存在第二十三条第一款规定的违法行为时，即可以根据违法情节、危害后果等因素，在责令建设单位限期改正的同时一并适用。①

关于建设项目环境保护管理条例第二十三条适用问题的复函

三、建设项目环境保护管理违法行为的法律责任

建设项目环境保护管理主要执法事项目录见表4-1。

表4-1　建设项目环境保护管理主要执法事项目录

序号	违法行为	法律依据
1	未按规定进行环境影响评价，擅自开工建设	《环境保护法》 第十九条第二款　未依法进行环境影响评价的开发利用规划，不得组织实施；未依法进行环境影响评价的建设项目，不得开工建设。 第六十一条　建设单位未依法提交建设项目环境影响评价文件或者环境影响评价文件未经批准，擅自开工建设的，由负有环境保护监督管理职责的部门责令停止建设，处以罚款，并可以责令恢复原状。 《环境影响评价法》 第二十四条　建设项目的环境影响评价文件经批准后，建设项目的性质、规模、地点、采用的生产工艺或者防治污染、防止生态破坏的措施发生重大变动的，建设单位应当重新报批建设项目的环境影响评价文件。 建设项目的环境影响评价文件自批准之日起超过五年，方决定该项目开工建设的，其环境影响评价文件应当报原审批部门重新审核；

① 环境保护部政策法规司，环境保护部环境影响评价司．建设项目环境保护管理条例释义[M]. 北京：中国民主法制出版社，2017: 107.

续表

序号	违法行为	法律依据
1	未按规定进行环境影响评价，擅自开工建设	原审批部门应当自收到建设项目环境影响评价文件之日起十日内，将审核意见书面通知建设单位。 第二十五条　建设项目的环境影响评价文件未依法经审批部门审查或者审查后未予批准的，建设单位不得开工建设。 第三十一条第一款　建设单位未依法报批建设项目环境影响报告书、报告表，或者未依照本法第二十四条的规定重新报批或者报请重新审核环境影响报告书、报告表，擅自开工建设的，由县级以上生态环境主管部门责令停止建设，根据违法情节和危害后果，处建设项目总投资额百分之一以上百分之五以下的罚款，并可以责令恢复原状；对建设单位直接负责的主管人员和其他直接责任人员，依法给予行政处分。 第二款　建设项目环境影响报告书、报告表未经批准或者未经原审批部门重新审核同意，建设单位擅自开工建设的，依照前款的规定处罚、处分。 《建设项目环境保护管理条例》 第九条　依法应当编制环境影响报告书、环境影响报告表的建设项目，建设单位应当在开工建设前将环境影响报告书、环境影响报告表报有审批权的环境保护行政主管部门审批；建设项目的环境影响评价文件未依法经审批部门审查或者审查后未予批准的，建设单位不得开工建设。 第十二条第一款　建设项目环境影响报告书、环境影响报告表经批准后，建设项目的性质、规模、地点、采用的生产工艺或者防治污染、防止生态破坏的措施发生重大变动的，建设单位应当重新报批建设项目环境影响报告书、环境影响报告表。 第二款　建设项目环境影响报告书、环境影响报告表自批准之日起满 5 年，建设项目方开工建设的，其环境影响报告书、环境影响报告表应当报原审批部门重新审核。原审批部门应当自收到建设项目环境影响报告书、环境影响报告表之日起 10 日内，将审核意见书面通知建设单位；逾期未通知的，视为审核同意。 第二十一条第一项、第二项　建设单位有下列行为之一的，依照《中华人民共和国环境影响评价法》的规定处罚： （一）建设项目环境影响报告书、环境影响报告表未依法报批或者报请重新审核，擅自开工建设； （二）建设项目环境影响报告书、环境影响报告表未经批准或者重新审核同意，擅自开工建设

续表

序号	违法行为	法律依据
2	接受委托为建设项目环境影响评价提供技术服务的机构在环境影响评价工作中不负责任等行为	《环境影响评价法》 第十九条第一款　建设单位可以委托技术单位对其建设项目开展环境影响评价，编制建设项目环境影响报告书、环境影响报告表；建设单位具备环境影响评价技术能力的，可以自行对其建设项目开展环境影响评价，编制建设项目环境影响报告书、环境影响报告表。 第二款　编制建设项目环境影响报告书、环境影响报告表应当遵守国家有关环境影响评价标准、技术规范等规定。 第二十条第一款　建设单位应当对建设项目环境影响报告书、环境影响报告表的内容和结论负责，接受委托编制建设项目环境影响报告书、环境影响报告表的技术单位对其编制的建设项目环境影响报告书、环境影响报告表承担相应责任。 第三款　负责审批建设项目环境影响报告书、环境影响报告表的生态环境主管部门应当将编制单位、编制主持人和主要编制人员的相关违法信息记入社会诚信档案，并纳入全国信用信息共享平台和国家企业信用信息公示系统向社会公布。 第三十二条　建设项目环境影响报告书、环境影响报告表存在基础资料明显不实，内容存在重大缺陷、遗漏或者虚假，环境影响评价结论不正确或者不合理等严重质量问题的，由设区的市级以上人民政府生态环境主管部门对建设单位处五十万元以上二百万元以下的罚款，并对建设单位的法定代表人、主要负责人、直接负责的主管人员和其他直接责任人员，处五万元以上二十万元以下的罚款。 接受委托编制建设项目环境影响报告书、环境影响报告表的技术单位违反国家有关环境影响评价标准和技术规范等规定，致使其编制的建设项目环境影响报告书、环境影响报告表存在基础资料明显不实，内容存在重大缺陷、遗漏或者虚假，环境影响评价结论不正确或者不合理等严重质量问题的，由设区的市级以上人民政府生态环境主管部门对技术单位处所收费用三倍以上五倍以下的罚款；情节严重的，禁止从事环境影响报告书、环境影响报告表编制工作；有违法所得的，没收违法所得。 编制单位有本条第一款、第二款规定的违法行为的，编制主持人和主要编制人员五年内禁止从事环境影响报告书、环境影响报告表编制工作；构成犯罪的，依法追究刑事责任，并终身禁止从事环境影响报告书、环境影响报告表编制工作。

续表

序号	违法行为	法律依据
2	接受委托为建设项目环境影响评价提供技术服务的机构在环境影响评价工作中不负责任等行为	《规划环境影响评价条例》 第十二条 环境影响篇章或者说明、环境影响报告书（以下称环境影响评价文件），由规划编制机关编制或者组织规划环境影响评价技术机构编制。规划编制机关应当对环境影响评价文件的质量负责。 第三十四条 规划环境影响评价技术机构弄虚作假或者有失职行为，造成环境影响评价文件严重失实的，由国务院环境保护主管部门予以通报，处所收费用1倍以上3倍以下的罚款；构成犯罪的，依法追究刑事责任
3	未依法备案环境影响登记表	《环境影响评价法》 第二十二条第四款 国家对环境影响登记表实行备案管理。 第三十一条第三款 建设单位未依法备案建设项目环境影响登记表的，由县级以上生态环境主管部门责令备案，处五万元以下的罚款。 《建设项目环境影响登记表备案管理办法》 第三条 填报环境影响登记表的建设项目，建设单位应当依照本办法规定，办理环境影响登记表备案手续。 第十八条 建设单位未依法备案建设项目环境影响登记表的，由县级环境保护主管部门根据《环境影响评价法》第三十一条第三款的规定，责令备案，处五万元以下的罚款。 第二十条 违反本办法规定，对按照《建设项目环境影响评价分类管理名录》应当编制环境影响报告书或者报告表的建设项目，建设单位擅自降低环境影响评价等级，填报环境影响登记表并办理备案手续，经查证属实的，县级环境保护主管部门认定建设单位已经取得的备案无效，向社会公布，并按照以下规定处理： （一）未依法报批环境影响报告书或者报告表，擅自开工建设的，依照《环境保护法》第六十一条和《环境影响评价法》第三十一条第一款的规定予以处罚、处分。 （二）未依法报批环境影响报告书或者报告表，擅自投入生产或者经营的，分别依照《环境影响评价法》第三十一条第一款和《建设项目环境保护管理条例》的有关规定作出相应处罚。

续表

序号	违法行为	法律依据
3	未依法备案环境影响登记表	《建设项目环境保护管理条例》 第九条第四款　依法应当填报环境影响登记表的建设项目，建设单位应当按照国务院环境保护行政主管部门的规定将环境影响登记表报建设项目所在地县级环境保护行政主管部门备案。 第二十一条第三项　建设单位有下列行为之一的，依照《中华人民共和国环境影响评价法》的规定处罚： （三）建设项目环境影响登记表未依法备案
4	编制建设项目初步设计未落实污染防治措施及环保投资概算等行为	《环境保护法》 第四十一条　建设项目中防治污染的设施，应当与主体工程同时设计、同时施工、同时投产使用。防治污染的设施应当符合经批准的环境影响评价文件的要求，不得擅自拆除或者闲置。 《水污染防治法》 第十九条第三款　建设项目的水污染防治设施，应当与主体工程同时设计、同时施工、同时投入使用。水污染防治设施应当符合经批准或者备案的环境影响评价文件的要求。 《固体废物污染环境防治法》 第十四条　建设项目的环境影响评价文件确定需要配套建设的固体废物污染环境防治设施，必须与主体工程同时设计、同时施工、同时投入使用。固体废物污染环境防治设施必须经原审批环境影响评价文件的环境保护行政主管部门验收合格后，该建设项目方可投入生产或者使用。对固体废物污染环境防治设施的验收应当与对主体工程的验收同时进行。 《放射性污染防治法》 第二十一条第一款　与核设施相配套的放射性污染防治设施，应当与主体工程同时设计、同时施工、同时投入使用。 《噪声污染防治法》 第二十五条第一款　建设项目的噪声污染防治设施应当与主体工程同时设计、同时施工、同时投产使用。 《建设项目环境保护管理条例》 第十六条第一款　建设项目的初步设计，应当按照环境保护设计规范的要求，编制环境保护篇章，落实防治环境污染和生态破坏的措施以及环境保护设施投资概算。 第十九条第二款　前款规定的建设项目投入生产或者使用后，应当按照国务院环境保护行政主管部门的规定开展环境影响后评价。

续表

序号	违法行为	法律依据
4	编制建设项目初步设计未落实污染防治措施及环保投资概算等行为	第二十二条第一款　违反本条例规定，建设单位编制建设项目初步设计未落实防治环境污染和生态破坏的措施以及环境保护设施投资概算，未将环境保护设施建设纳入施工合同，或者未依法开展环境影响后评价的，由建设项目所在地县级以上环境保护行政主管部门责令限期改正，处5万元以上20万元以下的罚款；逾期不改正的，处20万元以上100万元以下的罚款。 《建设项目环境影响后评价管理办法（试行）》 第三条　下列建设项目运行过程中产生不符合经审批的环境影响报告书情形的，应当开展环境影响后评价： （一）水利、水电、采掘、港口、铁路行业中实际环境影响程度和范围较大，且主要环境影响在项目建成运行一定时期后逐步显现的建设项目，以及其他行业中穿越重要生态环境敏感区的建设项目； （二）冶金、石化和化工行业中有重大环境风险，建设地点敏感，且持续排放重金属或者持久性有机污染物的建设项目； （三）审批环境影响报告书的环境保护主管部门认为应当开展环境影响后评价的其他建设项目。 第八条　建设项目环境影响后评价应当在建设项目正式投入生产或者运营后三至五年内开展。原审批环境影响报告书的环境保护主管部门也可以根据建设项目的环境影响和环境要素变化特征，确定开展环境影响后评价的时限
5	建设过程中未同时实施审批决定中的环保措施	《环境保护法》 第四十一条　建设项目中防治污染的设施，应当与主体工程同时设计、同时施工、同时投产使用。防治污染的设施应当符合经批准的环境影响评价文件的要求，不得擅自拆除或者闲置。 《水污染防治法》 第十九条第三款　建设项目的水污染防治设施，应当与主体工程同时设计、同时施工、同时投入使用。水污染防治设施应当符合经批准或者备案的环境影响评价文件的要求。 《固体废物污染环境防治法》 第十四条　建设项目的环境影响评价文件确定需要配套建设的固体废物污染环境防治设施，必须与主体工程同时设计、同时施工、同时投入使用。固体废物污染环境防治设施必须经原审批环境影响评价文件的环境保护行政主管部门验收合格后，该建设项目方可投入生产或者使用。对固体废物污染环境防治设施的验收应当与对主体工程的验收同时进行。

续表

序号	违法行为	法律依据
5	建设过程中未同时实施审批决定中的环保措施	《放射性污染防治法》 第二十一条第一款　与核设施相配套的放射性污染防治设施，应当与主体工程同时设计、同时施工、同时投入使用。 《噪声污染防治法》 第二十五条第一款　建设项目的噪声污染防治设施应当与主体工程同时设计、同时施工、同时投产使用。 《建设项目环境保护管理条例》 第十六条第二款　建设单位应当将环境保护设施建设纳入施工合同，保证环境保护设施建设进度和资金，并在项目建设过程中同时组织实施环境影响报告书、环境影响报告表及其审批部门审批决定中提出的环境保护对策措施。 第二十二条第二款　违反本条例规定，建设单位在项目建设过程中未同时组织实施环境影响报告书、环境影响报告表及其审批部门审批决定中提出的环境保护对策措施的，由建设项目所在地县级以上环境保护行政主管部门责令限期改正，处20万元以上100万元以下的罚款；逾期不改正的，责令停止建设。 《环境影响评价法》 第二十六条　建设项目建设过程中，建设单位应当同时实施环境影响报告书、环境影响报告表以及环境影响评价文件审批部门审批意见中提出的环境保护对策措施
6	环保设施未建成、未验收即投入生产或者使用等行为	《环境保护法》 第四十一条　建设项目中防治污染的设施，应当与主体工程同时设计、同时施工、同时投产使用。防治污染的设施应当符合经批准的环境影响评价文件的要求，不得擅自拆除或者闲置。 《水污染防治法》 第十九条第三款　建设项目的水污染防治设施，应当与主体工程同时设计、同时施工、同时投入使用。水污染防治设施应当符合经批准或者备案的环境影响评价文件的要求。 《固体废物污染环境防治法》 第十八条第一款　建设项目的环境影响评价文件确定需要配套建设的固体废物污染环境防治设施，应当与主体工程同时设计、同时施工、同时投入使用。建设项目的初步设计，应当按照环境保护设计规范的要求，将固体废物污染环境防治内容纳入环境影响评价文件，落实防治固体废物污染环境和破坏生态的措施以及固体废物污染环境防治设施投资概算。

续表

序号	违法行为	法律依据
6	环保设施未建成、未验收即投入生产或者使用等行为	《放射性污染防治法》 第二十一条第一款 与核设施相配套的放射性污染防治设施，应当与主体工程同时设计、同时施工、同时投入使用。 第五十一条 违反本法规定，未建造放射性污染防治设施、放射防护设施，或者防治防护设施未经验收合格，主体工程即投入生产或者使用的，由审批环境影响评价文件的环境保护行政主管部门责令停止违法行为，限期改正，并处五万元以上二十万元以下罚款。 《噪声污染防治法》 第二十五条 建设项目的噪声污染防治设施应当与主体工程同时设计、同时施工、同时投产使用。 建设项目在投入生产或者使用之前，建设单位应当依照有关法律法规的规定，对配套建设的噪声污染防治设施进行验收，编制验收报告，并向社会公开。未经验收或者验收不合格的，该建设项目不得投入生产或者使用。 《建设项目环境保护管理条例》 第十七条第二款 建设单位在环境保护设施验收过程中，应当如实查验、监测、记载建设项目环境保护设施的建设和调试情况，不得弄虚作假。 第十九条第一款 编制环境影响报告书、环境影响报告表的建设项目，其配套建设的环境保护设施经验收合格，方可投入生产或者使用；未经验收或者验收不合格的，不得投入生产或者使用。 第二十三条第一款 违反本条例规定，需要配套建设的环境保护设施未建成、未经验收或者验收不合格，建设项目即投入生产或者使用，或者在环境保护设施验收中弄虚作假的，由县级以上环境保护行政主管部门责令限期改正，处20万元以上100万元以下的罚款；逾期不改正的，处100万元以上200万元以下的罚款；对直接负责的主管人员和其他责任人员，处5万元以上20万元以下的罚款；造成重大环境污染或者生态破坏的，责令停止生产或者使用，或者报经有批准权的人民政府批准，责令关闭

续表

序号	违法行为	法律依据
7	建设单位未依法向社会公开环境保护设施验收报告	《建设项目环境保护管理条例》 第十七条第三款　除按照国家规定需要保密的情形外，建设单位应当依法向社会公开验收报告。 第二十三条第二款　违反本条例规定，建设单位未依法向社会公开环境保护设施验收报告的，由县级以上环境保护行政主管部门责令公开，处 5 万元以上 20 万元以下的罚款，并予以公告。 《固体废物污染环境防治法》 第十八条第二款　建设单位应当依照有关法律法规的规定，对配套建设的固体废物污染环境防治设施进行验收，编制验收报告，并向社会公开。 《噪声污染防治法》 第二十五条　建设项目的噪声污染防治设施应当与主体工程同时设计、同时施工、同时投产使用。 建设项目在投入生产或者使用之前，建设单位应当依照有关法律法规的规定，对配套建设的噪声污染防治设施进行验收，编制验收报告，并向社会公开。未经验收或者验收不合格的，该建设项目不得投入生产或者使用
8	从事技术评估的技术单位违规收取费用	《建设项目环境保护管理条例》 第九条第三款　环境保护行政主管部门可以组织技术机构对建设项目环境影响报告书、环境影响报告表进行技术评估，并承担相应费用；技术机构应当对其提出的技术评估意见负责，不得向建设单位、从事环境影响评价工作的单位收取任何费用。 第二十四条　违反本条例规定，技术机构向建设单位、从事环境影响评价工作的单位收取费用的，由县级以上环境保护行政主管部门责令退还所收费用，处所收费用 1 倍以上 3 倍以下的罚款
9	未依法进行环境影响评价兴建涉海工程建设项目	《环境保护法》 第十九条第二款　未依法进行环境影响评价的开发利用规划，不得组织实施；未依法进行环境影响评价的建设项目，不得开工建设。 第六十一条　建设单位未依法提交建设项目环境影响评价文件或者环境影响评价文件未经批准，擅自开工建设的，由负有环境保护监督管理职责的部门责令停止建设，处以罚款，并可以责令恢复原状。

续表

序号	违法行为	法律依据
9	未依法进行环境影响评价兴建涉海工程建设项目	《海洋环境保护法》 第六十一条第一款　新建、改建、扩建工程建设项目，应当遵守国家有关建设项目环境保护管理的规定，并把污染防治和生态保护所需资金纳入建设项目投资计划。 第六十二条第一款　工程建设项目应当按照国家有关建设项目环境影响评价的规定进行环境影响评价。未依法进行并通过环境影响评价的建设项目，不得开工建设。 第一百零一条　违反本法规定，建设单位未落实建设项目投资计划有关要求的，由生态环境主管部门责令改正，处五万元以上二十万元以下的罚款；拒不改正的，处二十万元以上一百万元以下的罚款。 违反本法规定，建设单位未依法报批或者报请重新审核环境影响报告书（表），擅自开工建设的，由生态环境主管部门或者海警机构责令其停止建设，根据违法情节和危害后果，处建设项目总投资额百分之一以上百分之五以下的罚款，并可以责令恢复原状；对建设单位直接负责的主管人员和其他直接责任人员，依法给予处分。建设单位未依法备案环境影响登记表的，由生态环境主管部门责令备案，处五万元以下的罚款。
10	对涉海洋工程建设项目环境保护设施未与主体工程同时设计、同时施工、同时投产使用的，或者环境保护设施未建成、未达到规定要求、未经验收或者经验收不合格即投入生产、使用的行政处罚	《海洋环境保护法》 第六十二条第二款　环境保护设施应当与主体工程同时设计、同时施工、同时投产使用。环境保护设施应当符合经批准的环境影响评价报告书（表）的要求。建设单位应当依照有关法律法规的规定，对环境保护设施进行验收，编制验收报告，并向社会公开。环境保护设施未经验收或者经验收不合格的，建设项目不得投入生产或者使用。 第一百零三条　违反本法规定，环境保护设施未与主体工程同时设计、同时施工、同时投产使用的，或者环境保护设施未建成、未达到规定要求、未经验收或者经验收不合格即投入生产、使用的，由生态环境主管部门或者海警机构责令改正，处二十万元以上一百万元以下的罚款；拒不改正的，处一百万元以上二百万元以下的罚款；对直接负责的主管人员和其他责任人员处五万元以上二十万元以下的罚款；造成重大环境污染、生态破坏的，责令其停止生产、使用，或者报经有批准权的人民政府批准，责令关闭。

续表

序号	违法行为	法律依据
11	未建造放射性污染防治设施等行为	《放射性污染防治法》 第二十一条　与核设施相配套的放射性污染防治设施，应当与主体工程同时设计、同时施工、同时投入使用。 放射性污染防治设施应当与主体工程同时验收；验收合格的，主体工程方可投入生产或者使用。 第三十条　新建、改建、扩建放射工作场所的放射防护设施，应当与主体工程同时设计、同时施工、同时投入使用。 放射防护设施应当与主体工程同时验收；验收合格的，主体工程方可投入生产或者使用。 第五十一条　违反本法规定，未建造放射性污染防治设施、放射防护设施，或者防治防护设施未经验收合格，主体工程即投入生产或者使用的，由审批环境影响评价文件的环境保护行政主管部门责令停止违法行为，限期改正，并处五万元以上二十万元以下罚款
12	未建设污染防治配套设施或者自行建设的配套设施不合格，也未委托他人对畜禽养殖废弃物进行综合利用和无害化处理，畜禽养殖场、养殖小区即投入生产、使用等	《畜禽规模养殖污染防治条例》 第十三条　畜禽养殖场、养殖小区应当根据养殖规模和污染防治需要，建设相应的畜禽粪便、污水与雨水分流设施，畜禽粪便、污水的贮存设施，粪污厌氧消化和堆沤、有机肥加工、制取沼气、沼渣沼液分离和输送、污水处理、畜禽尸体处理等综合利用和无害化处理设施。已经委托他人对畜禽养殖废弃物代为综合利用和无害化处理的，可以不自行建设综合利用和无害化处理设施。 未建设污染防治配套设施、自行建设的配套设施不合格，或者未委托他人对畜禽养殖废弃物进行综合利用和无害化处理的，畜禽养殖场、养殖小区不得投入生产或者使用。 畜禽养殖场、养殖小区自行建设污染防治配套设施的，应当确保其正常运行。 第三十九条　违反本条例规定，未建设污染防治配套设施或者自行建设的配套设施不合格，也未委托他人对畜禽养殖废弃物进行综合利用和无害化处理，畜禽养殖场、养殖小区即投入生产、使用，或者建设的污染防治配套设施未正常运行的，由县级以上人民政府环境保护主管部门责令停止生产或者使用，可以处 10 万元以下的罚款

关于做好环境影响评价制度与排污许可制衔接相关工作的通知

第二节　排污许可管理环境执法

一、排污许可管理检查重点内容

（一）排污许可管理手续的检查重点

（1）是否取得排污许可证或者是否进行了排污备案登记；

（2）排污许可证是否在有效期内。

固定污染源排污许可分类管理名录（2019年版）

（二）“无证排污”行为检查要点

（1）是否存在未取得排污许可证排放污染物的情况；

（2）是否存在排污许可证有效期届满未申请延续或者延续申请未经批准排放污染物的情况；

（3）是否存在排污许可证被依法撤销、注销、吊销后继续排放污染物的情况；

（4）是否存在依法应当重新申请取得排污许可证，未重新申请取得排污许可证排放污染物的情况。

（三）未按许可证规定排污检查要点

（1）是否存在超过许可排放浓度、许可排放量排放污染物的情况；

（2）是否存在通过暗管、渗井、渗坑、灌注或者篡改、伪造监测数据，或者不正常运行污染防治设施等逃避监管的方式违法排放污染物的情况；

（3）是否存在未按照排污许可证规定控制大气污染物无组织排放的情况；

（4）特殊时段是否按照排污许可证规定停止或者限制排放污染物。

（四）违反排污许可管理要求的检查要点

（1）排污者是否按照生态环境主管部门的规定建设规范化污染物排放口，并设置标志牌；

（2）实施新建、改建、扩建项目和技术改造的排污者，在建设污染防治设施的同时，是否建设规范化污染物排放口；

（3）污染物排放口位置或者数量是否符合排污许可证规定；

（4）污染物排放方式或者排放去向是否符合排污许可证规定；

（5）是否损毁或者擅自移动、改变污染物排放自动监测设备；

（6）是否按照排污许可证规定安装、使用污染物排放自动监测设备并与生态环境主管部门的监控设备联网，或者是否保证污染物排放自动监测设备正常运行；

（7）是否按照排污许可证规定制订自行监测方案并开展自行监测；

（8）是否按照排污许可证规定保存原始监测记录，原始监测记录保存期限是否少于5年；

（9）是否按照排污许可证规定公开或者如实公开污染物排放信息；

（10）是否存在发现污染物排放自动监测设备传输数据异常或者污染物排放超过污染物排放标准等异常情况不报告的情况；

（11）是否存在违反法律法规规定的其他控制污染物排放要求的行为。

（五）排污许可台账记录和执行报告检查要点

（1）是否建立环境管理台账记录制度，或者是否有按照排污许可证规定记录；环境管理台账记录保存期限是否少于5年；

（2）是否如实记录主要生产设施及污染防治设施运行情况或者污染物排放浓度、排放量；

（3）是否按照排污许可证规定提交排污许可证执行报告；

（4）是否如实报告污染物排放行为或者污染物排放浓度、排放量；

（5）排污者是否按照排污许可证规定如实在全国排污许可证管理信息平台上公开污染物排放信息。

关于印发《关于加强排污许可执法监管的指导意见》的通知

生态环境部公布第二批生态环境执法典型案例（排污许可领域）

（六）不正当手段获取排污许可证的检查要点

（1）排污者是否以欺骗、贿赂等不正当手段申请取得排污许可证；

（2）排污者是否非法伪造、变造、转让排污许可证。

生态环境部公布第十四批生态环境执法典型案例（排污许可领域）

二、排污许可管理环境执法难点解析

（一）未取得排污许可证排放污染物的罚款幅度范围

（1）对排污单位未取得排污许可证却排放污染物的违法行为如何进行处罚，罚款下限是10万元还是20万元？

《排污许可管理条例》第三十三条第一项规定："违反本条例规定，排污单位未取得排污许可证排放污染物的，由生态环境主管部门责令改正或者限制生产、停产整治，处20万元以上100万元以下的罚款；情节严重的，报经有批准权的人民政府批准，责令停业、关闭。"《水污染防治法》第八十三条第一项、《大气污染防治法》第九十九条第一项和《固体废物污染环境防治法》第一百零四条均规定，未依法取得排污许可证排放污染物的，由生态环境主管部门责令改正或者责令限制生产、停产整治，并处十万元以上一百万元以下的罚款；情节严重的，报经有批准权的人民政府批准，责令停业、关闭。

《排污许可管理条例》与《水污染防治法》《大气污染防治法》《固体废物污染环境防治法》的规定是否相抵触？实践中如何适用？

首先需要明确的是，按照《立法法》的规定，法律的效力高于行政法规。而"下位法不得与上位法相抵触"是立法机关制定法律规范时应当遵循的原则。一般仅指"新下位法与旧上位法相抵触"，不包括"旧下位法与新上位法相抵触"。而关于什么是"抵触"，《立法法》中并没有明确规定。

《行政处罚法》于2021年修订前后均规定，法律对违法行为已经作出行政处罚规定，行政法规需要作出具体规定的，必须在法律规定的给予行政处罚幅度范围内规定。

虽然《水污染防治法》第八十三条第一项、《大气污染防治法》第九十九条第一项和《固体废物污染环境防治法》第一百零四条规定的罚款幅度均为

“十万元以上一百万元以下”,《排污许可管理条例》第三十三条第一项规定的罚款幅度则为“20 万元以上 100 万元以下”，但是作为下位法的《排污许可管理条例》第三十三条第一项只是提高了罚款下限，并未超出上位法规定的行政处罚幅度范围，不属于与上位法相抵触。

（2）《排污许可管理条例》施行后，生态环境主管部门对排污单位未取得排污许可证排放污染物的违法行为，应如何进行罚款?

“上位法优于下位法”规则的适用是有条件的，即当下位法与上位法相抵触时，优先适用上位法。“新下位法与旧上位法相抵触”时上位法优先适用规则和“新上位法优于旧下位法”规则所针对的情形不同，在下位法不与上位法相抵触的情况下，应优先适用下位法，也即“就近适用”规则。

也就是说，生态环境主管部门对排污单位未取得排污许可证排放污染物的违法行为进行罚款时，应优先适用下位法即《排污许可管理条例》第三十三条第一项的规定进行罚款。

需要说明的是,“上位法高于下位法”规定的是“效力优先”；“下位法优于上位法”规定的是“适用优先”。前者解决的是上位法律规范的优先性问题；后者解决的是有效的法律规范在适用顺序上的优先性问题。所以，两者并不矛盾。基于此,《排污许可管理条例》作为下位法体系性较强，不援引上位法规定不影响实际执行时，可以不援引上位法的规定。

需要特别注意的是,《噪声污染防治法》第七十五条规定:“违反本法规定，无排污许可证或者超过噪声排放标准排放工业噪声的，由生态环境主管部门责令改正或者限制生产、停产整治，并处二万元以上二十万元以下的罚款；情节严重的，报经有批准权的人民政府批准，责令停业、关闭。”与《水污染防治法》第八十三条第一项、《大气污染防治法》第九十九条第一项和《固体废物污染环境防治法》第一百零四条规定的罚款幅度均不一致。作为旧下位法的《排污许可管理条例》第三十三条第一项与作为新上位法的《噪声污染防治法》第七十五条存在冲突。

笔者建议，若排污者无排污许可证仅排放工业噪声，不排放水污染物、大气污染物和固体废物的，处罚其违法行为应适用《噪声污染防治法》第七十五条的规定；若排污者无排污许可证不仅排放工业噪声，还排放水污染物、大气污染物和固体废物中一种或者一种以上的，处罚其违法行为就应适用《排污许可管理条例》第三十三条第一项的规定。

（二）“无证排污”违法行为个数认定

根据国务院办公厅印发的《控制污染物排放许可制实施方案》（国办发〔2016〕81号），排污许可制是覆盖所有固定污染源和多污染物协同控制的“一证制”管理制度。排污企业未取得排污许可证，同时非法排放大气污染物、水污染物、工业噪声和固体废物中的两种或者两种以上的，均属于一个违法行为。现行的《水污染防治法》第八十三条第一项、《大气污染防治法》第九十九条第一项和《固体废物污染环境防治法》第一百零四条对未依法取得排污许可证排放污染物的违法行为，规定了相同的处罚措施。虽然《噪声污染防治法》第七十五条的规定与上述三部法律条文的规定不一致，但只要工业噪声与大气污染物、水污染物、固体废物中的一种或者一种以上同时未取得排污许可证并同时排放的，就应依据《排污许可管理条例》第三十三条第一项认定为一个违法行为予以处罚。

关于环境行政处罚过程中有关问题的复函

三、排污许可管理环境违法行为的法律责任

排污许可管理主要执法事项目录见表4-2。

表4-2　排污许可管理主要执法事项目录

序号	违法行为	法律依据
1	未取得排污许可证排放污染物等行为	《水污染防治法》 第二十一条　直接或者间接向水体排放工业废水和医疗污水以及其他按照规定应当取得排污许可证方可排放的废水、污水的企业事业单位和其他生产经营者，应当取得排污许可证；城镇污水集中处理设施的运营单位，也应当取得排污许可证。排污许可证应当明确排放水污染物的种类、浓度、总量和排放去向等要求。排污许可的具体办法由国务院规定。 禁止企业事业单位和其他生产经营者无排污许可证或者违反排污许可证的规定向水体排放前款规定的废水、污水。

续表

序号	违法行为	法律依据
1	未取得排污许可证排放污染物等行为	第八十三条第一项　违反本法规定，有下列行为之一的，由县级以上人民政府环境保护主管部门责令改正或者责令限制生产、停产整治，并处十万元以上一百万元以下的罚款；情节严重的，报经有批准权的人民政府批准，责令停业、关闭： （一）未依法取得排污许可证排放水污染物的； 《大气污染防治法》 第十九条　排放工业废气或者本法第七十八条规定名录中所列有毒有害大气污染物的企业事业单位、集中供热设施的燃煤热源生产运营单位以及其他依法实行排污许可管理的单位，应当取得排污许可证。排污许可的具体办法和实施步骤由国务院规定。 第九十九条第一项　违反本法规定，有下列行为之一的，由县级以上人民政府生态环境主管部门责令改正或者限制生产、停产整治，并处十万元以上一百万元以下的罚款；情节严重的，报经有批准权的人民政府批准，责令停业、关闭： （一）未依法取得排污许可证排放大气污染物的； 《噪声污染防治法》 第三十六条　排放工业噪声的企业事业单位和其他生产经营者，应当采取有效措施，减少振动、降低噪声，依法取得排污许可证或者填报排污登记表。 实行排污许可管理的单位，不得无排污许可证排放工业噪声，并应当按照排污许可证的要求进行噪声污染防治。 第七十五条　违反本法规定，无排污许可证或者超过噪声排放标准排放工业噪声的，由生态环境主管部门责令改正或者限制生产、停产整治，并处二万元以上二十万元以下的罚款；情节严重的，报经有批准权的人民政府批准，责令停业、关闭。 《固体废物污染环境防治法》 第三十九条　产生工业固体废物的单位应当取得排污许可证。排污许可的具体办法和实施步骤由国务院规定。 产生工业固体废物的单位应当向所在地生态环境主管部门提供工业固体废物的种类、数量、流向、贮存、利用、处置等有关资料，以及减少工业固体废物产生、促进综合利用的具体措施，并执行排污许可管理制度的相关规定。 第一百零四条　违反本法规定，未依法取得排污许可证产生工业固体废物的，由生态环境主管部门责令改正或者限制生产、停产整治，处十万元以上一百万元以下的罚款；情节严重的，报经有批准权的人民政府批准，责令停业或者关闭。

续表

序号	违法行为	法律依据
1	未取得排污许可证排放污染物等行为	《排污许可管理条例》 第二条第一款　依照法律规定实行排污许可管理的企业事业单位和其他生产经营者（以下称排污单位），应当依照本条例规定申请取得排污许可证；未取得排污许可证的，不得排放污染物。 第十四条　排污许可证有效期为 5 年。 排污许可证有效期届满，排污单位需要继续排放污染物的，应当于排污许可证有效期届满 60 日前向审批部门提出申请。审批部门应当自受理申请之日起 20 日内完成审查；对符合条件的予以延续，对不符合条件的不予延续并书面说明理由。 排污单位变更名称、住所、法定代表人或者主要负责人的，应当自变更之日起 30 日内，向审批部门申请办理排污许可证变更手续。 第十五条　在排污许可证有效期内，排污单位有下列情形之一的，应当重新申请取得排污许可证： （一）新建、改建、扩建排放污染物的项目； （二）生产经营场所、污染物排放口位置或者污染物排放方式、排放去向发生变化； （三）污染物排放口数量或者污染物排放种类、排放量、排放浓度增加。 第三十三条　违反本条例规定，排污单位有下列行为之一的，由生态环境主管部门责令改正或者限制生产、停产整治，处 20 万元以上 100 万元以下的罚款；情节严重的，报经有批准权的人民政府批准，责令停业、关闭： （一）未取得排污许可证排放污染物； （二）排污许可证有效期届满未申请延续或者延续申请未经批准排放污染物； （三）被依法撤销、注销、吊销排污许可证后排放污染物； （四）依法应当重新申请取得排污许可证，未重新申请取得排污许可证排放污染物

续表

序号	违法行为	法律依据
2	超过许可排放浓度、许可排放量排放污染物	《水污染防治法》 第二十一条　直接或者间接向水体排放工业废水和医疗污水以及其他按照规定应当取得排污许可证方可排放的废水、污水的企业事业单位和其他生产经营者，应当取得排污许可证；城镇污水集中处理设施的运营单位，也应当取得排污许可证。排污许可证应当明确排放水污染物的种类、浓度、总量和排放去向等要求。排污许可的具体办法由国务院规定。 禁止企业事业单位和其他生产经营者无排污许可证或者违反排污许可证的规定向水体排放前款规定的废水、污水。 《排污许可管理条例》 第十七条第二款　排污单位应当遵守排污许可证规定，按照生态环境管理要求运行和维护污染防治设施，建立环境管理制度，严格控制污染物排放。 第三十四条第一项　违反本条例规定，排污单位有下列行为之一的，由生态环境主管部门责令改正或者限制生产、停产整治，处 20 万元以上 100 万元以下的罚款；情节严重的，吊销排污许可证，报经有批准权的人民政府批准，责令停业、关闭： （一）超过许可排放浓度、许可排放量排放污染物
3	通过逃避监管的方式违法排放污染物	《环境保护法》 第四十二条第四款　严禁通过暗管、渗井、渗坑、灌注或者篡改、伪造监测数据，或者不正常运行防治污染设施等逃避监管的方式违法排放污染物。 《水污染防治法》 第三十九条　禁止利用渗井、渗坑、裂隙、溶洞，私设暗管，篡改、伪造监测数据，或者不正常运行水污染防治设施等逃避监管的方式排放水污染物。 第八十三条第三项　违反本法规定，有下列行为之一的，由县级以上人民政府环境保护主管部门责令改正或者责令限制生产、停产整治，并处十万元以上一百万元以下的罚款；情节严重的，报经有批准权的人民政府批准，责令停业、关闭：

续表

序号	违法行为	法律依据
3	通过逃避监管的方式违法排放污染物	（三）利用渗井、渗坑、裂隙、溶洞，私设暗管，篡改、伪造监测数据，或者不正常运行水污染防治设施等逃避监管的方式排放水污染物的； 《大气污染防治法》 第二十条第二款　禁止通过偷排、篡改或者伪造监测数据、以逃避现场检查为目的的临时停产、非紧急情况下开启应急排放通道、不正常运行大气污染防治设施等逃避监管的方式排放大气污染物。 第九十九条第三项　违反本法规定，有下列行为之一的，由县级以上人民政府生态环境主管部门责令改正或者限制生产、停产整治，并处十万元以上一百万元以下的罚款；情节严重的，报经有批准权的人民政府批准，责令停业、关闭： （三）通过逃避监管的方式排放大气污染物的。 《排污许可管理条例》 第十七条第二款　排污单位应当遵守排污许可证规定，按照生态环境管理要求运行和维护污染防治设施，建立环境管理制度，严格控制污染物排放。 第十九条第二款　排污单位应当对自行监测数据的真实性、准确性负责，不得篡改、伪造。 第三十四条第二项　违反本条例规定，排污单位有下列行为之一的，由生态环境主管部门责令改正或者限制生产、停产整治，处20万元以上100万元以下的罚款；情节严重的，吊销排污许可证，报经有批准权的人民政府批准，责令停业、关闭： （二）通过暗管、渗井、渗坑、灌注或者篡改、伪造监测数据，或者不正常运行污染防治设施等逃避监管的方式违法排放污染物
4	未按照排污许可证规定控制大气污染物无组织排放	《排污许可管理条例》 第十七条第二款　排污单位应当遵守排污许可证规定，按照生态环境管理要求运行和维护污染防治设施，建立环境管理制度，严格控制污染物排放。 第三十五条第一项　违反本条例规定，排污单位有下列行为之一的，由生态环境主管部门责令改正，处5万元以上20万元以下的罚款；情节严重的，处20万元以上100万元以下的罚款，责令限制生产、停产整治： （一）未按照排污许可证规定控制大气污染物无组织排放

续表

序号	违法行为	法律依据
5	特殊时段未按照排污许可证规定停止或者限制排放污染物	《排污许可管理条例》 第十七条第二款　排污单位应当遵守排污许可证规定，按照生态环境管理要求运行和维护污染防治设施，建立环境管理制度，严格控制污染物排放。 第三十五条第二项　违反本条例规定，排污单位有下列行为之一的，由生态环境主管部门责令改正，处5万元以上20万元以下的罚款；情节严重的，处20万元以上100万元以下的罚款，责令限制生产、停产整治： （二）特殊时段未按照排污许可证规定停止或者限制排放污染物
6	污染物排放口位置或者数量不符合排污许可证规定等行为	《大气污染防治法》 第二十六条　禁止侵占、损毁或者擅自移动、改变大气环境质量监测设施和大气污染物排放自动监测设备。 第一百条第一项　违反本法规定，有下列行为之一的，由县级以上人民政府生态环境主管部门责令改正，处二万元以上二十万元以下的罚款；拒不改正的，责令停产整治： （一）侵占、损毁或者擅自移动、改变大气环境质量监测设施或者大气污染物排放自动监测设备的； 《排污许可管理条例》 第十七条第二款　排污单位应当遵守排污许可证规定，按照生态环境管理要求运行和维护污染防治设施，建立环境管理制度，严格控制污染物排放。 第十八条第二款　污染物排放口位置和数量、污染物排放方式和排放去向应当与排污许可证规定相符。 第十九条第一款　排污单位应当按照排污许可证规定和有关标准规范，依法开展自行监测，并保存原始监测记录。原始监测记录保存期限不得少于5年。 第二十条　实行排污许可重点管理的排污单位，应当依法安装、使用、维护污染物排放自动监测设备，并与生态环境主管部门的监控设备联网。 排污单位发现污染物排放自动监测设备传输数据异常的，应当及时报告生态环境主管部门，并进行检查、修复。 第二十三条第一款　排污单位应当按照排污许可证规定，如实在全国排污许可证管理信息平台上公开污染物排放信息。

续表

序号	违法行为	法律依据
6	污染物排放口位置或者数量不符合排污许可证规定等行为	第三十六条　违反本条例规定，排污单位有下列行为之一的，由生态环境主管部门责令改正，处 2 万元以上 20 万元以下的罚款；拒不改正的，责令停产整治： （一）污染物排放口位置或者数量不符合排污许可证规定； （二）污染物排放方式或者排放去向不符合排污许可证规定； （三）损毁或者擅自移动、改变污染物排放自动监测设备； （四）未按照排污许可证规定安装、使用污染物排放自动监测设备并与生态环境主管部门的监控设备联网，或者未保证污染物排放自动监测设备正常运行； （五）未按照排污许可证规定制定自行监测方案并开展自行监测； （六）未按照排污许可证规定保存原始监测记录； （七）未按照排污许可证规定公开或者不如实公开污染物排放信息； （八）发现污染物排放自动监测设备传输数据异常或者污染物排放超过污染物排放标准等异常情况不报告； （九）违反法律法规规定的其他控制污染物排放要求的行为
7	未建立环境管理台账记录制度等行为	《排污许可管理条例》 第二十一条第一款　排污单位应当建立环境管理台账记录制度，按照排污许可证规定的格式、内容和频次，如实记录主要生产设施、污染防治设施运行情况以及污染物排放浓度、排放量。环境管理台账记录保存期限不得少于 5 年。 第二十二条第一款　排污单位应当按照排污许可证规定的内容、频次和时间要求，向审批部门提交排污许可证执行报告，如实报告污染物排放行为、排放浓度、排放量等。 第三十七条　违反本条例规定，排污单位有下列行为之一的，由生态环境主管部门责令改正，处每次 5 千元以上 2 万元以下的罚款；法律另有规定的，从其规定： （一）未建立环境管理台账记录制度，或者未按照排污许可证规定记录； （二）未如实记录主要生产设施及污染防治设施运行情况或者污染物排放浓度、排放量； （三）未按照排污许可证规定提交排污许可证执行报告； （四）未如实报告污染物排放行为或者污染物排放浓度、排放量

续表

序号	违法行为	法律依据
8	拒不改正违法排放污染物行为	《环境保护法》 第五十九条第一款　企业事业单位和其他生产经营者违法排放污染物，受到罚款处罚，被责令改正，拒不改正的，依法作出处罚决定的行政机关可以自责令改正之日的次日起，按照原处罚数额按日连续处罚。 第二款　前款规定的罚款处罚，依照有关法律法规按照防治污染设施的运行成本、违法行为造成的直接损失或者违法所得等因素确定的规定执行。 《排污许可管理条例》 第三十八条　排污单位违反本条例规定排放污染物，受到罚款处罚，被责令改正的，生态环境主管部门应当组织复查，发现其继续实施该违法行为或者拒绝、阻挠复查的，依照《中华人民共和国环境保护法》的规定按日连续处罚
9	拒不配合生态环境主管部门监督检查，或者在接受监督检查时弄虚作假	《排污许可管理条例》 第二十六条第一款　排污单位应当配合生态环境主管部门监督检查，如实反映情况，并按照要求提供排污许可证、环境管理台账记录、排污许可证执行报告、自行监测数据等相关材料。 第三十九条　排污单位拒不配合生态环境主管部门监督检查，或者在接受监督检查时弄虚作假的，由生态环境主管部门责令改正，处 2 万元以上 20 万元以下的罚款
10	以欺骗、贿赂等不正当手段申请取得排污许可证	《行政许可法》 第六十九条第二款　被许可人以欺骗、贿赂等不正当手段取得行政许可的，应当予以撤销。 第六十九条第三款　依照前两款的规定撤销行政许可，可能对公共利益造成重大损害的，不予撤销。 第七十九条　被许可人以欺骗、贿赂等不正当手段取得行政许可的，行政机关应当依法给予行政处罚；取得的行政许可属于直接关系公共安全、人身健康、生命财产安全事项的，申请人在三年内不得再次申请该行政许可；构成犯罪的，依法追究刑事责任。 《排污许可管理条例》 第四十条　排污单位以欺骗、贿赂等不正当手段申请取得排污许可证的，由审批部门依法撤销其排污许可证，处 20 万元以上 50 万元以下的罚款，3 年内不得再次申请排污许可证

续表

序号	违法行为	法律依据
11	伪造、变造、转让排污许可证	《排污许可管理条例》 第二十六条第二款　禁止伪造、变造、转让排污许可证。 第四十一条　违反本条例规定，伪造、变造、转让排污许可证的，由生态环境主管部门没收相关证件或者吊销排污许可证，处 10 万元以上 30 万元以下的罚款，3 年内不得再次申请排污许可证
12	接受审批部门委托的排污许可技术机构弄虚作假	《排污许可管理条例》 第十条第二款　审批部门可以组织技术机构对排污许可证申请材料进行技术评估，并承担相应费用。 第三款　技术机构应当对其提出的技术评估意见负责，不得向排污单位收取任何费用。 第四十二条　违反本条例规定，接受审批部门委托的排污许可技术机构弄虚作假的，由审批部门解除委托关系，将相关信息记入其信用记录，在全国排污许可证管理信息平台上公布，同时纳入国家有关信用信息系统向社会公布；情节严重的，禁止从事排污许可技术服务
13	未依照《排污许可管理条例》规定填报排污信息	《排污许可管理条例》 第二十四条第三款　需要填报排污登记表的企业事业单位和其他生产经营者，应当在全国排污许可证管理信息平台上填报基本信息、污染物排放去向、执行的污染物排放标准以及采取的污染防治措施等信息；填报的信息发生变动的，应当自发生变动之日起 20 日内进行变更填报。 第四十三条　需要填报排污登记表的企业事业单位和其他生产经营者，未依照本条例规定填报排污信息的，由生态环境主管部门责令改正，可以处 5 万元以下的罚款

第五章

自然生态保护及其他环境领域监管执法

第一节　自然生态保护监管执法

一、自然生态保护监管检查重点内容

（一）自然保护地监管检查重点内容

1. 自然保护区等自然保护地检查重点

（1）在自然保护区等自然保护地内是否有进行非法开矿、修路、筑坝、建设造成生态破坏的情况；

（2）是否存在进行《建设项目环境影响评价分类管理名录》里所载明的建设活动且未办理相关手续的行为；

（3）自然保护区等自然保护地内是否存在违反《水污染防治法》《大气污染防治法》《固体废物污染环境防治法》，排放废水、废气或倾倒、储存有毒有害物质、危险废物等行为。

中华人民共和国自然保护区条例

国家级自然保护区监督检查办法

2. 风景名胜区检查重点内容

（1）风景名胜区内是否存在开山、采石、开矿等破坏景观、植被、地形地貌的活动的情况；

（2）核心景区内是否存在建设宾馆、招待所、培训中心、疗养院以及与风景名胜资源保护无关的其他建筑物的情况。

风景名胜区条例

3. 湿地自然保护地检查重点内容

（1）是否存在挖沙、采矿的情况；

（2）是否存在倾倒有毒有害物质、废弃物、垃圾的情况。

4. 国家级自然公园检查重点内容

是否擅自在国家级自然公园内从事采矿、房地产、开发区、高尔夫球场、风力光伏电场等不符合管控要求的开发活动。是否违规侵占国家级自然公园，排放不符合水污染物排放标准的工业废水、生活污水及

中华人民共和国湿地保护法

湿地保护管理规定

其他的废水、污水，倾倒、堆放、丢弃、遗撒固体废物等污染生态环境的行为。

国家级森林公园管理办法

自然保护地生态环境监管工作暂行办法

关于成立自然保护地生态环境监管咨询专家库的公告

国家林业和草原局办公室关于做好林草行政执法与生态环境保护综合行政执法衔接的通知

（二）生态保护红线监管检查重点

（1）是否存在不符合主体功能定位的各类开发活动；

（2）生态保护红线划定后，因国家重大基础设施、重大民生保障项目建设等需要调整的，是否经依法批准；

（3）在长江流域生态保护红线水域实施航道整治工程的，是否依法办理了相关手续；

（4）在生态保护红线区域内，是否建设有工业固体废物、危险废物集中贮存、利用、处置的设施、场所和生活垃圾填埋场。

中共中央办公厅、国务院办公厅印发了《关于划定并严守生态保护红线的若干意见》

关于印发《生态保护红线划定指南》的通知

关于印发《生态保护红线生态环境监督办法（试行）》的通知

（三）生物多样性保护检查重点

关于加强生态保护监管工作的意见

（1）机场、铁路、公路、水利水电、围堰、围填海等建设项目的选址选线，是否避让野生动物迁徙洄游通道；无法避让的，是否采取了建野生动物通道、过鱼设施等措施，消除或者减少对野生动物的不利影响；

（2）单位在施工过程中，对野生动物资源是否造成破坏；

（3）农药使用者是否在饮用水水源保护区内使用农药，是否在饮用水水源保护区、河道内丢弃农药、农药包装物或者清洗施药器械；

（4）是否造成珊瑚礁、红树林等海洋生态系统及海洋水产资源、海洋保护区破坏；

（5）是否存在采挖、破坏珊瑚、珊瑚礁，或者砍伐海岛周边海域红树林的情况。

二、自然生态保护监管环境执法难点解析

（一）自然保护地与自然保护区的区别

我国经过60多年的努力，已建立数量众多、类型丰富、功能多样的各级各类自然保护地，在保护生物多样性、保存自然遗产、改善生态环境质量和维护国家生态安全方面发挥了重要作用，但仍然存在重叠设置、多头管理、边界不清、权责不明、保护与发展矛盾突出等问题。

党的十九大报告指出："构建国土空间开发保护制度，完善主体功能区配套政策，建立以国家公园为主体的自然保护地体系。"2018年机构改革后，新组建的国家林业和草原局加挂了国家公园管理局的牌子，统一管理以国家公园为主体的各类自然保护地。为加快建立以国家公园为主体的自然保护地体系、提供高质量生态产品、推进美丽中国建设，2019年6月，中共中央办公厅、国务院办公厅印发了《关于建立以国家公园为主体的自然保护地体系的指导意见》（以下简称《指导意见》），并发出通知，要求各地区各部门结合实际认真贯彻落实。该《指导意见》指出：要科学划定自然保护地类型。按照自然生态系统原真性、整体性、系统性及其内在规律，依据管理目标与效能并借鉴国际经验，将自然保护地按生态价值和保护强度高低依次分为三类。

一是国家公园：是指以保护具有国家代表性的自然生态系统为主要目的，实现自然资源科学保护和合理利用的特定陆域或海域，是我国自然生态系统中最重要、自然景观最独特、自然遗产最精华、生物多样性最富集的部分。保护范围大，生态过程完整，具有全球价值、国家象征，国民认同度高。

二是自然保护区：是指保护典型的自然生态系统、珍稀濒危野生动植物种的天然集中分布区、有特殊意义的自然遗迹的区域。具有较大面积，确保

主要保护对象安全，维持和恢复珍稀濒危野生动植物种群数量及赖以生存的栖息环境。

三是自然公园：是指保护重要的自然生态系统、自然遗迹和自然景观，具有生态、观赏、文化和科学价值，可持续利用的区域。确保森林、海洋、湿地、水域、冰川、草原、生物等珍贵自然资源，以及所承载的景观、地质地貌和文化多样性得到有效保护，包括森林公园、地质公园、海洋公园、湿地公园等各类自然公园。

该《指导意见》还要求制定自然保护地分类划定标准，对现有的自然保护区、风景名胜区、地质公园、森林公园、海洋公园、湿地公园、冰川公园、草原公园、沙漠公园、草原风景区、水产种质资源保护区、野生植物原生境保护区（点）、自然保护小区、野生动物重要栖息地等各类自然保护地开展综合评价，按照保护区域的自然属性、生态价值和管理目标进行梳理、调整和归类，逐步形成以国家公园为主体、自然保护区为基础、各类自然公园为补充的自然保护地分类系统。

国家公园是我国自然保护地最重要类型之一，属于全国主体功能区规划中的禁止开发区域，纳入全国生态保护红线区域管控范围，实行最严格的保护。建立国家公园体制是党的十八届三中全会提出的重点改革任务之一，是我国生态文明制度建设的重要内容。2013 年 11 月，党的十八届三中全会决定首次提出建立国家公园体制。2015 年 9 月，中共中央、国务院印发的《生态文明体制改革总体方案》（中发〔2015〕25 号）对建立国家公园体制提出了具体要求。2017 年 9 月，中共中央办公厅、国务院办公厅印发《建立国家公园体制总体方案》。

中共中央办公厅 国务院办公厅印发《关于建立以国家公园为主体的自然保护地体系的指导意见》

中共中央办公厅 国务院办公厅印发《建立国家公园体制总体方案》

“十四五”生态保护监管规划

（二）“十四五”自然保护地监管重点

持续开展“绿盾”自然保护地强化监督专项行动。在强化监督国家级自然保护区的基础上，逐步扩大监督检查的范围和深度，突出对国家级自然保护区以及长江经济带、黄河流域、秦岭、青藏高原等重要生态屏障区域的各级各类自然保护地监督，逐步将国家公园、自然公园纳入监督范围，压实地方党委、政府和有关部门的主体责任，遏制自然保护地内的各类违法违规行为。[1]

（三）生态环境部门生态保护红线生态环境监督工作事项

生态环境部门生态保护红线生态环境监督工作包括以下事项：（1）生态保护红线调整方案；（2）生态保护红线面积、范围、用地性质的变化情况；（3）生态保护红线内人为活动情况；（4）生态保护红线生态功能状况及其变化情况；（5）生态保护红线内生态系统、生物物种、遗传基因生物多样性保护情况；（6）生态保护红线内违法违规生态破坏问题及其处理整改情况；（7）生态保护红线内生态保护与修复工程实施情况；（8）生态保护红线制度制定与落实情况；（9）法律法规规定应由生态环境部门实施监督的其他事项。

（四）生态保护红线监管的“一个库”“一张网”和“一张图”

《“十四五”生态保护监管规划》指出，加快国家生态保护红线监管平台建设，推动形成生态保护红线监管的“一个库”“一张网”“一张图”，实现生态保护红线监管平台运行与互联互通。

“一个库”：开展生态保护红线相关数据的标准化和规范化处理，建立以县级行政区为基本单元的生态保护红线台账库。

“一张网”：地方新建或扩建形成地方监管节点，与国家平台实现互联互通，实现国家与地方在遥感数据、实地核查、生态观测、“三线一单”、排污许可、项目审批等方面的信息共享和业务协同。

“一张图”：以生态保护红线监管台账库和“一张网”为基础，以高分辨率遥感影像和数字高程模型为底图，统一集成并展示数据资源和监管成果，实现生态保护红线遥感监测、评估和预警功能。

（五）生物多样性保护执法和监督要求

生物多样性关系人类福祉，是人类生存和发展的重要基础，也是衡量一个国家生态环境质量和生态文明程度，以及国家竞争力和高质量发展水平的重要标志。目前，全球面临着生物多样性丧失加速和生态系统退化的严峻挑

① 《“十四五”生态保护监管规划》（环生态〔2022〕15 号）。

战。新时期生物多样性保护必须坚持在保护中发展，在发展中保护，共建地球生命共同体，形成生物多样性保护推动经济社会绿色发展和人与自然和谐共生良好局面。

2021 年 10 月，中共中央办公厅、国务院办公厅印发了《关于进一步加强生物多样性保护的意见》，明确了我国新时期生物多样性保护的总体目标和战略部署。正确理解和把握新时期生物多样性保护的目标愿景、任务要点和战略要求，是深入推进生物多样性保护和生态文明建设的基础。《关于进一步加强生物多样性保护的意见》要求，加大执法和监督检查力度，严厉查处生态破坏行为。在加大执法和监督方面，创新监测和执法手段，将卫星遥感等先进技术引入生态破坏监测体系，第一时间发现、反馈、处理生态破坏活动。健全联合执法机制，加大跨部门、跨区域联合执法，实现资源共享、优势互补，共同打击破坏生物多样性的违法活动。将生物多样性保护成效与党政领导班子和干部的政绩相挂钩，明确主体终身责任制，加大各地各部门对生物多样性保护工作的重视力度。

中共中央办公厅 国务院办公厅印发《关于进一步加强生物多样性保护的意见》

三、自然生态保护监管环境违法行为的法律责任

自然生态保护监管主要执法事项目录见表 5-1。

表 5-1　自然生态保护监管主要执法事项目录

序号	违法行为	法律依据
1	自然保护区管理机构拒不接受生态环境主管部门检查或在检查时弄虚作假	《自然保护区条例》 第二十条　县级以上人民政府环境保护行政主管部门有权对本行政区域内各类自然保护区的管理进行监督检查；县级以上人民政府有关自然保护区行政主管部门有权对其主管的自然保护区的管理进行监督检查。被检查的单位应当如实反映情况，提供必要的资料。检查者应当为被检查的单位保守技术秘密和业务秘密。 第三十六条　自然保护区管理机构违反本条例规定，拒绝环境保护行政主管部门或者有关自然保护区行政主管部门监督检查，或者在被检查时弄虚作假的，由县级以上人民政府环境保护行政主管部门或者有关自然保护区行政主管部门给予 300 元以上 3 000 元以下的罚款

续表

序号	违法行为	法律依据
2	国家级自然保护区管理机构拒绝国务院环境保护行政主管部门对国家级自然保护区的监督检查，或者在监督检查中弄虚作假	《自然保护区条例》 第二十条　县级以上人民政府环境保护行政主管部门有权对本行政区域内各类自然保护区的管理进行监督检查；县级以上人民政府有关自然保护区行政主管部门有权对其主管的自然保护区的管理进行监督检查。被检查的单位应当如实反映情况，提供必要的资料。检查者应当为被检查的单位保守技术秘密和业务秘密。 第三十六条　自然保护区管理机构违反本条例规定，拒绝环境保护行政主管部门或者有关自然保护区行政主管部门监督检查，或者在被检查时弄虚作假的，由县级以上人民政府环境保护行政主管部门或者有关自然保护区行政主管部门给予 300 元以上 3 000 元以下的罚款。 《国家级自然保护区监督检查办法》 第四条　有关单位或者人员对依法进行的监督检查应当给予支持与配合，如实反映情况，提供有关资料，不得拒绝或者妨碍监督检查工作。 第二十条　国家级自然保护区管理机构拒绝国务院环境保护行政主管部门对国家级自然保护区的监督检查，或者在监督检查中弄虚作假的，由国务院环境保护行政主管部门依照《自然保护区条例》的有关规定给予处罚
3	在自然保护地内进行非法开矿、修路、筑坝、建设造成生态破坏	《野生动物保护法》 第十三条第二款　禁止在自然保护地建设法律法规规定不得建设的项目。机场、铁路、公路、航道、水利水电、风电、光伏发电、围堰、围填海等建设项目的选址选线，应当避让自然保护地以及其他野生动物重要栖息地、迁徙洄游通道；确实无法避让的，应当采取修建野生动物通道、过鱼设施等措施，消除或者减少对野生动物的不利影响。 第四十六条　违反本法第十二条第三款、第十三条第二款规定的，依照有关法律法规的规定处罚。 《自然保护区条例》 第二十六条　禁止在自然保护区内进行砍伐、放牧、狩猎、捕捞、采药、开垦、烧荒、开矿、采石、挖沙等活动；但是，法律、行政法规另有规定的除外。 第三十五条　违反本条例规定，在自然保护区进行砍伐、放牧、狩猎、捕捞、采药、开垦、烧荒、开矿、采石、挖沙等活动的单位和个人，除可以依照有关法律、行政法规规定给予处罚的以外，由县级以上人民政府有关自然保护区行政主管部门或者其授权的自然保护区管理机构没收违法所得，责令停止违法行为，限期恢复原状或者采取其他补救措施；对自然保护区造成破坏的，可以处以 300 元以上 1 万元以下的罚款。

续表

序号	违法行为	法律依据
3	在自然保护地内进行非法开矿、修路、筑坝、建设造成生态破坏	《风景名胜区条例》 第二十六条第一项、第二项　在风景名胜区内禁止进行下列活动： （一）开山、采石、开矿、开荒、修坟立碑等破坏景观、植被和地形地貌的活动； （二）修建储存爆炸性、易燃性、放射性、毒害性、腐蚀性物品的设施； 第二十七条　禁止违反风景名胜区规划，在风景名胜区内设立各类开发区和在核心景区内建设宾馆、招待所、培训中心、疗养院以及与风景名胜资源保护无关的其他建筑物；已经建设的，应当按照风景名胜区规划，逐步迁出。 第二十八条　在风景名胜区内从事本条例第二十六条、第二十七条禁止范围以外的建设活动，应当经风景名胜区管理机构审核后，依照有关法律、法规的规定办理审批手续。 第三十条　风景名胜区内的建设项目应当符合风景名胜区规划，并与景观相协调，不得破坏景观、污染环境、妨碍游览。 在风景名胜区内进行建设活动的，建设单位、施工单位应当制定污染防治和水土保持方案，并采取有效措施，保护好周围景物、水体、林草植被、野生动物资源和地形地貌。 第四十条第一款　违反本条例的规定，有下列行为之一的，由风景名胜区管理机构责令停止违法行为、恢复原状或者限期拆除，没收违法所得，并处50万元以上100万元以下的罚款： （一）在风景名胜区内进行开山、采石、开矿等破坏景观、植被、地形地貌的活动的； （二）在风景名胜区内修建储存爆炸性、易燃性、放射性、毒害性、腐蚀性物品的设施的； （三）在核心景区内建设宾馆、招待所、培训中心、疗养院以及与风景名胜资源保护无关的其他建筑物的。 第四十一条　违反本条例的规定，在风景名胜区内从事禁止范围以外的建设活动，未经风景名胜区管理机构审核的，由风景名胜区管理机构责令停止建设、限期拆除，对个人处2万元以上5万元以下的罚款，对单位处20万元以上50万元以下的罚款。 第四十六条　违反本条例的规定，施工单位在施工过程中，对周围景物、水体、林草植被、野生动物资源和地形地貌造成破坏的，由风景名胜区管理机构责令停止违法行为、限期恢复原状或者采取其他补救措施，并处2万元以上10万元以下的罚款；逾期未恢复原状或者采取有效措施的，由风景名胜区管理机构责令停止施工。

续表

序号	违法行为	法律依据
3	在自然保护地内进行非法开矿、修路、筑坝、建设造成生态破坏	《在国家级自然保护区修筑设施审批管理暂行办法》 第三条　在国家级自然保护区修筑设施，应当经国家林业局审查批准。 第四条　严格限制在国家级自然保护区修筑设施。必须修筑设施的，应当严格控制建设区域、面积和方式，并采取有效措施保护生态环境，确保不对主要保护对象产生重大影响，确保不改变自然生态系统基本特征和结构完整性，最大限度减少对国家级自然保护区的不利影响。 禁止在国家级自然保护区修筑以下设施： （一）光伏发电、风力发电、火力发电等项目的设施。 （二）高尔夫球场开发、房地产开发、会所建设等项目的设施。 （三）社会资金进行商业性探矿勘查，以及不属于国家紧缺矿种资源的基础地质调查和矿产公益性远景调查的设施。 （四）污染环境、破坏自然资源或者自然景观的设施。 （五）国家禁止修筑的其他设施。 第十四条　违反本办法规定，未经批准擅自在国家级自然保护区修筑设施的，县级以上人民政府林业主管部门应当责令停止建设或者使用设施，并采取补救措施。 第十五条　在国家级自然保护区修筑设施对自然保护区造成破坏的，县级以上人民政府林业主管部门应当依法给予行政处罚或者作出其他处理决定。 林业主管部门在对国家级自然保护区监督检查中，发现有关工作人员有违法行为，依法应当给予处分的，应当向其任免机关或者监察机关提出处分建议。 《国家级自然公园管理办法（试行）》 第十八条　严格保护国家级自然公园内的森林、草原、湿地、荒漠、海洋、水域、生物等珍贵自然资源，以及自然遗迹、自然景观和文物古迹等人文景观。在国家级自然公园内开展相关活动和设施建设，不得擅自改变其自然状态和历史风貌。 禁止擅自在国家级自然公园内从事采矿、房地产、开发区、高尔夫球场、风力光伏电场等不符合管控要求的开发活动。禁止违规侵占国家级自然公园，排放不符合水污染物排放标准的工业废水、生活污水及其他的废水、污水，倾倒、堆放、丢弃、遗撒固体废物等污染生态环境的行为

续表

序号	违法行为	法律依据
4	在湿地自然保护地内采矿，倾倒有毒有害物质、废弃物、垃圾	《固体废物污染环境防治法》 第二十条　产生、收集、贮存、运输、利用、处置固体废物的单位和其他生产经营者，应当采取防扬散、防流失、防渗漏或者其他防止污染环境的措施，不得擅自倾倒、堆放、丢弃、遗撒固体废物。 禁止任何单位或者个人向江河、湖泊、运河、渠道、水库及其最高水位线以下的滩地和岸坡以及法律法规规定的其他地点倾倒、堆放、贮存固体废物。 第一百零二条第一款第七项　违反本法规定，有下列行为之一，由生态环境主管部门责令改正，处以罚款，没收违法所得；情节严重的，报经有批准权的人民政府批准，可以责令停业或者关闭： （七）擅自倾倒、堆放、丢弃、遗撒工业固体废物，或者未采取相应防范措施，造成工业固体废物扬散、流失、渗漏或者其他环境污染的； 第二款　有前款第一项、第八项行为之一，处五万元以上二十万元以下的罚款；有前款第二项、第三项、第四项、第五项、第六项、第九项、第十项、第十一项行为之一，处十万元以上一百万元以下的罚款；有前款第七项行为，处所需处置费用一倍以上三倍以下的罚款，所需处置费用不足十万元的，按十万元计算。对前款第十一项行为的处罚，有关法律、行政法规另有规定的，适用其规定。 第一百一十二条第一款第十项、第十一项　违反本法规定，有下列行为之一，由生态环境主管部门责令改正，处以罚款，没收违法所得；情节严重的，报经有批准权的人民政府批准，可以责令停业或者关闭： （十）未采取相应防范措施，造成危险废物扬散、流失、渗漏或者其他环境污染的； （十一）在运输过程中沿途丢弃、遗撒危险废物的； 第二款　有前款第一项、第二项、第五项、第六项、第七项、第八项、第九项、第十二项、第十三项行为之一，处十万元以上一百万元以下的罚款；有前款第三项、第四项、第十项、第十一项行为之一，处所需处置费用三倍以上五倍以下的罚款，所需处置费用不足二十万元的，按二十万元计算。

续表

序号	违法行为	法律依据
4	在湿地自然保护地内采矿，倾倒有毒有害物质、废弃物、垃圾	《水污染防治法》 第三十八条　禁止在江河、湖泊、运河、渠道、水库最高水位线以下的滩地和岸坡堆放、存贮固体废弃物和其他污染物。 第八十五条第一款第四项　有下列行为之一的，由县级以上地方人民政府环境保护主管部门责令停止违法行为，限期采取治理措施，消除污染，处以罚款；逾期不采取治理措施的，环境保护主管部门可以指定有治理能力的单位代为治理，所需费用由违法者承担： （四）向水体排放、倾倒工业废渣、城镇垃圾或者其他废弃物，或者在江河、湖泊、运河、渠道、水库最高水位线以下的滩地、岸坡堆放、存贮固体废弃物或者其他污染物的； 第二款　有前款第三项、第四项、第六项、第七项、第八项行为之一的，处二万元以上二十万元以下的罚款。有前款第一项、第二项、第五项、第九项行为之一的，处十万元以上一百万元以下的罚款；情节严重的，报经有批准权的人民政府批准，责令停业、关闭。 《自然保护区条例》 第二十六条　禁止在自然保护区内进行砍伐、放牧、狩猎、捕捞、采药、开垦、烧荒、开矿、采石、挖沙等活动；但是，法律、行政法规另有规定的除外。 第三十五条　违反本条例规定，在自然保护区进行砍伐、放牧、狩猎、捕捞、采药、开垦、烧荒、开矿、采石、挖沙等活动的单位和个人，除可以依照有关法律、行政法规规定给予处罚的以外，由县级以上人民政府有关自然保护区行政主管部门或者其授权的自然保护区管理机构没收违法所得，责令停止违法行为，限期恢复原状或者采取其他补救措施；对自然保护区造成破坏的，可以处以 300 元以上 1 万元以下的罚款。 《湿地保护管理规定》 第十一条　县级以上人民政府林业主管部门可以采取湿地自然保护区、湿地公园、湿地保护小区等方式保护湿地，健全湿地保护管理机构和管理制度，完善湿地保护体系，加强湿地保护。 第十九条　具备自然保护区建立条件的湿地，应当依法建立自然保护区。 自然保护区的建立和管理按照自然保护区管理的有关规定执行。 第二十九条　除法律法规有特别规定的以外，在湿地内禁止从事下列活动：

续表

序号	违法行为	法律依据
4	在湿地自然保护地内采矿，倾倒有毒有害物质、废弃物、垃圾	（一）开（围）垦、填埋或者排干湿地； （二）永久性截断湿地水源； （三）挖沙、采矿； （四）倾倒有毒有害物质、废弃物、垃圾； （五）破坏野生动物栖息地和迁徙通道、鱼类洄游通道，滥采滥捕野生动植物； （六）引进外来物种； （七）擅自放牧、捕捞、取土、取水、排污、放生； （八）其他破坏湿地及其生态功能的活动。 第三十四条　县级以上人民政府林业主管部门应当会同同级人民政府有关部门开展湿地保护执法活动，对破坏湿地的违法行为依法予以处理
5	在国家级自然公园内排放不符合水污染物排放标准的工业废水、生活污水及其他的废水、污水，倾倒、堆放、丢弃、遗撒固体废物等污染生态环境的行为的行政处罚	《水污染防治法》 第十条　排放水污染物，不得超过国家或者地方规定的水污染物排放标准和重点水污染物排放总量控制指标。 第二十一条第二款　禁止企业事业单位和其他生产经营者无排污许可证或者违反排污许可证的规定向水体排放前款规定的废水、污水。 第三十九条　禁止利用渗井、渗坑、裂隙、溶洞，私设暗管，篡改、伪造监测数据，或者不正常运行水污染防治设施等逃避监管的方式排放水污染物。 第八十三条第一项、第二项、第三项　违反本法规定，有下列行为之一的，由县级以上人民政府环境保护主管部门责令改正或者责令限制生产、停产整治，并处十万元以上一百万元以下的罚款；情节严重的，报经有批准权的人民政府批准，责令停业、关闭： （一）未依法取得排污许可证排放水污染物的； （二）超过水污染物排放标准或者超过重点水污染物排放总量控制指标排放水污染物的； （三）利用渗井、渗坑、裂隙、溶洞，私设暗管，篡改、伪造监测数据，或者不正常运行水污染防治设施等逃避监管的方式排放水污染物的； 《大气污染防治法》 第十八条　企业事业单位和其他生产经营者建设对大气环境有影响的项目，应当依法进行环境影响评价、公开环境影响评价文件；向大气排放污染物的，应当符合大气污染物排放标准，遵守重点大气污染物排放总量控制要求。

续表

序号	违法行为	法律依据
5	在国家级自然公园内排放不符合水污染物排放标准的工业废水、生活污水及其他的废水、污水，倾倒、堆放、丢弃、遗撒固体废物等污染生态环境的行为的行政处罚	第十九条　排放工业废气或者本法第七十八条规定名录中所列有毒有害大气污染物的企业事业单位、集中供热设施的燃煤热源生产运营单位以及其他依法实行排污许可管理的单位，应当取得排污许可证。排污许可的具体办法和实施步骤由国务院规定。 第二十条第二款　禁止通过偷排、篡改或者伪造监测数据、以逃避现场检查为目的的临时停产、非紧急情况下开启应急排放通道、不正常运行大气污染防治设施等逃避监管的方式排放大气污染物。 第九十九条　违反本法规定，有下列行为之一的，由县级以上人民政府生态环境主管部门责令改正或者限制生产、停产整治，并处十万元以上一百万元以下的罚款；情节严重的，报经有批准权的人民政府批准，责令停业、关闭： （一）未依法取得排污许可证排放大气污染物的； （二）超过大气污染物排放标准或者超过重点大气污染物排放总量控制指标排放大气污染物的； （三）通过逃避监管的方式排放大气污染物的。 《固体废物污染环境防治法》 第二十条　产生、收集、贮存、运输、利用、处置固体废物的单位和其他生产经营者，应当采取防扬散、防流失、防渗漏或者其他防止污染环境的措施，不得擅自倾倒、堆放、丢弃、遗撒固体废物。 禁止任何单位或者个人向江河、湖泊、运河、渠道、水库及其最高水位线以下的滩地和岸坡以及法律法规规定的其他地点倾倒、堆放、贮存固体废物。 第二十一条　在生态保护红线区域、永久基本农田集中区域和其他需要特别保护的区域内，禁止建设工业固体废物、危险废物集中贮存、利用、处置的设施、场所和生活垃圾填埋场。 第一百零二条第一款第四项、第七项　违反本法规定，有下列行为之一，由生态环境主管部门责令改正，处以罚款，没收违法所得；情节严重的，报经有批准权的人民政府批准，可以责令停业或者关闭： （四）在生态保护红线区域、永久基本农田集中区域和其他需要特别保护的区域内，建设工业固体废物、危险废物集中贮存、利用、处置的设施、场所和生活垃圾填埋场的； （七）擅自倾倒、堆放、丢弃、遗撒工业固体废物，或者未采取相应防范措施，造成工业固体废物扬散、流失、渗漏或者其他环境污染的；

续表

序号	违法行为	法律依据
5	在国家级自然公园内排放不符合水污染物排放标准的工业废水、生活污水及其他的废水、污水，倾倒、堆放、丢弃、遗撒固体废物等污染生态环境的行为的行政处罚	第二款　有前款第一项、第八项行为之一，处五万元以上二十万元以下的罚款；有前款第二项、第三项、第四项、第五项、第六项、第九项、第十项、第十一项行为之一，处十万元以上一百万元以下的罚款；有前款第七项行为，处所需处置费用一倍以上三倍以下的罚款，所需处置费用不足十万元的，按十万元计算。对前款第十一项行为的处罚，有关法律、行政法规另有规定的，适用其规定。 《国家级自然公园管理办法（试行）》 第十八条第二款　禁止擅自在国家级自然公园内从事采矿、房地产、开发区、高尔夫球场、风力光伏电场等不符合管控要求的开发活动。禁止违规侵占国家级自然公园，排放不符合水污染物排放标准的工业废水、生活污水及其他的废水、污水，倾倒、堆放、丢弃、遗撒固体废物等污染生态环境的行为
6	在水产苗种繁殖、栖息地从事采矿、排放污水等破坏水域生态环境	《水污染防治法》 第三十三条　禁止向水体排放油类、酸液、碱液或者剧毒废液。 禁止在水体清洗装贮过油类或者有毒污染物的车辆和容器。 第三十四条　禁止向水体排放、倾倒放射性固体废物或者含有高放射性和中放射性物质的废水。 向水体排放含低放射性物质的废水，应当符合国家有关放射性污染防治的规定和标准。 第三十六条　含病原体的污水应当经过消毒处理；符合国家有关标准后，方可排放。 第三十七条　禁止向水体排放、倾倒工业废渣、城镇垃圾和其他废弃物。 禁止将含有汞、镉、砷、铬、铅、氰化物、黄磷等的可溶性剧毒废渣向水体排放、倾倒或者直接埋入地下。 存放可溶性剧毒废渣的场所，应当采取防水、防渗漏、防流失的措施。 第三十八条　禁止在江河、湖泊、运河、渠道、水库最高水位线以下的滩地和岸坡堆放、存贮固体废弃物和其他污染物。 第四十条　化学品生产企业以及工业集聚区、矿山开采区、尾矿库、危险废物处置场、垃圾填埋场等的运营、管理单位，应当采取防渗漏等措施，并建设地下水水质监测井进行监测，防止地下水污染。 加油站等的地下油罐应当使用双层罐或者采取建造防渗池等其他有效措施，并进行防渗漏监测，防止地下水污染。

续表

序号	. 违法行为	法律依据
6	在水产苗种繁殖、栖息地从事采矿、排放污水等破坏水域生态环境	禁止利用无防渗漏措施的沟渠、坑塘等输送或者存贮含有毒污染物的废水、含病原体的污水和其他废弃物。 第八十五条　有下列行为之一的，由县级以上地方人民政府环境保护主管部门责令停止违法行为，限期采取治理措施，消除污染，处以罚款；逾期不采取治理措施的，环境保护主管部门可以指定有治理能力的单位代为治理，所需费用由违法者承担： （一）向水体排放油类、酸液、碱液的； （二）向水体排放剧毒废液，或者将含有汞、镉、砷、铬、铅、氰化物、黄磷等的可溶性剧毒废渣向水体排放、倾倒或者直接埋入地下的； （三）在水体清洗装贮过油类、有毒污染物的车辆或者容器的； （四）向水体排放、倾倒工业废渣、城镇垃圾或者其他废弃物，或者在江河、湖泊、运河、渠道、水库最高水位线以下的滩地、岸坡堆放、存贮固体废弃物或者其他污染物的； （五）向水体排放、倾倒放射性固体废物或者含有高放射性、中放射性物质的废水的； （六）违反国家有关规定或者标准，向水体排放含低放射性物质的废水、热废水或者含病原体的污水的； （七）未采取防渗漏等措施，或者未建设地下水水质监测井进行监测的； （八）加油站等的地下油罐未使用双层罐或者采取建造防渗池等其他有效措施，或者未进行防渗漏监测的； （九）未按照规定采取防护性措施，或者利用无防渗漏措施的沟渠、坑塘等输送或者存贮含有毒污染物的废水、含病原体的污水或者其他废弃物的。 有前款第三项、第四项、第六项、第七项、第八项行为之一的，处二万元以上二十万元以下的罚款。有前款第一项、第二项、第五项、第九项行为之一的，处十万元以上一百万元以下的罚款；情节严重的，报经有批准权的人民政府批准，责令停业、关闭。 《海洋环境保护法》 第二款　需要直接向海洋排放工业废水、医疗污水的海岸工程和海洋工程单位，城镇污水集中处理设施的运营单位及其他企业事业单位和生产经营者，应当依法取得排污许可证。排污许可的管理按照国务院有关规定执行。 第三款　实行排污许可管理的企业事业单位和其他生产经营者应当执行排污许可证关于排放污染物的种类、浓度、排放量、排放方式、排放去向和自行监测等要求。

续表

序号	违法行为	法律依据
6	在水产苗种繁殖、栖息地从事采矿、排放污水等破坏水域生态环境	第四款　禁止通过私设暗管或者篡改、伪造监测数据，以及不正常运行污染防治设施等逃避监管的方式向海洋排放污染物。 第四十六条　向海域排放陆源污染物，应当严格执行国家或者地方规定的标准和有关规定。 第五十一条第一款　禁止向海域排放油类、酸液、碱液、剧毒废液。 第二款　禁止向海域排放污染海洋环境、破坏海洋生态的放射性废水。 第七十九条第一款　在中华人民共和国管辖海域，任何船舶及相关作业不得违法向海洋排放船舶垃圾、生活污水、含油污水、含有毒有害物质污水、废气等污染物，废弃物，压载水和沉积物及其他有害物质。 第二款　船舶应当按照国家有关规定采取有效措施，对压载水和沉积物进行处理处置，严格防控引入外来有害生物。 第九十三条　违反本法规定，有下列行为之一，由依照本法规定行使海洋环境监督管理权的部门或者机构责令改正或者责令采取限制生产、停产整治等措施，并处以罚款；情节严重的，报经有批准权的人民政府批准，责令停业、关闭： （一）向海域排放本法禁止排放的污染物或者其他物质的； （二）未依法取得排污许可证排放污染物的； （三）超过标准、总量控制指标排放污染物的； （四）通过私设暗管或者篡改、伪造监测数据，或者不正常运行污染防治设施等逃避监管的方式违法向海洋排放污染物的； （五）违反本法有关船舶压载水和沉积物排放和管理规定的； （六）其他未依照本法规定向海洋排放污染物、废弃物的。 有前款第一项、第二项行为之一的，处二十万元以上一百万元以下的罚款；有前款第三项行为的，处十万元以上一百万元以下的罚款；有前款第四项行为的，处十万元以上一百万元以下的罚款，情节严重的，吊销排污许可证；有前款第五项、第六项行为之一的，处一万元以上二十万元以下的罚款。个人擅自在岸滩弃置、堆放和处理生活垃圾的，按次处一百元以上一千元以下的罚款。 《水产苗种管理办法》 第十九条　禁止在水产苗种繁殖、栖息地从事采矿、挖沙、爆破、排放污水等破坏水域生态环境的活动。对水域环境造成污染的，依照《中华人民共和国水污染防治法》和《中华人民共和国海洋环境保护法》的有关规定处理。 在水生动物苗种主产区引水时，应当采取措施，保护苗种

续表

序号	违法行为	法律依据
7	在自然保护区内建设污染环境、破坏景观的海岸工程建设项目等行为	《自然保护区条例》 第三十二条 在自然保护区的核心区和缓冲区内，不得建设任何生产设施。在自然保护区的实验区内，不得建设污染环境、破坏资源或者景观的生产设施；建设其他项目，其污染物排放不得超过国家和地方规定的污染物排放标准。在自然保护区的实验区内已经建成的设施，其污染物排放超过国家和地方规定的排放标准的，应当限期治理；造成损害的，必须采取补救措施。 在自然保护区的外围保护地带建设的项目，不得损害自然保护区内的环境质量；已造成损害的，应当限期治理。 限期治理决定由法律、法规规定的机关作出，被限期治理的企业事业单位必须按期完成治理任务。 第三十五条 违反本条例规定，在自然保护区进行砍伐、放牧、狩猎、捕捞、采药、开垦、烧荒、开矿、采石、挖沙等活动的单位和个人，除可以依照有关法律、行政法规规定给予处罚的以外，由县级以上人民政府有关自然保护区行政主管部门或者其授权的自然保护区管理机构没收违法所得，责令停止违法行为，限期恢复原状或者采取其他补救措施；对自然保护区造成破坏的，可以处以300元以上1万元以下的罚款。 《近岸海域环境功能区管理办法》 第十条 在一类、二类近岸海域环境功能区内，禁止兴建污染环境、破坏景观的海岸工程建设项目。 第十一条 禁止破坏红树林和珊瑚礁。 在红树林自然保护区和珊瑚礁自然保护区开展活动，应严格执行《中华人民共和国自然保护区条例》，禁止危害保护区环境的项目建设和其他经济开发活动。 禁止在红树林自然保护区和珊瑚礁自然保护区内设置新的排污口。本办法发布前已经设置的排污口，由县级以上地方人民政府环境保护行政主管部门依照《海洋环境保护法》第七十七条规定责令其关闭，并处二万元以上十万元以下的罚款。 第十八条 违反本办法规定的，由环境保护行政主管部门依照有关法律、法规的规定进行处罚。 《海洋环境保护法》 第四十七条第一款 入海排污口位置的选择，应当符合国土空间用途管制要求，根据海水动力条件和有关规定，经科学论证后，报设区的市级以上人民政府生态环境主管部门备案。排污口的责任主体应当加强排污口监测，按照规定开展监控和自动监测。 第四十八条 禁止在自然保护地、重要渔业水域、海水浴场、生态保护红线区域及其他需要特别保护的区域，新设工业排污口和城镇污水处理厂排污口；法律、行政法规另有规定的除外。

续表

序号	违法行为	法律依据
7	在自然保护区内建设污染环境、破坏景观的海岸工程建设项目等行为	在有条件的地区，应当将排污口深水设置，实行离岸排放。 第九十九条　违反本法规定设置入海排污口的，由生态环境主管部门责令关闭或者拆除，处二万元以上十万元以下的罚款；拒不关闭或者拆除的，强制关闭、拆除，所需费用由违法者承担，处十万元以上五十万元以下的罚款；情节严重的，可以责令停产整治。 违反本法规定，设置入海排污口未备案的，由生态环境主管部门责令改正，处二万元以上十万元以下的罚款。 违反本法规定，入海排污口的责任主体未按照规定开展监控、自动监测的，由生态环境主管部门责令改正，处二万元以上十万元以下的罚款；拒不改正的，可以责令停产整治。 自然资源、渔业等部门和海事管理机构、海警机构、军队生态环境保护部门发现前三款违法行为之一的，应当通报生态环境主管部门。
8	产生尾矿的企业拒绝检查等行为	《固体废物污染环境防治法》 第二十条第一款　产生、收集、贮存、运输、利用、处置固体废物的单位和其他生产经营者，应当采取防扬散、防流失、防渗漏或者其他防止污染环境的措施，不得擅自倾倒、堆放、丢弃、遗撒固体废物。 第二十一条　在生态保护红线区域、永久基本农田集中区域和其他需要特别保护的区域内，禁止建设工业固体废物、危险废物集中贮存、利用、处置的设施、场所和生活垃圾填埋场。 第二十六条　生态环境主管部门及其环境执法机构和其他负有固体废物污染环境防治监督管理职责的部门，在各自职责范围内有权对从事产生、收集、贮存、运输、利用、处置固体废物等活动的单位和其他生产经营者进行现场检查。被检查者应当如实反映情况，并提供必要的资料。 实施现场检查，可以采取现场监测、采集样品、查阅或者复制与固体废物污染环境防治相关的资料等措施。检查人员进行现场检查，应当出示证件。对现场检查中知悉的商业秘密应当保密。 第四十条第一款　产生工业固体废物的单位应当根据经济、技术条件对工业固体废物加以利用；对暂时不利用或者不能利用的，应当按照国务院生态环境等主管部门的规定建设贮存设施、场所，安全分类存放，或者采取无害化处置措施。贮存工业固体废物应当采取符合国家环境保护标准的防护措施。

续表

序号	违法行为	法律依据
8	产生尾矿的企业拒绝检查等行为	第一百零二条第一款第四项、第七项、第十项　违反本法规定，有下列行为之一，由生态环境主管部门责令改正，处以罚款，没收违法所得；情节严重的，报经有批准权的人民政府批准，可以责令停业或者关闭： （四）在生态保护红线区域、永久基本农田集中区域和其他需要特别保护的区域内，建设工业固体废物、危险废物集中贮存、利用、处置的设施、场所和生活垃圾填埋场的； （七）擅自倾倒、堆放、丢弃、遗撒工业固体废物，或者未采取相应防范措施，造成工业固体废物扬散、流失、渗漏或者其他环境污染的； （十）贮存工业固体废物未采取符合国家环境保护标准的防护措施的； 第二款　有前款第一项、第八项行为之一，处五万元以上二十万元以下的罚款；有前款第二项、第三项、第四项、第五项、第六项、第九项、第十项、第十一项行为之一，处十万元以上一百万元以下的罚款；有前款第七项行为，处所需处置费用一倍以上三倍以下的罚款，所需处置费用不足十万元的，按十万元计算。对前款第十一项行为的处罚，有关法律、行政法规另有规定的，适用其规定。 第一百零三条　违反本法规定，以拖延、围堵、滞留执法人员等方式拒绝、阻挠监督检查，或者在接受监督检查时弄虚作假的，由生态环境主管部门或者其他负有固体废物污染环境防治监督管理职责的部门责令改正，处五万元以上二十万元以下的罚款；对直接负责的主管人员和其他直接责任人员，处二万元以上十万元以下的罚款。
9	在生态保护红线区域内，建设工业固体废物、危险废物集中贮存、利用、处置的设施、场所和生活垃圾填埋场	《固体废物污染环境防治法》 第二十一条　在生态保护红线区域、永久基本农田集中区域和其他需要特别保护的区域内，禁止建设工业固体废物、危险废物集中贮存、利用、处置的设施、场所和生活垃圾填埋场。 第一百零二条第一款第四项　违反本法规定，有下列行为之一，由生态环境主管部门责令改正，处以罚款，没收违法所得；情节严重的，报经有批准权的人民政府批准，可以责令停业或者关闭： （四）在生态保护红线区域、永久基本农田集中区域和其他需要特别保护的区域内，建设工业固体废物、危险废物集中贮存、利用、处置的设施、场所和生活垃圾填埋场的； 第二款　有前款第一项、第八项行为之一，处五万元以上二十万元以下的罚款；有前款第二项、第三项、第四项、第五项、第六项、第九项、第十项、第十一项行为之一，处十万元以上一百万元以下的罚款；有前款第七项行为，处所需处置费用一倍以上三倍以下的罚款，所需处置费用不足十万元的，按十万元计算。对前款第十一项行为的处罚，有关法律、行政法规另有规定的，适用其规定

续表

序号	违法行为	法律依据
10	施工单位在施工过程中，对野生动物资源造成破坏	《野生动物保护法》 第十三条第二款　禁止在自然保护地建设法律法规规定不得建设的项目。机场、铁路、公路、航道、水利水电、风电、光伏发电、围堰、围填海等建设项目的选址选线，应当避让自然保护地以及其他野生动物重要栖息地、迁徙洄游通道；确实无法避让的，应当采取修建野生动物通道、过鱼设施等措施，消除或者减少对野生动物的不利影响。 第四十六条　违反本法第十二条第三款、第十三条第二款规定的，依照有关法律法规的规定处罚。 《风景名胜区条例》 第三十条　风景名胜区内的建设项目应当符合风景名胜区规划，并与景观相协调，不得破坏景观、污染环境、妨碍游览。 在风景名胜区内进行建设活动的，建设单位、施工单位应当制定污染防治和水土保持方案，并采取有效措施，保护好周围景物、水体、林草植被、野生动物资源和地形地貌。 第四十六条　违反本条例的规定，施工单位在施工过程中，对周围景物、水体、林草植被、野生动物资源和地形地貌造成破坏的，由风景名胜区管理机构责令停止违法行为、限期恢复原状或者采取其他补救措施，并处 2 万元以上 10 万元以下的罚款；逾期未恢复原状或者采取有效措施的，由风景名胜区管理机构责令停止施工
11	在饮用水水源保护区内使用农药等行为	《水污染防治法》 第七十三条　国务院和省、自治区、直辖市人民政府根据水环境保护的需要，可以规定在饮用水水源保护区内，采取禁止或者限制使用含磷洗涤剂、化肥、农药以及限制种植养殖等措施。 《农药管理条例》 第三十五条　农药使用者应当保护环境，保护有益生物和珍稀物种，不得在饮用水水源保护区、河道内丢弃农药、农药包装物或者清洗施药器械。 严禁在饮用水水源保护区内使用农药，严禁使用农药毒鱼、虾、鸟、兽等。 第六十条第一款第四项、第六项　农药使用者有下列行为之一的，由县级人民政府农业主管部门责令改正，农药使用者为农产品生产企业、食品和食用农产品仓储企业、专业化病虫害防治服务组织和从事农产品生产的农民专业合作社等单位的，处 5 万元以上 10 万元以下罚款，农药使用者为个人的，处 1 万元以下罚款；构成犯罪的，依法追究刑事责任： （四）在饮用水水源保护区内使用农药； （六）在饮用水水源保护区、河道内丢弃农药、农药包装物或者清洗施药器械

续表

序号	违法行为	法律依据
12	违法采挖、破坏珊瑚礁，砍伐海岛周边海域红树林等造成海洋生态系统破坏的行为	《海洋环境保护法》 第三十三条第二款　国务院和沿海地方各级人民政府应当采取有效措施，重点保护红树林、珊瑚礁、海藻场、海草床、滨海湿地、海岛、海湾、入海河口、重要渔业水域等具有典型性、代表性的海洋生态系统，珍稀濒危海洋生物的天然集中分布区，具有重要经济价值的海洋生物生存区域及有重大科学文化价值的海洋自然遗迹和自然景观。 第九十六条　违反本法规定，造成珊瑚礁等海洋生态系统或者自然保护地破坏的，由依照本法规定行使海洋环境监督管理权的部门或者机构责令改正、采取补救措施，处每平方米一千元以上一万元以下的罚款。
		《海岛保护法》 第十六条第二款　禁止改变自然保护区内海岛的海岸线。禁止采挖、破坏珊瑚和珊瑚礁。禁止砍伐海岛周边海域的红树林。 第四十六条　违反本法规定，采挖、破坏珊瑚、珊瑚礁，或者砍伐海岛周边海域红树林的，依照《中华人民共和国海洋环境保护法》的规定处罚。 《近岸海域环境功能区管理办法》 第十一条第一款　禁止破坏红树林和珊瑚礁。 第二款　在红树林自然保护区和珊瑚礁自然保护区开展活动，应严格执行《中华人民共和国自然保护区条例》，禁止危害保护区环境的项目建设和其他经济开发活动。 第十八条　违反本办法规定的，由环境保护行政主管部门依照有关法律、法规的规定进行处罚

第二节　海洋生态环境保护执法

一、海洋环境保护检查重点内容

（一）海洋环境保护的一般问题检查重点

（1）从事影响海洋环境活动的任何单位和个人，是否采取有效措施，防止、减轻海洋环境污染、生态破坏。排污者是否依法公开排污信息。

（2）是否存在违反生态环境准入清单进行生产建设活动的行为。

（3）需要直接向海洋排放工业废水、医疗污水的海岸工程和海洋工程单位，城镇污水集中处理设施的运营单位及其他企业事业单位和生产经营者，是否依法取得排污许可证。

（4）实行排污许可管理的企业事业单位和其他生产经营者是否执行排污许可证关于排放污染物的种类、浓度、排放量、排放方式、排放去向和自行监测等要求。

（5）是否通过私设暗管或者篡改、伪造监测数据，以及不正常运行污染防治设施等逃避监管的方式向海洋排放污染物。

（6）向海洋倾倒废弃物，是否按照国家有关规定缴纳倾倒费。

（7）因发生事故或者其他突发性事件，造成或者可能造成海洋环境污染、生态破坏事件的单位和个人，是否立即采取有效措施解除或者减轻危害，及时向可能受到危害者通报，并向依照本法规定行使海洋环境监督管理权的部门和机构报告，接受调查处理。

（8）可能发生海洋突发环境事件的单位，是否按照有关规定，制定本单位的应急预案，配备应急设备和器材，定期组织开展应急演练；应急预案是否向依照本法规定行使海洋环境监督管理权的部门和机构备案。被检查者是否如实反映情况，提供必要的资料。

（9）是否存在造成或者可能造成严重海洋环境污染、生态破坏的行为，或者是否存在有关证据可能灭失或者被隐匿的情况。

（10）是否存在造成珊瑚礁等海洋生态系统或者自然保护地破坏的行为。

（11）开发利用海洋和海岸带资源，是否对重要海洋生态系统、生物物种、生物遗传资源实施有效保护，维护海洋生物多样性。

（12）引进海洋动植物物种，是否进行科学论证，避免对海洋生态系统造成危害。

（13）开发海岛及周围海域的资源，是否采取严格的生态保护措施，是否造成海岛地形、岸滩、植被和海岛周围海域生态环境的损害。

（14）是否违法占用、损害自然岸线。

（15）企业事业单位和其他生产经营者是否采取必要应对措施，防止海洋生态灾害扩大。

（16）从事海水养殖活动是否保护海域环境，科学确定养殖规模和养殖密度，合理投饵、投肥，正确使用药物，及时规范收集处理固体废物，防止造成海洋生态环境的损害。

（17）是否在氮磷浓度严重超标的近岸海域新增或者扩大投饵、投肥海水养殖规模。

（18）向海洋排放养殖尾水污染物等是否符合污染物排放标准。

（19）工厂化养殖和设置统一排污口的集中连片养殖的排污单位，是否按照有关规定对养殖尾水自行监测。

（二）海岛环境保护的检查重点

（1）有居民海岛的新建、改建、扩建建设项目，是否符合海岛主要污染物排放的要求；

（2）无居民海岛利用过程中产生的废水，是否按照规定进行处理和排放；

（3）无居民海岛利用过程中产生的固体废物，是否按照规定进行无害化处理、处置；是否在无居民海岛弃置或者向其周边海域倾倒。

（三）陆源污染物污染防治的检查重点

（1）向海域排放陆源污染物，是否严格执行国家或者地方规定的标准和有关规定。

（2）入海排污口位置的选择，是否符合国土空间用途管制要求，根据海水动力条件和有关规定，经科学论证后，报设区的市级以上人民政府生态环境主管部门备案。排污口的责任主体是否加强排污口监测，按照规定开展监控和自动监测。

（3）是否在自然保护地、重要渔业水域、海水浴场、生态保护红线区域及其他需要特别保护的区域，新设工业排污口和城镇污水处理厂排污口；法律、行政法规另有规定的除外。

（4）在有条件的地区，是否将排污口深水设置，实行离岸排放。

（5）是否向海域排放油类、酸液、碱液、剧毒废液。

（6）是否向海域排放污染海洋环境、破坏海洋生态的放射性废水。

（7）是否向海域排放含有不易降解的有机物和重金属的废水。

（8）含病原体的医疗污水、生活污水和工业废水是否经过处理，符合国家和地方有关排放标准后，方排入海域。

（9）含有机物和营养物质的工业废水、生活污水，是否向海湾、半封闭海及其他自净能力较差的海域排放。

（10）向海域排放含热废水，是否采取有效措施，保证邻近自然保护地、渔业水域的水温符合国家和地方海洋环境质量标准，避免热污染对珍稀濒危海洋生物、海洋水产资源造成危害。

（11）是否在岸滩弃置、堆放和处理固体废物；法律、行政法规另有规定的除外。

（12）经中华人民共和国管辖的其他海域转移危险废物的，是否事先取得国务院生态环境主管部门的书面同意。

（四）工程建设项目污染防治的检查重点

（1）新建、改建、扩建工程建设项目，是否遵守国家有关建设项目环境保护管理的规定，并把污染防治和生态保护所需资金纳入建设项目投资计划。

（2）是否在依法划定的自然保护地、重要渔业水域及其他需要特别保护的区域，违法建设污染环境、破坏生态的工程建设项目或者从事其他活动。

（3）工程建设项目是否按照国家有关建设项目环境影响评价的规定进行环境影响评价。未依法进行并通过环境影响评价的建设项目，是否擅自开工建设。

（4）环境保护设施是否与主体工程同时设计、同时施工、同时投产使用。环境保护设施是否符合经批准的环境影响评价报告书（表）的要求。建设单位是否依照有关法律法规的规定，对环境保护设施进行验收，编制验收报告，并向社会公开。环境保护设施未经验收或者经验收不合格的，建设项目是否投入生产或者使用。

（5）新建、改建、扩建工程建设项目，是否采取有效措施，保护国家和地方重点保护的野生动植物及其生存环境，保护海洋水产资源，避免或者减轻对海洋生物的影响。

（6）是否在严格保护岸线范围内开采海砂。依法在其他区域开发利用海砂资源，是否采取严格措施，保护海洋环境。载运海砂资源是否持有合法来源证明。

（7）从岸上打井开采海底矿产资源，是否采取有效措施，防止污染海洋环境。

（8）工程建设项目是否使用含超标准放射性物质或者易溶出有毒有害物

质的材料；是否造成领海基点及其周围环境的侵蚀、淤积和损害，是否危及领海基点的稳定。

关于加强海水养殖生态环境监管的意见

（9）工程建设项目需要爆破作业时，是否采取有效措施，保护海洋环境。

（10）海洋石油勘探开发及输油过程中，是否采取有效措施，避免溢油事故的发生。

（11）工程建设项目是否违法向海洋排放污染物、废弃物及其他有害物质。

（12）海洋油气钻井平台（船）、生产生活平台、生产储卸装置等海洋油气装备的含油污水和油性混合物，是否经过处理达标后排放；残油、废油是否予以回收，是否排放入海。

（13）钻井所使用的油基泥浆和其他有毒复合泥浆是否排放入海。水基泥浆和无毒复合泥浆及钻屑的排放，是否符合国家有关规定。

（14）海洋油气钻井平台（船）、生产生活平台、生产储卸装置等海洋油气装备及其有关海上设施，是否向海域处置含油的工业固体废物。处置其他固体废物，是否造成海洋环境污染。

（15）海上试油时，是否确保油气充分燃烧，油和油性混合物是否排放入海。

（16）勘探开发海洋油气资源，是否按照有关规定编制油气污染应急预案，报国务院生态环境主管部门海域派出机构备案。

（五）废弃物倾倒污染防治的检查要点

（1）向中华人民共和国管辖海域倾倒任何废弃物的，是否取得倾倒许可证。

（2）第七十二条　国务院生态环境主管部门根据废弃物的毒性、有毒物质含量和对海洋环境影响程度，制定海洋倾倒废弃物评价程序和标准。

（3）可以向海洋倾倒的废弃物名录，由国务院生态环境主管部门制定。

（4）获准和实施倾倒废弃物的单位，是否按照许可证注明的期限及条件，到指定的区域进行倾倒。倾倒作业船舶等载运工具是否安装使用符合要求的海洋倾倒在线监控设备，并与国务院生态环境主管部门监管系统联网。

（5）获准和实施倾倒废弃物的单位，是否按照规定向颁发许可证的国务院生态环境主管部门海域派出机构报告倾倒情况。

（6）是否在海上焚烧废弃物。

（7）是否在海上处置污染海洋环境、破坏海洋生态的放射性废物或者其他放射性物质。

（8）获准倾倒废弃物的单位委托实施废弃物海洋倾倒作业的，是否对受托单位的主体资格、技术能力和信用状况进行核实，是否依法签订书面合同，是否在合同中约定污染防治与生态保护要求，并监督实施。

（9）受托单位实施废弃物海洋倾倒作业，是否依照有关法律法规的规定和合同约定，履行污染防治和生态保护要求。

（六）船舶及有关作业活动污染防治的检查重点

（1）在中华人民共和国管辖海域，是否有船舶及相关作业不得违法向海洋排放船舶垃圾、生活污水、含油污水、含有毒有害物质污水、废气等污染物，废弃物，压载水和沉积物及其他有害物质；

（2）船舶是否按照国家有关规定采取有效措施，对压载水和沉积物进行处理处置，严格防控引入外来有害生物。

（3）从事船舶污染物、废弃物接收和船舶清舱、洗舱作业活动的，是否具备相应的接收处理能力。

（4）船舶是否配备相应的防污设备和器材。

（5）船舶的结构、配备的防污设备和器材是否符合国家防治船舶污染海洋环境的有关规定，并经检验合格。

（6）船舶是否取得并持有防治海洋环境污染的证书与文书，在进行涉及船舶污染物、压载水和沉积物排放及操作时，应当按照有关规定监测、监控，如实记录并保存。

（7）载运具有污染危害性货物进出港口的船舶，其承运人、货物所有人或者代理人，是否事先向海事管理机构申报。进出港口或者装卸作业是否经批准。

（8）交付船舶载运污染危害性货物的，托运人是否将货物的正式名称、污染危害性以及应当采取的防护措施如实告知承运人。污染危害性货物的单证、包装、标志、数量限制等，是否符合对所交付货物的有关规定。

（9）需要船舶载运污染危害性不明的货物，是否按照有关规定事先进行评估。

（10）装卸油类及有毒有害货物的作业，船岸双方是否遵守安全防污操作规程。

（11）港口、码头、装卸站和船舶修造拆解单位是否按照有关规定配备足够的用于处理船舶污染物、废弃物的接收设施，使该设施处于良好状态并有效运行。

（12）装卸油类等污染危害性货物的港口、码头、装卸站和船舶是否编制污染应急预案，并配备相应的污染应急设备和器材。

（13）船舶修造单位或者船舶所有人、经营人或者管理人是否在船上备有有害材料清单，在船舶建造、营运和维修过程中持续更新，并在船舶拆解前提供给从事船舶拆解的单位。

（14）从事船舶拆解的单位，是否采取有效的污染防治措施，在船舶拆解前将船舶污染物减至最小量，对拆解产生的船舶污染物、废弃物和其他有害物质进行安全与环境无害化处置。拆解的船舶部件是否进入水体。

（15）是否采取冲滩方式进行船舶拆解作业。

（16）船舶是否按照国家有关规定采取有效措施提高能效水平。具备岸电使用条件的船舶靠港是否按照国家有关规定使用岸电，但是使用清洁能源的除外。具备岸电供应能力的港口经营人、岸电供电企业是否按照国家有关规定为具备岸电使用条件的船舶提供岸电。

（17）船舶及有关作业活动是否遵守有关法律法规和标准，采取有效措施，防止造成海洋环境污染。

（18）船舶进行散装液体污染危害性货物的过驳作业，是否编制作业方案，采取有效的安全和污染防治措施，并事先按照有关规定报经批准。

（19）进入控制区的船舶是否符合船舶污染物排放相关控制要求。

二、海洋环境保护环境执法难点解析

（一）海洋环境保护监督管理工作是如何分工的?

国务院生态环境主管部门负责全国海洋环境的监督管理，负责全国防治陆源污染物、海岸工程和海洋工程建设项目、海洋倾倒废弃物对海洋环境污染损害的环境保护工作，指导、协调和监督全国海洋生态保护修复工作。

国务院自然资源主管部门负责海洋保护和开发利用的监督管理，负责全国海洋生态、海域海岸线和海岛的修复工作。

国务院交通运输主管部门负责所辖港区水域内非军事船舶和港区水域外

非渔业、非军事船舶污染海洋环境的监督管理，组织、协调、指挥重大海上溢油应急处置。海事管理机构具体负责上述水域内相关船舶污染海洋环境的监督管理，并负责污染事故的调查处理；对在中华人民共和国管辖海域航行、停泊和作业的外国籍船舶造成的污染事故登轮检查处理。船舶污染事故给渔业造成损害的，应当吸收渔业主管部门参与调查处理。

国务院渔业主管部门负责渔港水域内非军事船舶和渔港水域外渔业船舶污染海洋环境的监督管理，负责保护渔业水域生态环境工作，并调查处理前款规定的污染事故以外的渔业污染事故。

国务院发展改革、水行政、住房和城乡建设、林业和草原等部门在各自职责范围内负责有关行业、领域涉及的海洋环境保护工作。

海警机构在职责范围内对海洋工程建设项目、海洋倾倒废弃物对海洋环境污染损害、自然保护地海岸线向海一侧保护利用等活动进行监督检查，查处违法行为，按照规定权限参与海洋环境污染事故的应急处置和调查处理。

军队生态环境保护部门负责军事船舶污染海洋环境的监督管理及污染事故的调查处理。

沿海县级以上地方人民政府对其管理海域的海洋环境质量负责。

（二）工程建设项目环境保护管理的法律适用

《海洋环境保护法》重点规定了四类工程建设项目，并分别设定了不同的监督管理及行政处罚规则。

第一类，纳入环境影响评价管理的工程建设项目。《海洋环境保护法》第六十一条第一款首先规定，新建、改建、扩建工程建设项目，应当遵守国家有关建设项目环境保护管理的规定，并把污染防治和生态保护所需资金纳入建设项目投资计划。对于建设单位未落实建设项目投资计划有关要求的，由生态环境主管部门依据《海洋环境保护法》第一百零一条第一款责令改正，处五万元以上二十万元以下的罚款；拒不改正的，处二十万元以上一百万元以下的罚款。其次，《海洋环境保护法》第六十二条第一款规定，工程建设项目应当按照国家有关建设项目环境影响评价的规定进行环境影响评价。未依法进行并通过环境影响评价的建设项目，不得开工建设。对于建设单位未依法报批或者报请重新审核环境影响报告书（表），擅自开工建设的，由生态环境主管部门或者海警机构依据《海洋环境保护法》第一百零一条第二款责令其停止建设，根据违法情节和危害后果，处建设项目总投资额百分之一以上百分之五以下的罚款，并可以责令恢复原状；对建设单位直接负责的主管人员和其他直接责任人员，依法给予处分。建设单位未依法备案环境影响登记表的，由生态环境主管部门责令备案，处五万元以下的罚款。再次，根据《海洋环境保护法》第六十二条第二款的规定，环境保护设施应当与主体工程同时设计、同时施工、同时投产使用。环境保护设施应当符合经批准的环境影响评价报告书（表）的要求。建设单位应当依照有关法律法规的规定，对环境保护设施进行验收，编制验收报告，并向社会公开。环境保护设施未经验收或者经验收不合格的，建设项目不得投入生产或者使用。对于环境保护设施未与主体工程同时设计、同时施工、同时投产使用的，或者环境保护设施未建成、未达到规定要求、未经验收或者经验收不合格即投入生产、使用的，由生态环境主管部门或者海警机构依据《海洋环境保护法》第一百零三条责令改正，处二十万元以上一百万元以下的罚款；拒不改正的，处一百万元以上二百万元以下的罚款；对直接负责的主管人员和其他责任人员处五万元以上二十万元以下的罚款；造成重大环境污染、生态破坏的，责令其停止生产、使用，或者报经有批准权的人民政府批准，责令关闭。对于建设单位未依法向社会公开环境保护设施验收报告的，由生态环境主管部门依据《建设项目环境保护管理条例》依据第二十三条第二款责令公开，处5万元以上20万元以下的罚款，并予以公告。

第二类，纳入生态环境分区管控方案和生态环境准入清单的工程建设项目。根据《海洋环境保护法》第十五条的规定，沿海省、自治区、直辖市人民政府应当根据其管理海域的生态环境和资源利用状况，将其管理海域纳入生态环境分区管控方案和生态环境准入清单，报国务院生态环境主管部门备案后实施。生态环境分区管控方案和生态环境准入清单应当与国土空间规划相衔接。对于违反生态环境准入清单进行生产建设活动的，由依照《海洋环境保护法》规定行使海洋环境监督管理权的部门或者机构依据《海洋环境保护法》第一百零二条第二款责令停止违法行为，限期拆除并恢复原状，所需费用由违法者承担，处五十万元以上五百万元以下的罚款，对直接负责的主管人员和其他直接责任人员处五万元以上十万元以下的罚款；情节严重的，报经有批准权的人民政府批准，责令关闭。

第三类，在依法划定的自然保护地、重要渔业水域及其他需要特别保护的区域，违法建设的污染环境、破坏生态的工程建设项目。根据《海洋环境保护法》第六十一条第二款的规定，禁止在依法划定的自然保护地、重要渔业水域及其他需要特别保护的区域，违法建设污染环境、破坏生态的工程建设项目或者从事其他活动。对于在依法划定的自然保护地、重要渔业水域及其他需要特别保护的区域建设污染环境、破坏生态的工程建设项目或者从事其他活动的，由县级以上人民政府按照管理权限依据《海洋环境保护法》第一百零二条第一款责令关闭。

第四类，在沿海陆域新建的不符合国家产业政策的化学制浆造纸、化工、印染、制革、电镀、酿造、炼油、岸边冲滩拆船及其他严重污染海洋环境的生产项目。根据《海洋环境保护法》第六十三条的规定，禁止在沿海陆域新建不符合国家产业政策的化学制浆造纸、化工、印染、制革、电镀、酿造、炼油、岸边冲滩拆船及其他严重污染海洋环境的生产项目。对于在沿海陆域新建不符合国家产业政策的生产项目的，由县级以上人民政府按照管理权限依据《海洋环境保护法》第一百零二条第一款责令关闭。

三、海洋环境保护环境违法行为的法律责任

海洋环境保护主要执法事项目录见表 5-2。

表 5-2　海洋生态环境保护主要执法事项目录

序号	违法行为	法律依据
1	对造成或者可能造成严重海洋环境污染、生态破坏的，或者有关证据可能灭失或者被隐匿的行政强制	第三十条　造成或者可能造成严重海洋环境污染、生态破坏的，或者有关证据可能灭失或者被隐匿的，依照本法规定行使海洋环境监督管理权的部门和机构可以查封、扣押有关船舶、设施、设备、物品
2	拒不接受海洋环境检查或在检查时弄虚作假	《海洋环境保护法》 第十九条第二款　依照本法规定行使海洋环境监督管理权的部门，有权对管辖范围内排放污染物的单位和个人进行现场检查。被检查者应当如实反映情况，提供必要的资料。 第七十五条　违反本法第十九条第二款的规定，拒绝现场检查，或者在被检查时弄虚作假的，由依照本法规定行使海洋环境监督管理权的部门予以警告，并处二万元以下的罚款

续表

序号	违法行为	法律依据
2	拒不接受防治海岸工程建设项目检查或在检查时弄虚作假	《海洋环境保护法》 第十九条第二款　依照本法规定行使海洋环境监督管理权的部门，有权对管辖范围内排放污染物的单位和个人进行现场检查。被检查者应当如实反映情况，提供必要的资料。 第七十五条　违反本法第十九条第二款的规定，拒绝现场检查，或者在被检查时弄虚作假的，由依照本法规定行使海洋环境监督管理权的部门予以警告，并处二万元以下的罚款。 《防治海岸工程建设项目污染损害海洋环境管理条例》 第十二条　县级以上人民政府环境保护主管部门，按照项目管理权限，可以会同有关部门对海岸工程建设项目进行现场检查，被检查者应当如实反映情况、提供资料。检查者有责任为被检查者保守技术秘密和业务秘密。法律法规另有规定的除外。 第二十六条　拒绝、阻挠环境保护主管部门进行现场检查，或者在被检查时弄虚作假的，由县级以上人民政府环境保护主管部门依照《中华人民共和国海洋环境保护法》第七十五条的规定予以处罚
3	拒不接受防治陆源污染物检查或在检查时弄虚作假	《海洋环境保护法》 第十九条第二款　依照本法规定行使海洋环境监督管理权的部门，有权对管辖范围内排放污染物的单位和个人进行现场检查。被检查者应当如实反映情况，提供必要的资料。 第七十五条　违反本法第十九条第二款的规定，拒绝现场检查，或者在被检查时弄虚作假的，由依照本法规定行使海洋环境监督管理权的部门予以警告，并处二万元以下的罚款。 《防治陆源污染物污染损害海洋环境管理条例》 第二十三条　县级以上人民政府环境保护行政主管部门，按照项目管理权限，可以会同项目主管部门对排放陆源污染物的单位和个人进行现场检查，被检查者必须如实反映情况、提供资料。检查者有责任为被检查者保守技术秘密和业务秘密。法律法规另有规定的除外。 第二十四条第二项　违反本条例规定，具有下列情形之一的，由县级以上人民政府环境保护行政主管部门责令改正，并可处以三百元以上三千元以下的罚款： （二）拒绝、阻挠环境保护行政主管部门现场检查，或者在被检查中弄虚作假的

续表

序号	违法行为	法律依据
4	违法设置入海排污口	《海洋环境保护法》 第三十条第一款　入海排污口位置的选择，应当根据海洋功能区划、海水动力条件和有关规定，经科学论证后，报设区的市级以上人民政府环境保护行政主管部门备案。 第三款　在海洋自然保护区、重要渔业水域、海滨风景名胜区和其他需要特别保护的区域，不得新建排污口。 第七十七条　违反本法第三十条第一款、第三款规定设置入海排污口的，由县级以上地方人民政府环境保护行政主管部门责令其关闭，并处二万元以上十万元以下的罚款。 海洋、海事、渔业行政主管部门和军队环境保护部门发现入海排污口设置违反本法第三十条第一款、第三款规定的，应当通报环境保护行政主管部门依照前款规定予以处罚
5	非法向海域排污等行为	《海洋环境保护法》 第十七条第一款　因发生事故或者其他突发性事件，造成或者可能造成海洋环境污染事故的单位和个人，必须立即采取有效措施，及时向可能受到危害者通报，并向依照本法规定行使海洋环境监督管理权的部门报告，接受调查处理。 第二十九条　向海域排放陆源污染物，必须严格执行国家或者地方规定的标准和有关规定。 第三十三条第一款　禁止向海域排放油类、酸液、碱液、剧毒废液和高、中水平放射性废水。 第五十五条第二款　需要倾倒废弃物的单位，必须向国家海洋行政主管部门提出书面申请，经国家海洋行政主管部门审查批准，发给许可证后，方可倾倒。 第七十三条　违反本法有关规定，有下列行为之一的，由依照本法规定行使海洋环境监督管理权的部门责令停止违法行为、限期改正或者责令采取限制生产、停产整治等措施，并处以罚款；拒不改正的，依法作出处罚决定的部门可以自责令改正之日的次日起，按照原罚款数额按日连续处罚；情节严重的，报经有批准权的人民政府批准，责令停业、关闭： （一）向海域排放本法禁止排放的污染物或者其他物质的； （二）不按照本法规定向海洋排放污染物，或者超过标准、总量控制指标排放污染物的； （三）未取得海洋倾倒许可证，向海洋倾倒废弃物的； （四）因发生事故或者其他突发性事件，造成海洋环境污染事故，不立即采取处理措施的。 有前款第（一）、（三）项行为之一的，处三万元以上二十万元以下的罚款；有前款第（二）、（四）项行为之一的，处二万元以上十万元以下的罚款

续表

序号	违法行为	法律依据
6	在海岛及周边海域违法排放污染物	《海岛保护法》 第二十四条第一款　有居民海岛的开发、建设应当对海岛土地资源、水资源及能源状况进行调查评估，依法进行环境影响评价。海岛的开发、建设不得超出海岛的环境容量。新建、改建、扩建建设项目，必须符合海岛主要污染物排放、建设用地和用水总量控制指标的要求。 第三十三条　无居民海岛利用过程中产生的废水，应当按照规定进行处理和排放。 无居民海岛利用过程中产生的固体废物，应当按照规定进行无害化处理、处置，禁止在无居民海岛弃置或者向其周边海域倾倒。 第四十九条　在海岛及其周边海域违法排放污染物的，依照有关环境保护法律的规定处罚。 《海洋环境保护法》 第十七条第一款　因发生事故或者其他突发性事件，造成或者可能造成海洋环境污染事故的单位和个人，必须立即采取有效措施，及时向可能受到危害者通报，并向依照本法规定行使海洋环境监督管理权的部门报告，接受调查处理。 第二十九条　向海域排放陆源污染物，必须严格执行国家或者地方规定的标准和有关规定。 第三十三条第一款　禁止向海域排放油类、酸液、碱液、剧毒废液和高、中水平放射性废水。 第五十五条第二款　需要倾倒废弃物的单位，必须向国家海洋行政主管部门提出书面申请，经国家海洋行政主管部门审查批准，发给许可证后，方可倾倒。 第七十三条　违反本法有关规定，有下列行为之一的，由依照本法规定行使海洋环境监督管理权的部门责令停止违法行为、限期改正或者责令采取限制生产、停产整治等措施，并处以罚款；拒不改正的，依法作出处罚决定的部门可以自责令改正之日的次日起，按照原罚款数额按日连续处罚；情节严重的，报经有批准权的人民政府批准，责令停业、关闭： （一）向海域排放本法禁止排放的污染物或者其他物质的； （二）不按照本法规定向海洋排放污染物，或者超过标准、总量控制指标排放污染物的； （三）未取得海洋倾倒许可证，向海洋倾倒废弃物的； （四）因发生事故或者其他突发性事件，造成海洋环境污染事故，不立即采取处理措施的。 有前款第（一）、（三）项行为之一的，处三万元以上二十万元以下的罚款；有前款第（二）、（四）项行为之一的，处二万元以上十万元以下的罚款

续表

序号	违法行为	法律依据
7	向海洋违法倾倒废弃物	《海洋环境保护法》 第五十八条　国家海洋行政主管部门监督管理倾倒区的使用，组织倾倒区的环境监测。对经确认不宜继续使用的倾倒区，国家海洋行政主管部门应当予以封闭，终止在该倾倒区的一切倾倒活动，并报国务院备案。 第五十九条　获准倾倒废弃物的单位，必须按照许可证注明的期限及条件，到指定的区域进行倾倒。废弃物装载之后，批准部门应当予以核实。 第八十五条　违反本法规定，不按照许可证的规定倾倒，或者向已经封闭的倾倒区倾倒废弃物的，由海洋行政主管部门予以警告，并处三万元以上二十万元以下的罚款；对情节严重的，可以暂扣或者吊销许可证
8	涉及海洋废弃物堆放场、处理场的防污染设施未经验收或者验收不合格而强行使用	《防治陆源污染物污染损害海洋环境管理条例》 第十二条第一款　被批准设置废弃物堆放场、处理场的单位和个人，必须建造防护提和防渗漏、防场尘等设施，经批准设置废弃物堆放场、处理场的环境保护行政主管部门验收合格后方可使用。 第二十五条　废弃物堆放场、处理场的防污染设施未经环境保护行政主管部门验收或者验收不合格而强行使用的，由环境保护行政主管部门责令改正，并可处以五千元以上二万元以下的罚款
9	擅自改变陆源污染物排放种类、增加污染物排放数量、浓度或者拆除、闲置污染物处理设施等行为	《防治陆源污染物污染损害海洋环境管理条例》 第六条第二款　排放污染物的种类、数量和浓度有重大改变或者拆除、闲置污染物处理设施的，应当征得所在地环境保护行政主管部门同意并经原审批部门批准。 第二十六条第一款第一项　违反本条例规定，具有下列情形之一的，由县级以上人民政府环境保护行政主管部门责令改正，并可处以五千元以上十万元以下的罚款： （一）未经所在地环境保护行政主管部门同意和原批准部门批准，擅自改变污染物排放的种类、增加污染物排放的数量、浓度或者拆除、闲置污染物处理设施的
10	在岸滩采用不正当的稀释、渗透方式排放有毒、有害废水等行为	《防治陆源污染物污染损害海洋环境管理条例》 第十二条　被批准设置废弃物堆放场、处理场的单位和个人，必须建造防护提和防渗漏、防场尘等设施，经批准设置废弃物堆放场、处理场的环境保护行政主管部门验收合格后方可使用。

续表

序号	违法行为	法律依据
10	在岸滩采用不正当的稀释、渗透方式排放有毒、有害废水等行为	在批准使用的废弃物堆放场、处理场内，不得擅自堆放、弃置未经批准的其他种类的废弃物。不得露天堆放含剧毒、放射性、易溶解和易挥发性物质的废弃物；非露天堆放上述废弃物，不得作为最终处置方式。 第十三条　禁止在岸滩采用不正当的稀释、渗透方式排放有毒、有害废水。 第十四条　禁止向海域排放含高、中放射性物质的废水。 向海域排放含低放射性物质的废水，必须执行国家有关放射防护的规定和标准。 第十五条　禁止向海域排放油类、酸液、碱液和毒液。 向海域排放含油废水、含有害重金属废水和其他工业废水，必须经过处理，符合国家和地方规定的排放标准和有关规定。处理后的残渣不得弃置入海。 第十六条　向海域排放含病原体的废水，必须经过处理，符合国家和地方规定的排放标准和有关规定。 第十七条　向海域排放含热废水的水温应当符合国家有关规定。 第十九条　禁止将失效或者禁用的药物及药具弃置岸滩。 第二十七条　违反本条例规定，具有下列情形之一的，由县级以上人民政府环境保护行政主管部门责令改正，并可处以一千元以上二万元以下的罚款；情节严重的，可处以二万元以上十万元以下的罚款： （一）在岸滩采用不正当的稀释、渗透方式排放有毒、有害废水的； （二）向海域排放含高、中放射性物质的废水的； （三）向海域排放油类、酸液、碱液和毒液的； （四）向岸滩弃置失效或者禁用的药物和药具的； （五）向海域排放含油废水、含病原体废水、含热废水、含低放射性物质废水、含有害重金属废水和其他工业废水超过国家和地方规定的排放标准和有关规定或者将处理后的残渣弃置入海的； （六）未经县级以上地方人民政府环境保护行政主管部门批准，擅自在岸滩堆放、弃置和处理废弃物或者在废弃物堆放场、处理场内，擅自堆放、处理未经批准的其他种类的废弃物或者露天堆放含剧毒、放射性、易溶解和易挥发性物质的废弃物的

续表

序号	违法行为	法律依据
11	海水养殖者未按规定采取科学的养殖方式，对海洋环境造成污染或者严重影响海洋景观	《防治海洋工程建设项目污染损害海洋环境管理条例》 第二十三条　从事海水养殖的养殖者，应当采取科学的养殖方式，减少养殖饵料对海洋环境的污染。因养殖污染海域或者严重破坏海洋景观的，养殖者应当予以恢复和整治。 第五十三条　海水养殖者未按规定采取科学的养殖方式，对海洋环境造成污染或者严重影响海洋景观的，由县级以上人民政府海洋主管部门责令限期改正；逾期不改正的，责令停止养殖活动，并处清理污染或者恢复海洋景观所需费用1倍以上2倍以下的罚款
12	未申报、未报告、拒报或谎报向海洋排污等行为	《海洋环境保护法》 第十七条　因发生事故或者其他突发性事件，造成或者可能造成海洋环境污染事故的单位和个人，必须立即采取有效措施，及时向可能受到危害者通报，并向依照本法规定行使海洋环境监督管理权的部门报告，接受调查处理。 第三十二条　排放陆源污染物的单位，必须向环境保护行政主管部门申报拥有的陆源污染物排放设施、处理设施和在正常作业条件下排放陆源污染物的种类、数量和浓度，并提供防治海洋环境污染方面的有关技术和资料。 排放陆源污染物的种类、数量和浓度有重大改变的，必须及时申报。 第六十条　获准倾倒废弃物的单位，应当详细记录倾倒的情况，并在倾倒后向批准部门作出书面报告。倾倒废弃物的船舶必须向驶出港的海事行政主管部门作出书面报告。 第六十七条　载运具有污染危害性货物进出港口的船舶，其承运人、货物所有人或者代理人，必须事先向海事行政主管部门申报。经批准后，方可进出港口、过境停留或者装卸作业。 第七十四条　违反本法有关规定，有下列行为之一的，由依照本法规定行使海洋环境监督管理权的部门予以警告，或者处以罚款： （一）不按照规定申报，甚至拒报污染物排放有关事项，或者在申报时弄虚作假的； （二）发生事故或者其他突发性事件不按照规定报告的； （三）不按照规定记录倾倒情况，或者不按照规定提交倾倒报告的； （四）拒报或者谎报船舶载运污染危害性货物申报事项的。 有前款第（一）、（三）项行为之一的，处二万元以下的罚款；有前款第（二）、（四）项行为之一的，处五万元以下的罚款

续表

序号	违法行为	法律依据
13	未依法进行环境影响评价兴建海岸工程建设项目	《环境保护法》 第十九条第二款　未依法进行环境影响评价的开发利用规划，不得组织实施；未依法进行环境影响评价的建设项目，不得开工建设。 第六十一条　建设单位未依法提交建设项目环境影响评价文件或者环境影响评价文件未经批准，擅自开工建设的，由负有环境保护监督管理职责的部门责令停止建设，处以罚款，并可以责令恢复原状。 《海洋环境保护法》 第四十三条　海岸工程建设项目单位，必须对海洋环境进行科学调查，根据自然条件和社会条件，合理选址，编制环境影响报告书（表）。在建设项目开工前，将环境影响报告书（表）报环境保护行政主管部门审查批准。 第七十九条　海岸工程建设项目未依法进行环境影响评价的，依照《中华人民共和国环境影响评价法》的规定处理。 《环境影响评价法》 第二十二条第四款　国家对环境影响登记表实行备案管理。 第二十四条　建设项目的环境影响评价文件经批准后，建设项目的性质、规模、地点、采用的生产工艺或者防治污染、防止生态破坏的措施发生重大变动的，建设单位应当重新报批建设项目的环境影响评价文件。 建设项目的环境影响评价文件自批准之日起超过五年，方决定该项目开工建设的，其环境影响评价文件应当报原审批部门重新审核；原审批部门应当自收到建设项目环境影响评价文件之日起十日内，将审核意见书面通知建设单位。 第二十五条　建设项目的环境影响评价文件未依法经审批部门审查或者审查后未予批准的，建设单位不得开工建设。 第三十一条第一款　建设单位未依法报批建设项目环境影响报告书、报告表，或者未依照本法第二十四条的规定重新报批或者报请重新审核环境影响报告书、报告表，擅自开工建设的，由县级以上生态环境主管部门责令停止建设，根据违法情节和危害后果，处建设项目总投资额百分之一以上百分之五以下的罚款，并可以责令恢复原状；对建设单位直接负责的主管人员和其他直接责任人员，依法给予行政处分。 第二款　建设项目环境影响报告书、报告表未经批准或者未经原审批部门重新审核同意，建设单位擅自开工建设的，依照前款的规定处罚、处分。

续表

序号	违法行为	法律依据
13	未依法进行环境影响评价兴建海岸工程建设项目	第三款　建设单位未依法备案建设项目环境影响登记表的，由县级以上生态环境主管部门责令备案，处五万元以下的罚款。 《防治海岸工程建设项目污染损害海洋环境管理条例》 第七条第一款　海岸工程建设项目的建设单位，应当依法编制环境影响报告书（表），报环境保护主管部门审批。 第二十五条　未持有经审核和批准的环境影响报告书（表），兴建海岸工程建设项目的，依照《中华人民共和国海洋环境保护法》第七十九条的规定予以处罚
14	海岸工程建设项目未建成环境保护设施，或者环境保护设施未达到规定要求即投入生产、使用	《海洋环境保护法》 第四十四条　海岸工程建设项目的环境保护设施，必须与主体工程同时设计、同时施工、同时投产使用。环境保护设施应当符合经批准的环境影响评价报告书（表）的要求。 第八十条　违反本法第四十四条的规定，海岸工程建设项目未建成环境保护设施，或者环境保护设施未达到规定要求即投入生产、使用的，由环境保护行政主管部门责令其停止生产或者使用，并处二万元以上十万元以下的罚款。 《防治海岸工程建设项目污染损害海洋环境管理条例》 第十一条　海岸工程建设项目竣工验收时，建设项目的环境保护设施经验收合格后，该建设项目方可正式投入生产或者使用。 第二十七条　海岸工程建设项目的环境保护设施未建成或者未达到规定要求，该项目即投入生产、使用的，依照《中华人民共和国海洋环境保护法》第八十条的规定予以处罚
15	在自然保护区内建设污染环境、破坏景观的海岸工程建设项目等行为	《自然保护区条例》 第三十二条　在自然保护区的核心区和缓冲区内，不得建设任何生产设施。在自然保护区的实验区内，不得建设污染环境、破坏资源或者景观的生产设施；建设其他项目，其污染物排放不得超过国家和地方规定的污染物排放标准。在自然保护区的实验区内已经建成的设施，其污染物排放超过国家和地方规定的排放标准的，应当限期治理；造成损害的，必须采取补救措施。 在自然保护区的外围保护地带建设的项目，不得损害自然保护区内的环境质量；已造成损害的，应当限期治理。 限期治理决定由法律、法规规定的机关作出，被限期治理的企业事业单位必须按期完成治理任务。

续表

序号	违法行为	法律依据
15	在自然保护区内建设污染环境、破坏景观的海岸工程建设项目等行为	第三十五条　违反本条例规定，在自然保护区进行砍伐、放牧、狩猎、捕捞、采药、开垦、烧荒、开矿、采石、挖沙等活动的单位和个人，除可以依照有关法律、行政法规规定给予处罚的以外，由县级以上人民政府有关自然保护区行政主管部门或者其授权的自然保护区管理机构没收违法所得，责令停止违法行为，限期恢复原状或者采取其他补救措施；对自然保护区造成破坏的，可以处以300元以上10 000元以下的罚款。 《近岸海域环境功能区管理办法》 第十条　在一类、二类近岸海域环境功能区内，禁止兴建污染环境、破坏景观的海岸工程建设项目。 第十一条　禁止破坏红树林和珊瑚礁。 在红树林自然保护区和珊瑚礁自然保护区开展活动，应严格执行《中华人民共和国自然保护区条例》，禁止危害保护区环境的项目建设和其他经济开发活动。 禁止在红树林自然保护区和珊瑚礁自然保护区内设置新的排污口。本办法发布前已经设置的排污口，由县级以上地方人民政府环境保护行政主管部门依照《海洋环境保护法》第七十七条规定责令其关闭，并处二万元以上十万元以下的罚款。 第十八条　违反本办法规定的，由环境保护行政主管部门依照有关法律、法规的规定进行处罚。 《海洋环境保护法》 第三十条第一款　入海排污口位置的选择，应当根据海洋功能区划、海水动力条件和有关规定，经科学论证后，报设区的市级以上人民政府环境保护行政主管部门备案。 第三款　在海洋自然保护区、重要渔业水域、海滨风景名胜区和其他需要特别保护的区域，不得新建排污口。 第七十七条　违反本法第三十条第一款、第三款规定设置入海排污口的，由县级以上地方人民政府环境保护行政主管部门责令其关闭，并处二万元以上十万元以下的罚款。 海洋、海事、渔业行政主管部门和军队环境保护部门发现入海排污口设置违反本法第三十条第一款、第三款规定的，应当通报环境保护行政主管部门依照前款规定予以处罚

续表

序号	违法行为	法律依据
16	违法进行海洋工程建设项目	《海洋环境保护法》 第四十七条第一款　海洋工程建设项目必须符合全国海洋主体功能区规划、海洋功能区划、海洋环境保护规划和国家有关环境保护标准。海洋工程建设项目单位应当对海洋环境进行科学调查，编制海洋环境影响报告书（表），并在建设项目开工前，报海洋行政主管部门审查批准。 第八十二条第一款　违反本法第四十七条第一款的规定，进行海洋工程建设项目的，由海洋行政主管部门责令其停止施工，根据违法情节和危害后果，处建设项目总投资额百分之一以上百分之五以下的罚款，并可以责令恢复原状。 《防治海洋工程建设项目污染损害海洋环境管理条例》 第十条第一款　新建、改建、扩建海洋工程的建设单位，应当编制环境影响报告书，报有核准权的海洋主管部门核准。 第十三条　海洋工程环境影响报告书核准后，工程的性质、规模、地点、生产工艺或者拟采取的环境保护措施等发生重大改变的，建设单位应当重新编制环境影响报告书，报原核准该工程环境影响报告书的海洋主管部门核准；海洋工程自环境影响报告书核准之日起超过 5 年方开工建设的，应当在工程开工建设前，将该工程的环境影响报告书报原核准该工程环境影响报告书的海洋主管部门重新核准。 第四十五条第一项　建设单位违反本条例规定，有下列行为之一的，由负责核准该工程环境影响报告书的海洋主管部门责令停止建设、运行，限期补办手续，并处 5 万元以上 20 万元以下的罚款： （一）环境影响报告书未经核准，擅自开工建设的； 第四十六条第一项、第二项　建设单位违反本条例规定，有下列行为之一的，由原核准该工程环境影响报告书的海洋主管部门责令停止建设、运行，限期补办手续，并处 5 万元以上 20 万元以下的罚款： （一）海洋工程的性质、规模、地点、生产工艺或者拟采取的环境保护措施发生重大改变，未重新编制环境影响报告书报原核准该工程环境影响报告书的海洋主管部门核准的； （二）自环境影响报告书核准之日起超过 5 年，海洋工程方开工建设，其环境影响报告书未重新报原核准该工程环境影响报告书的海洋主管部门核准的 （编者注：《海洋环境保护法》为《防治海洋工程建设项目污染损害海洋环境管理条例》的上位法）

续表

序号	违法行为	法律依据
17	海洋工程建设项目未建成环境保护设施、环境保护设施未达到规定要求即投入生产、使用	《海洋环境保护法》 第四十八条　海洋工程建设项目的环境保护设施，必须与主体工程同时设计、同时施工、同时投产使用。环境保护设施未经海洋行政主管部门验收，或者经验收不合格的，建设项目不得投入生产或者使用。 拆除或闲置环境保护设施，必须事先征得海洋行政主管部门的同意。 第八十二条第二款　违反本法第四十八条的规定，海洋工程建设项目未建成环境保护设施、环境保护设施未达到规定要求即投入生产、使用的，由海洋行政主管部门责令其停止生产、使用，并处五万元以上二十万元以下的罚款。 《防治海洋工程建设项目污染损害海洋环境管理条例》 第十五条　海洋工程的环境保护设施应当与主体工程同时设计、同时施工、同时投产使用。 第十八条第二款　海洋工程需要配套建设的环境保护设施未经海洋主管部门验收或者经验收不合格的，该工程不得投入运行。 第四十五条第二项　建设单位违反本条例规定，有下列行为之一的，由负责核准该工程环境影响报告书的海洋主管部门责令停止建设、运行，限期补办手续，并处 5 万元以上 20 万元以下的罚款： （二）海洋工程环境保护设施未申请验收或者经验收不合格即投入运行的
18	海洋工程建设项目擅自拆除或者闲置环境保护设施等行为	《防治海洋工程建设项目污染损害海洋环境管理条例》 第十八条第三款　建设单位不得擅自拆除或者闲置海洋工程的环境保护设施。 第十九条　海洋工程在建设、运行过程中产生不符合经核准的环境影响报告书的情形的，建设单位应当自该情形出现之日起 20 个工作日内组织环境影响的后评价，根据后评价结论采取改进措施，并将后评价结论和采取的改进措施报原核准该工程环境影响报告书的海洋主管部门备案；原核准该工程环境影响报告书的海洋主管部门也可以责成建设单位进行环境影响的后评价，采取改进措施。 第四十七条　建设单位违反本条例规定，有下列行为之一的，由原核准该工程环境影响报告书的海洋主管部门责令限期改正；逾期不改正的，责令停止运行，并处 1 万元以上 10 万元以下的罚款： （一）擅自拆除或者闲置环境保护设施的； （二）未在规定时间内进行环境影响后评价或者未按要求采取整改措施的

续表

序号	违法行为	法律依据
19	海洋工程建设项目造成领海基点及其周围环境损害等行为	《防治海洋工程建设项目污染损害海洋环境管理条例》 第二十一条　建设海洋工程，不得造成领海基点及其周围环境的侵蚀、淤积和损害，危及领海基点的稳定。 进行海上堤坝、跨海桥梁、海上娱乐及运动、景观开发工程建设的，应当采取有效措施防止对海岸的侵蚀或者淤积。 第三十九条　在海洋自然保护区内进行海洋工程建设活动，应当按照国家有关海洋自然保护区的规定执行。 第四十八条　建设单位违反本条例规定，有下列行为之一的，由县级以上人民政府海洋主管部门责令停止建设、运行，限期恢复原状；逾期未恢复原状的，海洋主管部门可以指定具有相应资质的单位代为恢复原状，所需费用由建设单位承担，并处恢复原状所需费用1倍以上2倍以下的罚款： （一）造成领海基点及其周围环境被侵蚀、淤积或者损害的； （二）违反规定在海洋自然保护区内进行海洋工程建设活动的
20	海洋工程建设项目造成领海基点及其周围环境被侵蚀、淤积或者损害等行为	《防治海洋工程建设项目污染损害海洋环境管理条例》 第二十一条　建设海洋工程，不得造成领海基点及其周围环境的侵蚀、淤积和损害，危及领海基点的稳定。 进行海上堤坝、跨海桥梁、海上娱乐及运动、景观开发工程建设的，应当采取有效措施防止对海岸的侵蚀或者淤积。 第三十九条　在海洋自然保护区内进行海洋工程建设活动，应当按照国家有关海洋自然保护区的规定执行。 第四十八条　建设单位违反本条例规定，有下列行为之一的，由县级以上人民政府海洋主管部门责令停止建设、运行，限期恢复原状；逾期未恢复原状的，海洋主管部门可以指定具有相应资质的单位代为恢复原状，所需费用由建设单位承担，并处恢复原状所需费用1倍以上2倍以下的罚款： （一）造成领海基点及其周围环境被侵蚀、淤积或者损害的； （二）违反规定在海洋自然保护区内进行海洋工程建设活动的
21	海洋工程建设项目违法使用含超标准放射性物质等行为	《海洋环境保护法》 第四十九条　海洋工程建设项目，不得使用含超标准放射性物质或者易溶出有毒有害物质的材料。 第八十三条　违反本法第四十九条的规定，使用含超标准放射性物质或者易溶出有毒有害物质材料的，由海洋行政主管部门处五万元以下的罚款，并责令其停止该建设项目的运行，直到消除污染危害。

续表

序号	违法行为	法律依据
21	海洋工程建设项目违法使用含超标准放射性物质等行为	《防治海洋工程建设项目污染损害海洋环境管理条例》 第三十四条　禁止向海域排放油类、酸液、碱液、剧毒废液和高、中水平放射性废水；严格限制向海域排放低水平放射性废水，确需排放的，应当符合国家放射性污染防治标准。 严格限制向大气排放含有毒物质的气体，确需排放的，应当经过净化处理，并不得超过国家或者地方规定的排放标准；向大气排放含放射性物质的气体，应当符合国家放射性污染防治标准。 严格控制向海域排放含有不易降解的有机物和重金属的废水；其他污染物的排放应当符合国家或者地方标准
22	围填海工程材料不符合环保标准	《防治海洋工程建设项目污染损害海洋环境管理条例》 第二十条第二款　围填海工程使用的填充材料应当符合有关环境保护标准。 第四十九条　建设单位违反本条例规定，在围填海工程中使用的填充材料不符合有关环境保护标准的，由县级以上人民政府海洋主管部门责令限期改正；逾期不改正的，责令停止建设、运行，并处5万元以上20万元以下的罚款；造成海洋环境污染事故，直接负责的主管人员和其他直接责任人员构成犯罪的，依法追究刑事责任
23	海洋工程建设项目未按规定报告污染物排放设施、处理设备的运转情况等行为	《防治海洋工程建设项目污染损害海洋环境管理条例》 第二十七条　海洋工程建设过程中需要进行海上爆破作业的，建设单位应当在爆破作业前报告海洋主管部门，海洋主管部门应当及时通报海事、渔业等有关部门。 进行海上爆破作业，应当设置明显的标志、信号，并采取有效措施保护海洋资源。在重要渔业水域进行炸药爆破作业或者进行其他可能对渔业资源造成损害的作业活动的，应当避开主要经济类鱼虾的产卵期。 第三十条　严格控制向水基泥浆中添加油类，确需添加的，应当如实记录并向原核准该工程环境影响报告书的海洋主管部门报告添加油的种类和数量。禁止向海域排放含油量超过国家规定标准的水基泥浆和钻屑。 第三十一条　建设单位在海洋工程试运行或者正式投入运行后，应当如实记录污染物排放设施、处理设备的运转情况及其污染物的排放、处置情况，并按照国家海洋主管部门的规定，定期向原核准该工程环境影响报告书的海洋主管部门报告。

续表

序号	违法行为	法律依据
23	海洋工程建设项目未按规定报告污染物排放设施、处理设备的运转情况等行为	第三十六条　建设单位应当在海洋工程正式投入运行前制定防治海洋工程污染损害海洋环境的应急预案，报原核准该工程环境影响报告书的海洋主管部门和有关主管部门备案。 第五十条　建设单位违反本条例规定，有下列行为之一的，由原核准该工程环境影响报告书的海洋主管部门责令限期改正；逾期不改正的，处 1 万元以上 5 万元以下的罚款： （一）未按规定报告污染物排放设施、处理设备的运转情况或者污染物的排放、处置情况的； （二）未按规定报告其向水基泥浆中添加油的种类和数量的； （三）未按规定将防治海洋工程污染损害海洋环境的应急预案备案的； （四）在海上爆破作业前未按规定报告海洋主管部门的； （五）进行海上爆破作业时，未按规定设置明显标志、信号的
24	进行海上爆破作业时未采取有效措施保护海洋资源	《防治海洋工程建设项目污染损害海洋环境管理条例》 第二十七条第二款　进行海上爆破作业，应当设置明显的标志、信号，并采取有效措施保护海洋资源。在重要渔业水域进行炸药爆破作业或者进行其他可能对渔业资源造成损害的作业活动的，应当避开主要经济类鱼虾的产卵期。 第五十一条　建设单位违反本条例规定，进行海上爆破作业时未采取有效措施保护海洋资源的，由县级以上人民政府海洋主管部门责令限期改正；逾期未改正的，处 1 万元以上 10 万元以下的罚款。 建设单位违反本条例规定，在重要渔业水域进行炸药爆破或者进行其他可能对渔业资源造成损害的作业，未避开主要经济类鱼虾产卵期的，由县级以上人民政府海洋主管部门予以警告、责令停止作业，并处 5 万元以上 20 万元以下的罚款
25	港口、码头、装卸站、船舶及船舶未配备防污设施、器材等行为	《海洋环境保护法》 第六十三条　船舶必须按照有关规定持有防止海洋环境污染的证书与文书，在进行涉及污染物排放及操作时，应当如实记录。 第六十四条第一款　船舶必须配置相应的防污设备和器材。 第六十八条　交付船舶装运污染危害性货物的单证、包装、标志、数量限制等，必须符合对所装货物的有关规定。 需要船舶装运污染危害性不明的货物，应当按照有关规定事先进行评估。 装卸油类及有毒有害货物的作业，船岸双方必须遵守安全防污操作规程。

续表

序号	违法行为	法律依据
25	港口、码头、装卸站、船舶及船舶未配备防污设施、器材等行为	第六十九条　港口、码头、装卸站和船舶修造厂必须按照有关规定备有足够的用于处理船舶污染物、废弃物的接收设施，并使该设施处于良好状态。 第八十七条　违反本法规定，有下列行为之一的，由依照本法规定行使海洋环境监督管理权的部门予以警告，或者处以罚款： （一）港口、码头、装卸站及船舶未配备防污设施、器材的； （二）船舶未持有防污证书、防污文书，或者不按照规定记载排污记录的； （三）从事水上和港区水域拆船、旧船改装、打捞和其他水上、水下施工作业，造成海洋环境污染损害的； （四）船舶载运的货物不具备防污适运条件的。 有前款第（一）、（四）项行为之一的，处二万元以上十万元以下的罚款；有前款第（二）项行为的，处二万元以下的罚款；有前款第（三）项行为的，处五万元以上二十万元以下的罚款。 《水污染防治法》 第六十条　船舶应当按照国家有关规定配置相应的防污设备和器材，并持有合法有效的防止水域环境污染的证书与文书。 船舶进行涉及污染物排放的作业，应当严格遵守操作规程，并在相应的记录簿上如实记载。 第六十一条第二款　港口、码头、装卸站和船舶修造厂应当备有足够的船舶污染物、废弃物的接收设施。从事船舶污染物、废弃物接收作业，或者从事装载油类、污染危害性货物船舱清洗作业的单位，应当具备与其运营规模相适应的接收处理能力。 第八十九条　船舶未配置相应的防污染设备和器材，或者未持有合法有效的防止水域环境污染的证书与文书的，由海事管理机构、渔业主管部门按照职责分工责令限期改正，处二千元以上二万元以下的罚款；逾期不改正的，责令船舶临时停航。 船舶进行涉及污染物排放的作业，未遵守操作规程或者未在相应的记录簿上如实记载的，由海事管理机构、渔业主管部门按照职责分工责令改正，处二千元以上二万元以下的罚款
26	船舶、石油平台和装卸油类的港口、码头、装卸站不编制溢油应急计划	《海洋环境保护法》 第五十四条　勘探开发海洋石油，必须按有关规定编制溢油应急计划，报国家海洋行政主管部门的海区派出机构备案。 第六十九条第二款　装卸油类的港口、码头、装卸站和船舶必须编制溢油污染应急计划，并配备相应的溢油污染应急设备和器材。 第八十八条　违反本法规定，船舶、石油平台和装卸油类的港口、码头、装卸站不编制溢油应急计划的，由依照本法规定行使海洋环境监督管理权的部门予以警告，或者责令限期改正

续表

序号	违法行为	法律依据
27	违法采挖、破坏珊瑚礁，砍伐海岛周边海域红树林等造成海洋生态系统破坏的行为	《海洋环境保护法》 第二十条　国务院和沿海地方各级人民政府应当采取有效措施，保护红树林、珊瑚礁、滨海湿地、海岛、海湾、入海河口、重要渔业水域等具有典型性、代表性的海洋生态系统，珍稀、濒危海洋生物的天然集中分布区，具有重要经济价值的海洋生物生存区域及有重大科学文化价值的海洋自然历史遗迹和自然景观。 对具有重要经济、社会价值的已遭到破坏的海洋生态，应当进行整治和恢复。 第七十六条　违反本法规定，造成珊瑚礁、红树林等海洋生态系统及海洋水产资源、海洋保护区破坏的，由依照本法规定行使海洋环境监督管理权的部门责令限期改正和采取补救措施，并处一万元以上十万元以下的罚款；有违法所得的，没收其违法所得。 《海岛保护法》 第十六条第二款　禁止改变自然保护区内海岛的海岸线。禁止采挖、破坏珊瑚和珊瑚礁。禁止砍伐海岛周边海域的红树林。 第四十六条　违反本法规定，采挖、破坏珊瑚、珊瑚礁，或者砍伐海岛周边海域红树林的，依照《中华人民共和国海洋环境保护法》的规定处罚。 《近岸海域环境功能区管理办法》 第十一条第一款　禁止破坏红树林和珊瑚礁。 第二款　在红树林自然保护区和珊瑚礁自然保护区开展活动，应严格执行《中华人民共和国自然保护区条例》，禁止危害保护区环境的项目建设和其他经济开发活动。 第十八条　违反本办法规定的，由环境保护行政主管部门依照有关法律、法规的规定进行处罚
28	违反规定在无居民海岛进行生产、建设等行为造成环境污染或生态破坏	《海岛保护法》 第二十八条　未经批准利用的无居民海岛，应当维持现状；禁止采石、挖海砂、采伐林木以及进行生产、建设、旅游等活动。 第四十七条第二款　违反本法规定，在无居民海岛进行生产、建设活动或者组织开展旅游活动的，由县级以上人民政府海洋主管部门责令停止违法行为，没收违法所得，并处二万元以上二十万元以下的罚款

第三节 土壤生态环境保护执法

一、土壤生态环境保护检查重点内容

（一）土壤污染预防和保护的检查重点

（1）土壤污染重点监管单位是否制订、实施自行监测方案，或者是否将监测数据报生态环境主管部门；

（2）土壤污染重点监管单位是否存在篡改、伪造监测数据的情况；

（3）土壤污染重点监管单位是否按年度报告有毒有害物质排放情况，或者是否建立土壤污染隐患排查制度；

（4）拆除设施、设备或者建筑物、构筑物，企业事业单位是否采取相应的土壤污染防治措施或者土壤污染重点监管单位是否制订、实施土壤污染防治工作方案；

（5）尾矿库运营、管理单位是否按照规定采取措施防止土壤污染；

（6）尾矿库运营、管理单位是否按照规定进行土壤污染状况监测；

（7）建设和运行污水集中处理设施、固体废物处置设施，是否依照法律法规和相关标准的要求采取措施防止土壤污染；

（8）是否存在向农用地排放重金属或者其他有毒有害物质含量超标的污水、污泥，以及可能造成土壤污染的清淤底泥、尾矿、矿渣等情况；

（9）开发建设过程中剥离的表土是否单独收集、存放；

（10）是否存在将重金属或者其他有毒有害物质含量超标的工业固体废物、生活垃圾或者污染土壤用于土地复垦的情况。

（二）土壤污染风险防控和修复的检查重点

（1）受委托从事土壤污染状况调查和土壤污染风险评估、风险管控效果评估、修复效果评估活动的单位，是否出具虚假调查报告、风险评估报告、风险管控效果评估报告、修复效果评估报告；

（2）实施风险管控、修复活动对土壤、周边环境是否造成了新的污染；

（3）转运污染土壤，是否将运输时间、方式、线路和污染土壤数量、去向、最终处置措施等提前报所在地和接收地生态环境主管部门；

（4）未达到土壤污染风险评估报告确定的风险管控、修复目标的建设用地地块，是否开工建设与风险管控、修复无关的项目；

（5）土壤污染责任人或者土地使用权人是否按照规定实施后期管理；

（6）土壤污染责任人或者土地使用权人是否按照规定进行土壤污染状况调查；

（7）土壤污染责任人或者土地使用权人是否按照规定进行土壤污染风险评估；

（8）土壤污染责任人或者土地使用权人是否按照规定采取风险管控措施；

（9）土壤污染责任人或者土地使用权人是否按照规定实施修复；

（10）风险管控、修复活动完成后，土壤污染责任人或者土地使用权人是否另行委托有关单位对风险管控效果、修复效果进行评估；

（11）土壤污染重点监管单位是否按照规定将土壤污染防治工作方案报地方人民政府生态环境主管部门备案；

（12）土壤污染责任人或者土地使用权人是否按照规定将修复方案、效果评估报告报地方人民政府生态环境主管部门备案；

（13）土地使用权人是否按照规定将土壤污染状况调查报告报地方人民政府生态环境主管部门备案。

关于印发《农用地土壤污染责任人认定暂行办法》的通知

关于印发《建设用地土壤污染责任人认定暂行办法》的通知

二、土壤生态环境保护环境执法难点解析

（一）相关部门的土壤污染防治监督管理职责[①]

土壤污染防治工作涉及的部门比较多，除了各级人民政府生态环境主管部门外，其他有关部门也要在各自职责范围内对土壤污染防治实施监督管理。

① 罗清泉，许安标，张桃林.《中华人民共和国土壤污染防治法》释义 [M]. 北京：中国民主法制出版社，2018: 72-73.

各有关部门要密切配合、协调力量、共同行动，形成土壤污染防治的强大合力。

除生态环境主管部门外，农业农村、林业草原主管部门在土壤污染防治中也承担了大量工作职责。国务院农业农村、林业草原主管部门应当制定规划，完善相关标准和措施，加强农用地农药、化肥使用指导和使用总量控制，加强农用薄膜使用控制。国务院农业农村主管部门应当加强农药、肥料登记，组织开展农药、肥料对土壤环境影响的安全性评价。地方人民政府农业农村主管部门应当鼓励农业生产者采取有利于防止土壤污染的种养结合、轮作休耕等农业耕作措施；支持采取土壤改良、土壤肥力提升等有利于土壤养护和培育的措施；支持畜禽粪便处理、利用设施的建设。地方人民政府农业农村、林业草原主管部门应当开展农用地土壤污染防治宣传和技术培训活动，扶持农业生产专业化服务，指导农业生产者合理使用农药、兽药、肥料、饲料、农用薄膜等农业投入品，控制农药、兽药、化肥等的使用量。未利用地、复垦土地等拟开垦为耕地的，地方人民政府农业农村主管部门应当会同生态环境、自然资源主管部门进行土壤污染状况调查，依法进行分类管理。对土壤污染状况调查表明污染物含量超过土壤污染风险管控标准的农用地地块，地方人民政府农业农村、林业草原主管部门应当会同生态环境、自然资源主管部门组织进行土壤污染风险评估，并按照农用地分类管理制度管理。对安全利用类农用地地块，地方人民政府农业农村、林业草原主管部门，应当结合主要作物品种和种植习惯等情况，制订并实施安全利用方案。对严格管控类农用地地块，地方人民政府农业农村、林业草原主管部门应当采取风险管控措施。就农用地风险管控和修复等开展日常执法活动，依法查处有关违法行为。

自然资源、住房城乡建设等主管部门的职责主要是同有关的工作的牵头部门密切配合，共同做好土壤污染预防、保护、风险管控和修复等具体工作。

（二）土壤有毒有害物质

有毒有害物质，是指对公众健康、生态环境有危害和不良影响的物质，包括天然有毒有害物质和人工合成有毒有害物质。土壤中有毒有害物质，顾名思义，就是指存在于土壤中的，对公众健康、生态环境有危害和不良影响的物质。通常认为，重金属、危险废物、危险化学品、优先控制化学品属于有毒有害物质。《工矿用地土壤环境管理办法（试行）》中规定，有毒有害物质是指下列物质：①列入《水污染防治法》规定的有毒有害水污染物名录的污染物；②列入《大气污染防治法》规定的有毒有害大气污染物名录的污染物；③《固体废物污染环境防治法》规定的危险废物；④国家和地方建设用地土壤污染风险管控标准管控的污染物［国家建设用地土壤污染风险管控标准《土壤环境质量 建设用地土壤污染风险管控标准（试行）》管控的污染物包括砷、镉、铬、铅、汞、四氯化碳、滴滴涕、多氯联苯等85个项目］；⑤列入优先控制化学品名录内的物质（第一批优先控制化学品名录包括镉及镉化合物、汞及汞化合物、六溴环十二烷、六价铬化合物、乙醛等22个化学品）；⑥其他根据国家法律法规有关规定应当纳入有毒有害物质管理的物质。

《土壤污染防治法》第二十条规定："国务院生态环境主管部门应当会同国务院卫生健康等主管部门，根据对公众健康、生态环境的危害和影响程度，对土壤中有毒有害物质进行筛查评估，公布重点控制的土壤有毒有害物质名录，并适时更新。"需要说明的是，重点控制的土壤有毒有害物质名录属于法律规定明确要求有关国家机关制定的配套规定，依照《立法法》第六十六条规定，应当自法律施行之日（2019年1月1日）起一年内制定；未能在期限内制定的，应当向全国人民代表大会常务委员会说明情况。

三、土壤生态环境保护环境违法行为的法律责任

土壤生态环境保护主要执法事项目录见表5-3。

表5-3 土壤生态环境保护主要执法事项目录

序号	违法行为	法律依据
1	违法排放污染物造成或者可能造成严重污染	《土壤污染防治法》 第七十八条 企业事业单位和其他生产经营者违反法律法规规定排放有毒有害物质，造成或者可能造成严重土壤污染的，或者有关证据可能灭失或者被隐匿的，生态环境主管部门和其他负有土壤污染防治监督管理职责的部门，可以查封、扣押有关设施、设备、物品

续表

序号	违法行为	法律依据
2	土壤污染重点监管单位未制订、实施自行监测方案，或者未将监测数据报生态环境主管部门等行为	《土壤污染防治法》 第二十一条第二款　土壤污染重点监管单位应当履行下列义务： （一）严格控制有毒有害物质排放，并按年度向生态环境主管部门报告排放情况； （二）建立土壤污染隐患排查制度，保证持续有效防止有毒有害物质渗漏、流失、扬散； （三）制定、实施自行监测方案，并将监测数据报生态环境主管部门。 第四款　土壤污染重点监管单位应当对监测数据的真实性和准确性负责。生态环境主管部门发现土壤污染重点监管单位监测数据异常，应当及时进行调查。 第二十二条　企业事业单位拆除设施、设备或者建筑物、构筑物的，应当采取相应的土壤污染防治措施。 土壤污染重点监管单位拆除设施、设备或者建筑物、构筑物的，应当制定包括应急措施在内的土壤污染防治工作方案，报地方人民政府生态环境、工业和信息化主管部门备案并实施。 第二十三条第二款　尾矿库运营、管理单位应当按照规定，加强尾矿库的安全管理，采取措施防止土壤污染。危库、险库、病库以及其他需要重点监管的尾矿库的运营、管理单位应当按照规定，进行土壤污染状况监测和定期评估。 第二十五条第一款　建设和运行污水集中处理设施、固体废物处置设施，应当依照法律法规和相关标准的要求，采取措施防止土壤污染。 第八十六条　违反本法规定，有下列行为之一的，由地方人民政府生态环境主管部门或者其他负有土壤污染防治监督管理职责的部门责令改正，处以罚款；拒不改正的，责令停产整治： （一）土壤污染重点监管单位未制定、实施自行监测方案，或者未将监测数据报生态环境主管部门的； （二）土壤污染重点监管单位篡改、伪造监测数据的； （三）土壤污染重点监管单位未按年度报告有毒有害物质排放情况，或者未建立土壤污染隐患排查制度的； （四）拆除设施、设备或者建筑物、构筑物，企业事业单位未采取相应的土壤污染防治措施或者土壤污染重点监管单位未制定、实施土壤污染防治工作方案的；

续表

序号	违法行为	法律依据
2	土壤污染重点监管单位未制订、实施自行监测方案，或者未将监测数据报生态环境主管部门等行为	（五）尾矿库运营、管理单位未按照规定采取措施防止土壤污染的； （六）尾矿库运营、管理单位未按照规定进行土壤污染状况监测的； （七）建设和运行污水集中处理设施、固体废物处置设施，未依照法律法规和相关标准的要求采取措施防止土壤污染的。 有前款规定行为之一的，处二万元以上二十万元以下的罚款；有前款第二项、第四项、第五项、第七项规定行为之一，造成严重后果的，处二十万元以上二百万元以下的罚款
3	向农用地排放重金属或者其他有毒有害物质含量超标的污水、污泥，以及可能造成土壤污染的清淤底泥、尾矿、矿渣等行为	《土壤污染防治法》 第二十八条第一款　禁止向农用地排放重金属或者其他有毒有害物质含量超标的污水、污泥，以及可能造成土壤污染的清淤底泥、尾矿、矿渣等。 第八十七条　违反本法规定，向农用地排放重金属或者其他有毒有害物质含量超标的污水、污泥，以及可能造成土壤污染的清淤底泥、尾矿、矿渣等的，由地方人民政府生态环境主管部门责令改正，处十万元以上五十万元以下的罚款；情节严重的，处五十万元以上二百万元以下的罚款，并可以将案件移送公安机关，对直接负责的主管人员和其他直接责任人员处五日以上十五日以下的拘留；有违法所得的，没收违法所得
4	将重金属或者其他有毒有害物质含量超标的工业固体废物、生活垃圾或者污染土壤用于土地复垦	《土壤污染防治法》 第三十三条第二款　禁止将重金属或者其他有毒有害物质含量超标的工业固体废物、生活垃圾或者污染土壤用于土地复垦。 第八十九条　违反本法规定，将重金属或者其他有毒有害物质含量超标的工业固体废物、生活垃圾或者污染土壤用于土地复垦的，由地方人民政府生态环境主管部门责令改正，处十万元以上一百万元以下的罚款；有违法所得的，没收违法所得
5	出具虚假调查报告、风险评估报告、风险管控效果评估报告、修复效果评估报告	《土壤污染防治法》 第四十三条第二款　受委托从事前款活动的单位对其出具的调查报告、风险评估报告、风险管控效果评估报告、修复效果评估报告的真实性、准确性、完整性负责，并按照约定对风险管控、修复、后期管理等活动结果负责。 第九十条　违反本法规定，受委托从事土壤污染状况调查和土壤污染风险评估、风险管控效果评估、修复效果评估活动的单位，出具虚假调查报告、风险评估报告、风险管控效果评估报

续表

序号	违法行为	法律依据
5	出具虚假调查报告、风险评估报告、风险管控效果评估报告、修复效果评估报告	告、修复效果评估报告的，由地方人民政府生态环境主管部门处十万元以上五十万元以下的罚款；情节严重的，禁止从事上述业务，并处五十万元以上一百万元以下的罚款；有违法所得的，没收违法所得。 前款规定的单位出具虚假报告的，由地方人民政府生态环境主管部门对直接负责的主管人员和其他直接责任人员处一万元以上五万元以下的罚款；情节严重的，十年内禁止从事前款规定的业务；构成犯罪的，终身禁止从事前款规定的业务。 本条第一款规定的单位和委托人恶意串通，出具虚假报告，造成他人人身或者财产损害的，还应当与委托人承担连带责任
6	未单独收集、存放开发建设过程中剥离的表土等行为	《土壤污染防治法》 第三十三条第一款　国家加强对土壤资源的保护和合理利用。对开发建设过程中剥离的表土，应当单独收集和存放，符合条件的应当优先用于土地复垦、土壤改良、造地和绿化等。 第三十八条第二款　实施风险管控、修复活动，不得对土壤和周边环境造成新的污染。 第四十一条第一款　修复施工单位转运污染土壤的，应当制定转运计划，将运输时间、方式、线路和污染土壤数量、去向、最终处置措施等，提前报所在地和接收地生态环境主管部门。 第六十六条第三款　未达到土壤污染风险评估报告确定的风险管控、修复目标的建设用地地块，禁止开工建设任何与风险管控、修复无关的项目。 第九十一条　违反本法规定，有下列行为之一的，由地方人民政府生态环境主管部门责令改正，处十万元以上五十万元以下的罚款；情节严重的，处五十万元以上一百万元以下的罚款；有违法所得的，没收违法所得；对直接负责的主管人员和其他直接责任人员处五千元以上二万元以下的罚款： （一）未单独收集、存放开发建设过程中剥离的表土的； （二）实施风险管控、修复活动对土壤、周边环境造成新的污染的； （三）转运污染土壤，未将运输时间、方式、线路和污染土壤数量、去向、最终处置措施等提前报所在地和接收地生态环境主管部门的； （四）未达到土壤污染风险评估报告确定的风险管控、修复目标的建设用地地块，开工建设与风险管控、修复无关的项目的

续表

序号	违法行为	法律依据
7	未按照规定实施后期管理	《土壤污染防治法》 第四十二条第三款　风险管控、修复活动完成后，需要实施后期管理的，土壤污染责任人应当按照要求实施后期管理。 第九十二条　违反本法规定，土壤污染责任人或者土地使用权人未按照规定实施后期管理的，由地方人民政府生态环境主管部门或者其他负有土壤污染防治监督管理职责的部门责令改正，处一万元以上五万元以下的罚款；情节严重的，处五万元以上五十万元以下的罚款
8	拒不配合检查，或者在接受检查时弄虚作假	《土壤污染防治法》 第七十七条第二款　被检查者应当配合检查工作，如实反映情况，提供必要的资料。 第九十三条　违反本法规定，被检查者拒不配合检查，或者在接受检查时弄虚作假的，由地方人民政府生态环境主管部门或者其他负有土壤污染防治监督管理职责的部门责令改正，处二万元以上二十万元以下的罚款；对直接负责的主管人员和其他直接责任人员处五千元以上二万元以下的罚款
9	未按照规定进行土壤污染状况调查等行为	《土壤污染防治法》 第五十六条　对安全利用类和严格管控类农用地地块，土壤污染责任人应当按照国家有关规定以及土壤污染风险评估报告的要求，采取相应的风险管控措施，并定期向地方人民政府农业农村、林业草原主管部门报告。 第五十七条第一款　对产出的农产品污染物含量超标，需要实施修复的农用地地块，土壤污染责任人应当编制修复方案，报地方人民政府农业农村、林业草原主管部门备案并实施。修复方案应当包括地下水污染防治的内容。 第二款　修复活动应当优先采取不影响农业生产、不降低土壤生产功能的生物修复措施，阻断或者减少污染物进入农作物食用部分，确保农产品质量安全。 第三款　风险管控、修复活动完成后，土壤污染责任人应当另行委托有关单位对风险管控效果、修复效果进行评估，并将效果评估报告报地方人民政府农业农村、林业草原主管部门备案。 第五十九条第一款　对土壤污染状况普查、详查和监测、现场检查表明有土壤污染风险的建设用地地块，地方人民政府生态环境主管部门应当要求土地使用权人按照规定进行土壤污染状况调查。

续表

序号	违法行为	法律依据
9	未按照规定进行土壤污染状况调查等行为	第二款　用途变更为住宅、公共管理与公共服务用地的，变更前应当按照规定进行土壤污染状况调查。 第六十条　对土壤污染状况调查报告评审表明污染物含量超过土壤污染风险管控标准的建设用地地块，土壤污染责任人、土地使用权人应当按照国务院生态环境主管部门的规定进行土壤污染风险评估，并将土壤污染风险评估报告报省级人民政府生态环境主管部门。 第六十五条　风险管控、修复活动完成后，土壤污染责任人应当另行委托有关单位对风险管控效果、修复效果进行评估，并将效果评估报告报地方人民政府生态环境主管部门备案。 第九十四条　违反本法规定，土壤污染责任人或者土地使用权人有下列行为之一的，由地方人民政府生态环境主管部门或者其他负有土壤污染防治监督管理职责的部门责令改正，处二万元以上二十万元以下的罚款；拒不改正的，处二十万元以上一百万元以下的罚款，并委托他人代为履行，所需费用由土壤污染责任人或者土地使用权人承担；对直接负责的主管人员和其他直接责任人员处五千元以上二万元以下的罚款： （一）未按照规定进行土壤污染状况调查的； （二）未按照规定进行土壤污染风险评估的； （三）未按照规定采取风险管控措施的； （四）未按照规定实施修复的； （五）风险管控、修复活动完成后，未另行委托有关单位对风险管控效果、修复效果进行评估的。 土壤污染责任人或者土地使用权人有前款第三项、第四项规定行为之一，情节严重的，地方人民政府生态环境主管部门或者其他负有土壤污染防治监督管理职责的部门可以将案件移送公安机关，对直接负责的主管人员和其他直接责任人员处五日以上十五日以下的拘留
10	土壤污染重点监管单位未按照规定将土壤污染防治工作方案报地方人民政府生态环境主管部门备案等行为	《土壤污染防治法》 第二十二条第二款　土壤污染重点监管单位拆除设施、设备或者建筑物、构筑物的，应当制定包括应急措施在内的土壤污染防治工作方案，报地方人民政府生态环境、工业和信息化主管部门备案并实施。 第五十七条第一款　对产出的农产品污染物含量超标，需要实施修复的农用地地块，土壤污染责任人应当编制修复方案，报地方人民政府农业农村、林业草原主管部门备案并实施。修复方案应当包括地下水污染防治的内容。

续表

序号	违法行为	法律依据
10	土壤污染重点监管单位未按照规定将土壤污染防治工作方案报地方人民政府生态环境主管部门备案等行为	第三款　风险管控、修复活动完成后，土壤污染责任人应当另行委托有关单位对风险管控效果、修复效果进行评估，并将效果评估报告报地方人民政府农业农村、林业草原主管部门备案。 第六十七条　土壤污染重点监管单位生产经营用地的用途变更或者在其土地使用权收回、转让前，应当由土地使用权人按照规定进行土壤污染状况调查。土壤污染状况调查报告应当作为不动产登记资料送交地方人民政府不动产登记机构，并报地方人民政府生态环境主管部门备案。 第九十五条　违反本法规定，有下列行为之一的，由地方人民政府有关部门责令改正；拒不改正的，处一万元以上五万元以下的罚款： （一）土壤污染重点监管单位未按照规定将土壤污染防治工作方案报地方人民政府生态环境、工业和信息化主管部门备案的； （二）土壤污染责任人或者土地使用权人未按照规定将修复方案、效果评估报告报地方人民政府生态环境、农业农村、林业草原主管部门备案的； （三）土地使用权人未按照规定将土壤污染状况调查报告报地方人民政府生态环境主管部门备案的
11	土地复垦义务人将重金属污染物或者其他有毒有害物质用作回填或者充填材料	《土地复垦条例》 第十六条第三款　禁止将重金属污染物或者其他有毒有害物质用作回填或者充填材料。受重金属污染物或者其他有毒有害物质污染的土地复垦后，达不到国家有关标准的，不得用于种植食用农作物。 第四十条　土地复垦义务人将重金属污染物或者其他有毒有害物质用作回填或者充填材料的，由县级以上地方人民政府环境保护主管部门责令停止违法行为，限期采取治理措施，消除污染，处10万元以上50万元以下的罚款；逾期不采取治理措施的，环境保护主管部门可以指定有治理能力的单位代为治理，所需费用由违法者承担。 《土壤污染防治法》 第三十三条第二款　禁止将重金属或者其他有毒有害物质含量超标的工业固体废物、生活垃圾或者污染土壤用于土地复垦。 第八十九条　违反本法规定，将重金属或者其他有毒有害物质含量超标的工业固体废物、生活垃圾或者污染土壤用于土地复垦的，由地方人民政府生态环境主管部门责令改正，处十万元以上一百万元以下的罚款；有违法所得的，没收违法所得

第四节 地下水管理环境执法

一、地下水管理检查重点内容

（一）地下水污染防治的检查要点

（1）是否存在利用渗井、渗坑、裂隙、溶洞以及私设暗管等逃避监管的方式排放水污染物污染或者可能污染地下水的行为；

（2）是否存在利用岩层孔隙、裂隙、溶洞、废弃矿坑等贮存石化原料及产品、农药、危险废物、城镇污水处理设施产生的污泥和处理后的污泥或者其他有毒有害物质污染或者可能污染地下水的行为；

（3）在泉域保护范围以及岩溶强发育、存在较多落水洞和岩溶漏斗的区域内，是否存在新建、改建、扩建可能造成地下水污染的建设项目；

（4）是否存在单位和个人侵占、毁坏或者擅自移动地下水监测设施设备及其标志的行为；

（5）是否存在利用无防渗漏措施的沟渠、坑塘等输送或者贮存含有毒污染物的废水、含病原体的污水和其他废弃物污染或者可能污染地下水的行为；

（6）是否存在法律、法规禁止的其他污染或者可能污染地下水的行为；

（7）化学品生产企业以及工业集聚区、矿山开采区、尾矿库、危险废物处置场、垃圾填埋场等的运营、管理单位，是否采取防渗漏等措施，是否建设地下水水质监测井进行监测；

（8）加油站等的地下油罐是否使用双层罐或者采取建造防渗池等其他有效措施，是否进行防渗漏监测；

（9）存放可溶性剧毒废渣的场所，是否采取防水、防渗漏、防流失的措施。

（二）土壤污染防治工作中的地下水污染防治检查要点

（1）实施土壤污染状况调查活动编制的土壤污染状况调查报告是否包括地下水是否受到污染的内容；

（2）实施土壤污染风险评估活动编制的土壤污染风险评估报告是否包括

地下水污染范围；

（3）对建设用地土壤污染风险管控和修复名录中的地块，土壤污染责任人按照国家有关规定以及土壤污染风险评估报告的要求，采取的风险管控措施是否包括地下水污染防治的内容；

（4）对产出的农产品污染物含量超标，需要实施修复的农用地地块，土壤污染责任人编制的修复方案是否包括地下水污染防治的内容；

（5）对建设用地土壤污染风险管控和修复名录中需要实施修复的地块，土壤污染责任人结合土地利用总体规划和城乡规划编制的修复方案是否包括地下水污染防治的内容；

（6）受委托从事土壤污染状况调查和土壤污染风险评估、风险管控效果评估、修复效果评估活动的单位，出具的调查报告、风险评估报告、风险管控效果评估报告、修复效果评估报告是否存在虚假的情况。

关于印发地下水污染防治实施方案的通知

“十四五”土壤、地下水和农村生态环境保护规划

二、地下水管理环境执法难点解析

（一）地下水污染防治的职责分工

《地下水管理条例》在《水污染防治法》的基础上，进一步明确了地下水污染防治的职责分工，规定了地下水污染防治的管理体制、目标责任与考核要求。国务院生态环境主管部门负责全国地下水污染防治监督管理工作；县级以上地方人民政府对本行政区域内的地下水管理负责，地方人民政府生态环境主管部门负责本行政区域内地下水污染防治监督管理工作。国务院对省（自治区、直辖市）地下水管理和保护情况实行目标责任制和考核评价制度。国务院有关部门按照职责分工负责考核评价工作的具体组织实施。任何单位和个人都有权对损害地下水的行为进行监督、检举。

（二）土壤污染对地下水的影响

地下水污染是指由于人为活动造成地下水质恶化的现象。土壤作为污

染物的赋存介质和输移通道，土壤污染与地下水污染之间存在密切的关系。一方面，土壤具有一定的积累和净化污染物的能力，对地下水起到保护作用。另一方面，土壤污染又是浅层地下水污染的一个重要来源，土壤中的一些污染物容易淋溶或随渗水进入地下水，日积月累造成浅层地下水水质变差，最终导致污染。对于地下水而言，污染土壤成为地下水污染来源与污染输移动通道。土壤一旦污染将导致地下水污染，因此，土壤污染防治对地下水污染防控具有重要作用。

三、地下水管理环境违法行为的法律责任

地下水管理主要执法事项目录见表 5-4。

表 5-4　地下水管理主要执法事项目录

序号	违法行为	法律依据
1	利用渗井、渗坑、裂隙、溶洞以及私设暗管等逃避监管的方式排放水污染物等行为	《水污染防治法》 第三十九条　禁止利用渗井、渗坑、裂隙、溶洞，私设暗管，篡改、伪造监测数据，或者不正常运行水污染防治设施等逃避监管的方式排放水污染物。 第八十三条第三项　违反本法规定，有下列行为之一的，由县级以上人民政府环境保护主管部门责令改正或者责令限制生产、停产整治，并处十万元以上一百万元以下的罚款；情节严重的，报经有批准权的人民政府批准，责令停业、关闭： （三）利用渗井、渗坑、裂隙、溶洞，私设暗管，篡改、伪造监测数据，或者不正常运行水污染防治设施等逃避监管的方式排放水污染物的； 《地下水管理条例》 第四十条第一项　禁止下列污染或者可能污染地下水的行为： （一）利用渗井、渗坑、裂隙、溶洞以及私设暗管等逃避监管的方式排放水污染物； 第五十五条　违反本条例规定，未经批准擅自取用地下水，或者利用渗井、渗坑、裂隙、溶洞以及私设暗管等逃避监管的方式排放水污染物等违法行为，依照《中华人民共和国水法》、《中华人民共和国水污染防治法》、《中华人民共和国土壤污染防治法》、《取水许可和水资源费征收管理条例》等法律、行政法规的规定处罚

续表

序号	违法行为	法律依据
2	利用岩层孔隙、裂隙、溶洞、废弃矿坑等贮存石化原料及产品、农药、危险废物或者其他有毒有害物质等	《地下水管理条例》 第四十条第一项、第二项　禁止下列污染或者可能污染地下水的行为： （二）利用岩层孔隙、裂隙、溶洞、废弃矿坑等贮存石化原料及产品、农药、危险废物、城镇污水处理设施产生的污泥和处理后的污泥或者其他有毒有害物质； 第四十二条　在泉域保护范围以及岩溶强发育、存在较多落水洞和岩溶漏斗的区域内，不得新建、改建、扩建可能造成地下水污染的建设项目。 第五十九条第一款　利用岩层孔隙、裂隙、溶洞、废弃矿坑等贮存石化原料及产品、农药、危险废物或者其他有毒有害物质的，由地方人民政府生态环境主管部门责令限期改正，处 10 万元以上 100 万元以下罚款。 第三款　在泉域保护范围以及岩溶强发育、存在较多落水洞和岩溶漏斗的区域内，新建、改建、扩建造成地下水污染的建设项目的，由地方人民政府生态环境主管部门处 10 万元以上 50 万元以下罚款，并报经有批准权的人民政府批准，责令拆除或者关闭
3	侵占、毁坏或者擅自移动地下水监测设施设备及其标志	《地下水管理条例》 第四十七条第一款　任何单位和个人不得侵占、毁坏或者擅自移动地下水监测设施设备及其标志。 第六十条　侵占、毁坏或者擅自移动地下水监测设施设备及其标志的，由县级以上地方人民政府水行政、自然资源、生态环境主管部门责令停止违法行为，限期采取补救措施，处 2 万元以上 10 万元以下罚款；逾期不采取补救措施的，由县级以上地方人民政府水行政、自然资源、生态环境主管部门组织补救，所需费用由违法行为人承担
4	未采取防渗漏等措施，或者未建设地下水水质监测井进行监测等行为	《地下水管理条例》 第四十条　禁止下列污染或者可能污染地下水的行为： （三）利用无防渗漏措施的沟渠、坑塘等输送或者贮存含有毒污染物的废水、含病原体的污水和其他废弃物；

续表

序号	违法行为	法律依据
4	未采取防渗漏等措施，或者未建设地下水水质监测井进行监测等行为	第四十一条　企业事业单位和其他生产经营者应当采取下列措施，防止地下水污染： （二）化学品生产企业以及工业集聚区、矿山开采区、尾矿库、危险废物处置场、垃圾填埋场等的运营、管理单位，应当采取防渗漏等措施，并建设地下水水质监测井进行监测； （三）加油站等的地下油罐应当使用双层罐或者采取建造防渗池等其他有效措施，并进行防渗漏监测； （四）存放可溶性剧毒废渣的场所，应当采取防水、防渗漏、防流失的措施； 《水污染防治法》 第三十七条第三款　存放可溶性剧毒废渣的场所，应当采取防水、防渗漏、防流失的措施。 第四十条　化学品生产企业以及工业集聚区、矿山开采区、尾矿库、危险废物处置场、垃圾填埋场等的运营、管理单位，应当采取防渗漏等措施，并建设地下水水质监测井进行监测，防止地下水污染。 加油站等的地下油罐应当使用双层罐或者采取建造防渗池等其他有效措施，并进行防渗漏监测，防止地下水污染。 禁止利用无防渗漏措施的沟渠、坑塘等输送或者存贮含有毒污染物的废水、含病原体的污水和其他废弃物。 第八十五条第一款第七项、第八项、第九项　有下列行为之一的，由县级以上地方人民政府环境保护主管部门责令停止违法行为，限期采取治理措施，消除污染，处以罚款；逾期不采取治理措施的，环境保护主管部门可以指定有治理能力的单位代为治理，所需费用由违法者承担： （七）未采取防渗漏等措施，或者未建设地下水水质监测井进行监测的； （八）加油站等的地下油罐未使用双层罐或者采取建造防渗池等其他有效措施，或者未进行防渗漏监测的； （九）未按照规定采取防护性措施，或者利用无防渗漏措施的沟渠、坑塘等输送或者存贮含有毒污染物的废水、含病原体的污水或者其他废弃物的。 第二款　有前款第三项、第四项、第六项、第七项、第八项行为之一的，处二万元以上二十万元以下的罚款。有前款第一项、第二项、第五项、第九项行为之一的，处十万元以上一百万元以下的罚款；情节严重的，报经有批准权的人民政府批准，责令停业、关闭

续表

序号	违法行为	法律依据
5	未按照规定进行土壤污染状况调查	《土壤污染防治法》 第三十六条　实施土壤污染状况调查活动，应当编制土壤污染状况调查报告。 土壤污染状况调查报告应当主要包括地块基本信息、污染物含量是否超过土壤污染风险管控标准等内容。污染物含量超过土壤污染风险管控标准的，土壤污染状况调查报告还应当包括污染类型、污染来源以及地下水是否受到污染等内容。 第六十七条　土壤污染重点监管单位生产经营用地的用途变更或者在其土地使用权收回、转让前，应当由土地使用权人按照规定进行土壤污染状况调查。土壤污染状况调查报告应当作为不动产登记资料送交地方人民政府不动产登记机构，并报地方人民政府生态环境主管部门备案。 第九十四条第一款第一项　违反本法规定，土壤污染责任人或者土地使用权人有下列行为之一的，由地方人民政府生态环境主管部门或者其他负有土壤污染防治监督管理职责的部门责令改正，处二万元以上二十万元以下的罚款；拒不改正的，处二十万元以上一百万元以下的罚款，并委托他人代为履行，所需费用由土壤污染责任人或者土地使用权人承担；对直接负责的主管人员和其他直接责任人员处五千元以上二万元以下的罚款： （一）未按照规定进行土壤污染状况调查的
6	未按照规定进行土壤污染风险评估	《土壤污染防治法》 第三十七条　实施土壤污染风险评估活动，应当编制土壤污染风险评估报告。 土壤污染风险评估报告应当主要包括下列内容： （一）主要污染物状况； （二）土壤及地下水污染范围； （三）农产品质量安全风险、公众健康风险或者生态风险； （四）风险管控、修复的目标和基本要求等。

续表

序号	违法行为	法律依据
6	未按照规定进行土壤污染风险评估	第六十条　对土壤污染状况调查报告评审表明污染物含量超过土壤污染风险管控标准的建设用地地块，土壤污染责任人、土地使用权人应当按照国务院生态环境主管部门的规定进行土壤污染风险评估，并将土壤污染风险评估报告报省级人民政府生态环境主管部门。 第九十四条第一款第二项　违反本法规定，土壤污染责任人或者土地使用权人有下列行为之一的，由地方人民政府生态环境主管部门或者其他负有土壤污染防治监督管理职责的部门责令改正，处二万元以上二十万元以下的罚款；拒不改正的，处二十万元以上一百万元以下的罚款，并委托他人代为履行，所需费用由土壤污染责任人或者土地使用权人承担；对直接负责的主管人员和其他直接责任人员处五千元以上二万元以下的罚款： （二）未按照规定进行土壤污染风险评估的
7	未按照规定采取风险管控措施	《土壤污染防治法》 第六十二条　对建设用地土壤污染风险管控和修复名录中的地块，土壤污染责任人应当按照国家有关规定以及土壤污染风险评估报告的要求，采取相应的风险管控措施，并定期向地方人民政府生态环境主管部门报告。风险管控措施应当包括地下水污染防治的内容。 第九十四条第一款第三项　违反本法规定，土壤污染责任人或者土地使用权人有下列行为之一的，由地方人民政府生态环境主管部门或者其他负有土壤污染防治监督管理职责的部门责令改正，处二万元以上二十万元以下的罚款；拒不改正的，处二十万元以上一百万元以下的罚款，并委托他人代为履行，所需费用由土壤污染责任人或者土地使用权人承担；对直接负责的主管人员和其他直接责任人员处五千元以上二万元以下的罚款： （三）未按照规定采取风险管控措施的

续表

序号	违法行为	法律依据
8	未按照规定实施修复	《土壤污染防治法》 第五十七条　对产出的农产品污染物含量超标，需要实施修复的农用地地块，土壤污染责任人应当编制修复方案，报地方人民政府农业农村、林业草原主管部门备案并实施。修复方案应当包括地下水污染防治的内容。 第六十四条　对建设用地土壤污染风险管控和修复名录中需要实施修复的地块，土壤污染责任人应当结合土地利用总体规划和城乡规划编制修复方案，报地方人民政府生态环境主管部门备案并实施。修复方案应当包括地下水污染防治的内容。 第九十四条第一款第四项　违反本法规定，土壤污染责任人或者土地使用权人有下列行为之一的，由地方人民政府生态环境主管部门或者其他负有土壤污染防治监督管理职责的部门责令改正，处二万元以上二十万元以下的罚款；拒不改正的，处二十万元以上一百万元以下的罚款，并委托他人代为履行，所需费用由土壤污染责任人或者土地使用权人承担；对直接负责的主管人员和其他直接责任人员处五千元以上二万元以下的罚款： （四）未按照规定实施修复的
9	受委托从事土壤污染状况调查和土壤污染风险评估、风险管控效果评估、修复效果评估活动的单位，出具虚假调查报告、风险评估报告、风险管控效果评估报告、修复效果评估报告	《土壤污染防治法》 第四十三条第二款　受委托从事前款活动的单位对其出具的调查报告、风险评估报告、风险管控效果评估报告、修复效果评估报告的真实性、准确性、完整性负责，并按照约定对风险管控、修复、后期管理等活动结果负责。 第九十条　违反本法规定，受委托从事土壤污染状况调查和土壤污染风险评估、风险管控效果评估、修复效果评估活动的单位，出具虚假调查报告、风险评估报告、风险管控效果评估报告、修复效果评估报告的，由地方人民政府生态环境主管部门处十万元以上五十万元以下的罚款；情节严重的，禁止从事上述业务，并处五十万元以上一百万元以下的罚款；有违法所得的，没收违法所得

第五节　生态环境应急管理执法

一、生态环境应急管理检查重点内容

（一）生态环境应急管理制度执行情况检查重点

1. 突发环境事件应急管理制度执行情况检查重点

（1）是否按规定开展突发环境事件风险评估工作，确定风险等级；

（2）是否按规定开展环境安全隐患排查治理工作，建立隐患排查治理档案；

（3）是否按规定指定突发环境事件应急预案并备案；

（4）是否按规定开展突发环境事件应急培训，如实记录培训情况；

（5）是否按规定储备必要的环境应急装备和物资；

（6）是否按规定公开突发环境事件应急预案等相关信息；

（7）是否按规定开展突发环境事件演练。

2. 突发水环境事件风险防控措施检查重点

（1）环境风险单元是否设防渗漏、防腐蚀、防淋溶、防流失措施；是否装置围堰与罐区防火堤（围堰）外设排水切换阀，正常情况下通向雨水系统的阀门是否关闭，通向事故存液池、应急事故水池、清净废水排放缓冲池或污水处理系统的阀门是否打开；前述措施日常管理及维护是否良好，是否有专人负责阀门切换或设置自动切换设施，是否能保证初期雨水、泄漏物和受污染的消防水排入污水系统。

（2）是否按相关设计规范设置应急事故水池、事故存液池或清净废水排放缓冲池等事故排水收集设施，是否根据相关设计规范、下游环境风险受体敏感程度和易发生极端天气情况，设计事故排水收集设施的容量；是否能确保事故排水收集设施在事故状态下能顺利收集泄漏物和消防水，日常是否能保持足够的事故排水缓冲容量；是否通过协议单位或自建管线，能将所收集废水送至厂区内污水处理设施处理。

（3）是否涉及清净废水。涉及清净废水的，厂区内清净废水是否均可排入废水处理系统。清污分流的，清净废水系统是否具有收集受污染的清净废水的缓冲池（或收集池），池内日常是否能保持足够的事故排水缓冲容量；池内是否设有提升设施或通过自流，能否将所收集物送至厂区内污水处理设施处理；清净废水系统是否具有总排口监视及关闭设施，是否有专人负责在紧急状态下关闭清净废水总排口，防止受污染的清净废水和泄漏物进入外环境。

（4）厂区内雨水是否均进入废水处理系统。雨污分流的，雨水排水系统是否具有收集初期雨水的收集池或雨水监控池；池出水管上是否设置切断阀，正常情况下阀门是否关闭，防止受污染的雨水外排；池内是否设有提升设施或通过自流，能否将所收集物送至厂区内污水处理设施处理；雨水排水系统是否具有雨水系统总排口（含泄洪渠）监视及关闭设施，在紧急情况下是否有专人负责关闭雨水系统总排口（含与清净废水共用一套排水系统情况），防止雨水、消防水和泄漏物进入外环境。如果有排洪沟，排洪沟是否通过生产区和罐区，或是否具有防止泄漏物和受污染的消防水等流入区域排洪沟的措施。

（5）是否有生产废水产生或外排。有污水外排时，受污染的循环冷却水、雨水、消防水等是否排入生产废水系统或独立处理系统；生产废水排放前是否设监控池，能否将不合格废水送至废水处理设施处理；如企业受污染的清净废水或雨水进入废水处理系统处理，废水处理系统是否设置事故水缓冲设施；是否具有生产废水总排口监视及关闭设施，是否有专人负责启闭，确保泄漏物、受污染的消防水、不合格废水不排出厂外。

（6）生产废水外排的，其排放去向。

（7）排放有毒有害水污染物名录中所列有毒有害水污染物的企业事业单位和其他生产经营者，是否对排污口和周边环境进行监测，评估环境风险，排查环境安全隐患，并公开有毒有害水污染物信息，采取有效措施防范环境风险。

3. 突发大气环境事件风险防控措施检查重点

（1）企业与周边重要环境风险受体的各类防护距离是否符合环境影响评价文件及批复的要求。

（2）排放有毒有害大气污染物的企业事业单位，是否按照规定建设环境风险预警体系或者对排放口和周边环境进行定期监测、排查环境安全隐患并采取有效措施防范环境风险。

（3）在发生或者可能发生突发大气环境事件时，企业事业单位能否立即采取措施处理，及时通报可能受到危害的单位和居民。

4. 突发固体废物污染环境事件风险防控措施检查重点

（1）产生危险废物的单位，是否按照国家有关规定制定危险废物管理计划；是否建立危险废物管理台账，是否如实记录有关信息，是否通过国家危险废物信息管理系统向所在地生态环境主管部门申报危险废物的种类、产生量、流向、贮存、处置等有关资料。

突发环境事件应急管理办法

（2）产生、收集、贮存、运输、利用、处置危险废物的单位，是否依法制定意外事故的防范措施和应急预案，是否向所在地生态环境主管部门和其他负有固体废物污染环境防治监督管理职责的部门备案。

（3）因发生事故或者其他突发性事件，造成危险废物严重污染环境的单位，是否立即采取有效措施消除或者减轻对环境的污染危害，是否及时通报可能受到污染危害的单位和居民，是否向所在地生态环境主管部门和有关部门报告，接受调查处理。

（二）突发环境事件调查重点内容

突发环境事件调查应当查明下列情况：（1）突发环境事件发生单位基本情况；（2）突发环境事件发生的时间、地点、原因和事件经过；（3）突发环境事件造成的人身伤亡、直接经济损失情况，环境污染和生态破坏情况；（4）突发环境事件发生单位、地方人民政府和有关部门日常监管和事件应对情况；（5）其他需要查明的事项。

开展突发环境事件调查，应当查明突发环境事件发生单位的下列情况：（1）建立环境应急管理制度、明确责任人和职责的情况；（2）环境风险防范设施建设及运行的情况；（3）定期排查环境安全隐患并及时落实环境风险防控措施的情况；（4）环境应急预案的编制、备案、管理及实施情况；（5）突发环境事件发生后的信息报告或者通报情况；（6）突发环境事件发生后，启动环境应急预案，并采取控制或者切断污染源防止污染扩散的情况；（7）突发环境事件发生后，服从应急指挥机构统一指挥，并按要求采取预防、处置措施的情况；（8）生产安全事故、交通事故、自然灾害等其他突发事件发生后，采取预防次生突发环境事件措施的情况；（9）突发环境事件发生后，是否存在伪造、故意破坏事发现场，或者销毁证据阻碍调查的情况。

开展突发环境事件调查，应当查明有关生态环境主管部门环境应急管理方面的下列情况：（1）按规定编制环境应急预案和对预案进行评估、备案、演练等的情况，以及按规定对突发环境事件发生单位环境应急预案实施备案管理的情况；（2）按规定赶赴现场并及时报告的情况；（3）按规定组织开展环境应急监测的情况；（4）按职责向履行统一领导职责的人民政府提出突发环境事件处置或者信息发布建议的情况；（5）突发环境事件已经或者可能涉及相邻行政区域时，事发地环境保护主管部门向相邻行政区域环境保护主管部门的通报情况；（6）接到相邻行政区域突发环境事件信息后，相关生态环境主管部门按规定调查了解并报告的情况；（7）按规定开展突发环境事件污染损害评估的情况。开展突发环境事件调查，应当收集地方人民政府和有关部门在突发环境事件发生单位建设项目立项、审批、验收、执法等日常监管过程中和突发环境事件应对、组织开展突发环境事件污染损害评估等环节履职情况的证据材料。

开展突发环境事件调查，应当在查明突发环境事件基本情况后，编写突发环境事件调查报告。突发环境事件调查报告应当包括下列内容：（1）突发环境事件发生单位的概况和突发环境事件发生经过；（2）突发环境事件造成的人身伤亡、直接经济损失，环境污染和生态破坏的情况；（3）突发环境事件发生的原因和性质；（4）突发环境事件发生单位对环境风险的防范、隐患整改和应急处置情况；（5）地方政府和相关部门日常监管和应急处置情况；（6）责任认定和对突发环境事件发生单位、责任人的处理建议；（7）突发环境事件防范和整改措施建议；（8）其他有必要报告的内容。

突发环境事件调查处理办法

突发环境事件信息报告办法

关于印发《企业事业单位突发环境事件应急预案备案管理办法（试行）》的通知

关于组建生态环境部第一届生态环境应急专家组的通知

二、生态环境应急管理执法难点解析

（一）紧急状态与生态环境应急处置措施

《治安管理处罚法》第五十条第一项规定：“拒不执行人民政府在紧急状态情况下依法发布的决定、命令的，处警告或者200元以下罚款；情节严重的，处5日以上10日以下拘留，可以并处500元以下罚款。”构成拒不执行人民政府在紧急状态情况下依法发布的决定、命令的行为，在客观方面需具备以下两个条件：第一，采取了拒不执行的行为方式。拒不执行，是指在紧急状态情况下明知人民政府依法发布的决定、命令的内容，而执意不履行其法定义务的行为，既包括作为方式，也包括不作为方式，一般主要表现为经劝说、警告或者处罚后仍不履行法定义务的行为。第二，拒不执行的是人民政府在紧急状态情况下依法发布的决定、命令。如果行为人拒不执行的决定、命令不是人民政府在紧急状态情况下依法发布的，而是在一般情况下发布的，则不构成本行为。

《突发事件应对法》第六十九条规定：“发生特别重大突发事件，对人民生命财产安全、国家安全、公共安全、环境安全或者社会秩序构成重大威胁，采取本法和其他有关法律、法规、规章规定的应急处置措施不能消除或者有效控制、减轻其严重社会危害，需要进入紧急状态的，由全国人民代表大会常务委员会或者国务院依照宪法和其他有关法律规定的权限和程序决定。紧急状态期间采取的非常措施，依照有关法律规定执行或者由全国人民代表大会常务委员会另行规定。”

2004年3月，第十届全国人民代表大会第二次会议通过的宪法修正案规定：“全国人民代表大会常务委员会决定全国或者个别省、自治区、直辖市进入紧急状态；中华人民共和国主席根据全国人民代表大会的决定和全国人民代表大会常务委员会的决定，宣布进入紧急状态；国务院依照法律规定决定省、自治区、直辖市的范围内部分地区进入紧急状态。”如何在紧急状态期间始终坚持依法办事的原则，是衡量一个社会法治化水平的标志。

由此可见，生态环境应急处置措施和紧急状态是完全不同的。

（二）“为防止污染扩大、消除污染而采取必要合理措施所产生的费用”的计算范围

《最高人民法院、最高人民检察院关于办理环境污染刑事案件适用法律若干问题的解释》（法释〔2023〕7号）第十九条第四款明确规定：“本解释所称‘公私财产损失’，包括实施刑法第三百三十八条、第三百三十九条规定的行为直接造成财产损毁、减少的实际价值，为防止污染扩大、消除污染而采取必要合理措施所产生的费用，以及处置突发环境事件的应急监测费用。”

关于“为防止污染扩大、消除污染而采取必要合理措施所产生的费用”的计算范围，可以参考《环境损害鉴定评估推荐方法（第Ⅱ版）》的界定，主要包括应急处置费用和事务性费用。其中，应急处置费用指突发环境事件应急处置期间，为减轻或消除对公众健康、公私财产和生态环境造成的危害，各级政府与相关单位针对可能或已经发生的突发环境事件而采取的行动和措施所发生的费用；事务性费用指污染环境或破坏生态环境行为发生后，各级政府与相关单位为保护公众健康、公私财产和生态环境，减轻或消除危害，开展环境监测、信息公开、现场调查、执行监督等相关工作所支出的费用。

“为防止污染扩大、消除污染而采取必要合理措施所产生的费用”应包括污染清除费用，即采用工程和技术手段，将生态环境中的污染物阻断、控制、移除、转移、固定和处置的过程中产生的费用。但不宜理解为包括“生态环境修复费用”在内。关于应否纳入“公私财产损失”的计算范围，实践中有不同认识，《最高人民法院、最高人民检察院关于办理环境污染刑事案件适用法律若干问题的解释》（法释〔2013〕15号）起草过程中也有意见主张将其“污染修复费用”明确纳入。按照《生态环境损害鉴定评估技术指南 总纲和关键环节 第1部分：总纲》（GB/T 39791.1—2020）的界定，生态环境恢复是指采取必要、合理的措施将受损生态环境及其服务功能恢复至基线并补偿期间损害的过程，包括环境修复和生态服务功能的恢复。按照恢复目标和阶段不同，生态环境恢复可分为基本恢复、补偿性恢复和补充性恢复。生态环境恢复费用计算是指测算最佳恢复方案的实施费用，包括直接费用和间接费用。其中，直接费用包括生态环境恢复工程主体设备、材料、工程实施等费用，间接费用包括恢复工程监测、工程监理、质量控制、安全防护、二次污染或

破坏防治等费用。而从实践来看，生态环境恢复费用的数额普遍较高，难以为“致使公私财产损失三十万元以上”或者“致使公私财产损失一百万元以上”这样的标准所囊括。而如前所述，《最高人民法院、最高人民检察院关于办理环境污染刑事案件适用法律若干问题的解释》（法释〔2023〕7号）仍然维持了《最高人民法院、最高人民检察院关于办理环境污染刑事案件适用法律若干问题的解释》（法释〔2016〕29号）、《最高人民法院关于办理环境污染刑事案件具体应用法律若干问题的解释》（法释〔2006〕4号）和《关于办理环境污染刑事案件适用法律若干问题的解释》（法释〔2013〕15号）关于“公私财产损失”的定罪量刑标准。基于这一现实情况，不宜将“生态环境修复费用”纳入“公私财产损失”的计算范围，否则，将可能导致司法解释的过于严苛。[①]

（三）处置突发环境事件的应急监测费用的认定

对于环境监测费用是否可以纳入“公私财产损失”的计算范围，存在较大争议，《最高人民法院、最高人民检察院关于办理环境污染刑事案件适用法律若干问题的解释》（法释〔2013〕15号）对此并未明确。而实践中已有对现场监测所产生的费用应否纳入“公私财产损失”计算范围存在争议的案件。《最高人民法院、最高人民检察院关于办理环境污染刑事案件适用法律若干问题的解释》（法释〔2016〕29号）起草过程中，经慎重研究认为，“公私财产损失”不包括日常环境监测费用，但因所涉行为导致的各类环境应急措施和应急处置费用（包括应急监测费用）应当列为“为防止污染扩大、消除污染而采取必要合理措施所产生的费用”。为消除司法实践中的争议，《最高人民法院、最高人民检察院关于办理环境污染刑事案件适用法律若干问题的解释》（法释〔2016〕29号）第十七条第四款明确规

关于印发《突发环境事件应急处置阶段环境损害评估推荐方法》的通知

关于印发《突发环境事件应急处置阶段污染损害评估工作程序规定》的通知

① 胡云腾．最高人民法院 最高人民检察院环境污染刑事司法解释理解与适用 [M]. 北京：人民法院出版社，2014: 78-79.

定“公私财产损失”包括“处置突发环境事件的应急监测费用”。[①]《最高人民法院、最高人民检察院关于办理环境污染刑事案件适用法律若干问题的解释》（法释〔2023〕7号）第十九条第四款对此予以保留。

按照原环境保护部发布的《突发环境事件应急处置阶段环境损害评估推荐方法》（环办〔2014〕118号）界定，应急监测费用指在突发环境事件应急处置期间，为发现和查明环境污染情况和污染损害范围而进行的采样、监测与检测分析活动所发生的费用。可以按照以下两种方法计算：

方法一：按照应急监测发生的费用项计算，具体费用项以及计算方法参见9.1.1节。

应急监测费用＝材料和药剂费＋设备或房屋租赁费＋行政支出费用＋应急设备维修或重置费用＋专家技术咨询费

其中，行政支出费用指在应急处置过程中发生的餐费、人员费、交通费、印刷费、通讯费、水电费以及必要的防护费用等；应急设备维修或重置费用指在应急处置过程中应急设备损坏后发生的维修成本或重置成本。其中维修成本按实际发生的维修费用计算。

重置成本的计算公式如下：

重置成本＝重置价值（元）×（1－年均折旧率%已使用年限）×损坏率

其中，年均折旧率＝（1－预计净残值率）×100%/总使用年限

重置价值指重新购买设备的费用。

方法二：按照事件发生所在地区物价部门核定的环境监测、卫生疾控、农林 渔业等部门监测项目收费标准和相关规定计算费用，公式如下：

应急监测费用＝样品数量（单样/项）×样品检测单价＋样品数量（点/个/项）×样品采样单价＋交通运输等其他费用

关于应急监测费用的核算，说明如下：（1）应急监测费用应发生在应急处置阶段以及合理的预警期内。预警期以应急处置方案的规定或者应急指挥部的部署为准，应急处置方案和应急指挥部决策没有相关具体要求的，根据污染团实际到达预警监测点位的时间判断，突发水环境事件以该时间点前24小时视为合理，突发大气环境事件以该时间点前2小时视为合理。（2）监测频次和采样布点密度应按照应急监测方案执行，并符合相关采样监测技术

① 喻海松.环境资源犯罪实务精释[M].北京：法律出版社，2017: 149.

文件要求。（3）应急处置结束后48小时以外的，观察被污染区域环境质量是否持续、平稳达标产生的监测费用，不计入直接经济损失。（4）明显与事件无关的采样或监测项目产生的费用，比如在事件特征污染物已确定后，仍监测其他不相关污染物产生的监测费用，不计入直接经济损失。[①]

（四）调查评估费用不应纳入"公私财产损失"的计算范围

实践中还有一个争议较大的问题，即调查评估费用应否纳入"公私财产损失"的计算范围。经研究认为，基于常理，不应将调查评估费用纳入"公私财产损失"的计算范围。《最高人民法院、最高人民检察院关于办理环境污染刑事案件适用法律若干问题的解释》（法释〔2023〕7号）第十九条第四款规定的"公私财产损失"的计算范围，直接涉及对行为人追究相应的刑事责任，而非民事赔偿责任，应当严格限缩能够归属于行为人的行为导致的"公私财产损失"的范围。对比其他刑事案件，即可对此问题有更为清晰的认识：行为人诈骗他人财物，公安机关抓捕行为人所产生的费用，自然不能被认定为诈骗数额，不能成为影响行为人追究刑事责任的依据；同样，行为人故意致被害人轻伤，对被害人进行轻伤鉴定所产生的费用，也不能成为影响行为人追究刑事责任的依据。基于同样的道理，在环境污染发生后，有关部门对现场进行评估、特别是进行监测以收集可以作为证据使用的监测数据，是有关部门应尽的职责，所产生的费用不能纳入"公私财产损失"的计算范围。[②]如损害评估监测，是指突发环境事件发生以后，根据环境损害评估工作的需要，在应急监测工作的基础上针对污染因子、环境介质、损害受体等开展的监测工作。

三、生态环境应急管理违法行为的法律责任

生态环境应急管理主要执法事项目录见表5-5。

---

① 於方，赵丹．生态环境损害鉴定评估工作指南与手册[M]．北京：中国环境出版集团，2020: 218.

② 胡云腾．最高人民法院　最高人民检察院环境污染刑事司法解释理解与适用[M]．北京：人民法院出版社，2014: 79-80.

表 5-5 生态环境应急管理主要执法事项目录

序号	违法行为	法律依据
1	违法排污造成突发环境事件等	《环境保护法》 第二十五条　企业事业单位和其他生产经营者违反法律法规规定排放污染物，造成或者可能造成严重污染的，县级以上人民政府环境保护主管部门和其他负有环境保护监督管理职责的部门，可以查封、扣押造成污染物排放的设施、设备。 《大气污染防治法》 第三十条　企业事业单位和其他生产经营者违反法律法规规定排放大气污染物，造成或者可能造成严重大气污染，或者有关证据可能灭失或者被隐匿的，县级以上人民政府生态环境主管部门和其他负有大气环境保护监督管理职责的部门，可以对有关设施、设备、物品采取查封、扣押等行政强制措施。 《土壤污染防治法》 第七十八条　企业事业单位和其他生产经营者违反法律法规规定排放有毒有害物质，造成或者可能造成严重土壤污染的，或者有关证据可能灭失或者被隐匿的，生态环境主管部门和其他负有土壤污染防治监督管理职责的部门，可以查封、扣押有关设施、设备、物品。 《固体废物污染环境防治法》 第二十七条　有下列情形之一，生态环境主管部门和其他负有固体废物污染环境防治监督管理职责的部门，可以对违法收集、贮存、运输、利用、处置的固体废物及设施、设备、场所、工具、物品予以查封、扣押： （一）可能造成证据灭失、被隐匿或者非法转移的； （二）造成或者可能造成严重环境污染的。 《噪声污染防治法》 第三十条　排放噪声造成严重污染，被责令改正拒不改正的，生态环境主管部门或者其他负有噪声污染防治监督管理职责的部门，可以查封、扣押排放噪声的场所、设施、设备、工具和物品。 《海洋环境保护法》 第三十条　造成或者可能造成严重海洋环境污染、生态破坏的，或者有关证据可能灭失或者被隐匿的，依照本法规定行使海洋环境监督管理权的部门和机构可以查封、扣押有关船舶、设施、设备、物品。 《环境保护主管部门实施查封、扣押办法》 第四条　排污者有下列情形之一的，环境保护主管部门依法实施查封、扣押： （一）违法排放、倾倒或者处置含传染病病原体的废物、危险废物、含重金属污染物或者持久性有机污染物等有毒物质或者其他有害物质的；

续表

序号	违法行为	法律依据
1	违法排污造成突发环境事件等	（二）在饮用水水源一级保护区、自然保护区核心区违反法律法规规定排放、倾倒、处置污染物的； （三）违反法律法规规定排放、倾倒化工、制药、石化、印染、电镀、造纸、制革等工业污泥的； （四）通过暗管、渗井、渗坑、灌注或者篡改、伪造监测数据，或者不正常运行防治污染设施等逃避监管的方式违反法律法规规定排放污染物的； （五）较大、重大和特别重大突发环境事件发生后，未按照要求执行停产、停排措施，继续违反法律法规规定排放污染物的； （六）法律、法规规定的其他造成或者可能造成严重污染的违法排污行为。 有前款第一项、第二项、第三项、第六项情形之一的，环境保护主管部门可以实施查封、扣押；已造成严重污染或者有前款第四项、第五项情形之一的，环境保护主管部门应当实施查封、扣押。 《突发环境事件应急管理办法》 第三十七条第二款　较大、重大和特别重大突发环境事件发生后，企业事业单位未按要求执行停产、停排措施，继续违反法律法规规定排放污染物的，环境保护主管部门应当依法对造成污染物排放的设施、设备实施查封、扣押
2	不披露环境信息，或者披露的环境信息不真实、不准确等行为	《企业环境信息依法披露管理办法》 第十一条第二款　企业应当按照准则编制年度环境信息依法披露报告和临时环境信息依法披露报告，并上传至企业环境信息依法披露系统。 第十二条第五项　企业年度环境信息依法披露报告应当包括以下内容： （五）生态环境应急信息，包括突发环境事件应急预案、重污染天气应急响应等方面的信息； 第十七条第二款　企业发生突发环境事件的，应当依照有关法律法规规定披露相关信息。 第十九条　企业应当于每年3月15日前披露上一年度1月1日至12月31日的环境信息。 第二十条　企业在企业名单公布前存在本办法第十七条规定的环境信息的，应当于企业名单公布后十个工作日内以临时环境信息依法披露报告的形式披露本年度企业名单公布前的相关信息。 第二十七条　法律法规对企业环境信息公开或者披露规定了法律责任的，依照其规定执行。

续表

序号	违法行为	法律依据
2	不披露环境信息，或者披露的环境信息不真实、不准确等行为	第二十八条　企业违反本办法规定，不披露环境信息，或者披露的环境信息不真实、不准确的，由设区的市级以上生态环境主管部门责令改正，通报批评，并可以处一万元以上十万元以下的罚款。 第二十九条　企业违反本办法规定，有下列行为之一的，由设区的市级以上生态环境主管部门责令改正，通报批评，并可以处五万元以下的罚款： （一）披露环境信息不符合准则要求的； （二）披露环境信息超过规定时限的； （三）未将环境信息上传至企业环境信息依法披露系统的
3	未按规定开展突发环境事件风险评估工作，确定风险等级等行为	《突发环境事件应急管理办法》 第六条第一款第一项、第三项　企业事业单位应当按照相关法律法规和标准规范的要求，履行下列义务： （一）开展突发环境事件风险评估； （三）排查治理环境安全隐患； 第十三条　企业事业单位应当按照国务院环境保护主管部门的规定，在开展突发环境事件风险评估和应急资源调查的基础上制定突发环境事件应急预案，并按照分类分级管理的原则，报县级以上环境保护主管部门备案。 第十九条　企业事业单位应当将突发环境事件应急培训纳入单位工作计划，对从业人员定期进行突发环境事件应急知识和技能培训，并建立培训档案，如实记录培训的时间、内容、参加人员等信息。 第二十二条第二款　企业事业单位应当储备必要的环境应急装备和物资，并建立完善相关管理制度。 第三十四条　企业事业单位应当按照有关规定，采取便于公众知晓和查询的方式公开本单位环境风险防范工作开展情况、突发环境事件应急预案及演练情况、突发环境事件发生及处置情况，以及落实整改要求情况等环境信息。 第三十八条　企业事业单位有下列情形之一的，由县级以上环境保护主管部门责令改正，可以处一万元以上三万元以下罚款： （一）未按规定开展突发环境事件风险评估工作，确定风险等级的； （二）未按规定开展环境安全隐患排查治理工作，建立隐患排查治理档案的；

续表

序号	违法行为	法律依据
3	未按规定开展突发环境事件风险评估工作，确定风险等级等行为	（三）未按规定将突发环境事件应急预案备案的； （四）未按规定开展突发环境事件应急培训，如实记录培训情况的； （五）未按规定储备必要的环境应急装备和物资； （六）未按规定公开突发环境事件相关信息的
4	不按规定制订水污染事故的应急方案等行为	《水污染防治法》 第七十七条第一款　可能发生水污染事故的企业事业单位，应当制定有关水污染事故的应急方案，做好应急准备，并定期进行演练。 第七十八条第一款　企业事业单位发生事故或者其他突发性事件，造成或者可能造成水污染事故的，应当立即启动本单位的应急方案，采取隔离等应急措施，防止水污染物进入水体，并向事故发生地的县级以上地方人民政府或者环境保护主管部门报告。环境保护主管部门接到报告后，应当及时向本级人民政府报告，并抄送有关部门。 第九十三条　企业事业单位有下列行为之一的，由县级以上人民政府环境保护主管部门责令改正；情节严重的，处二万元以上十万元以下的罚款： （一）不按照规定制定水污染事故的应急方案的； （二）水污染事故发生后，未及时启动水污染事故的应急方案，采取有关应急措施的
5	造成水污染事故	《水污染防治法》 第九十四条　企业事业单位违反本法规定，造成水污染事故的，除依法承担赔偿责任外，由县级以上人民政府环境保护主管部门依照本条第二款的规定处以罚款，责令限期采取治理措施，消除污染；未按照要求采取治理措施或者不具备治理能力的，由环境保护主管部门指定有治理能力的单位代为治理，所需费用由违法者承担；对造成重大或者特大水污染事故的，还可以报经有批准权的人民政府批准，责令关闭；对直接负责的主管人员和其他直接责任人员可以处上一年度从本单位取得的收入百分之五十以下的罚款；有《中华人民共和国环境保护法》第六十三条规定的违法排放水污染物等行为之一，尚不构成犯罪的，由公安机关对直接负责的主管人员和其他直接责任人员处十日以上十五日以下的拘留；情节较轻的，处五日以上十日以下的拘留。

续表

序号	违法行为	法律依据
5	造成水污染事故	对造成一般或者较大水污染事故的，按照水污染事故造成的直接损失的百分之二十计算罚款；对造成重大或者特大水污染事故的，按照水污染事故造成的直接损失的百分之三十计算罚款。 造成渔业污染事故或者渔业船舶造成水污染事故的，由渔业主管部门进行处罚；其他船舶造成水污染事故的，由海事管理机构进行处罚
6	造成水污染事故的行政强制	《水污染防治法》 第九十四条第一款　企业事业单位违反本法规定，造成水污染事故的，除依法承担赔偿责任外，由县级以上人民政府环境保护主管部门依照本条第二款的规定处以罚款，责令限期采取治理措施，消除污染；未按照要求采取治理措施或者不具备治理能力的，由环境保护主管部门指定有治理能力的单位代为治理，所需费用由违法者承担；对造成重大或者特大水污染事故的，还可以报经有批准权的人民政府批准，责令关闭；对直接负责的主管人员和其他直接责任人员可以处上一年度从本单位取得的收入百分之五十以下的罚款；有《中华人民共和国环境保护法》第六十三条规定的违法排放水污染物等行为之一，尚不构成犯罪的，由公安机关对直接负责的主管人员和其他直接责任人员处十日以上十五日以下的拘留；情节较轻的，处五日以上十日以下的拘留
7	因发生事故或者其他突发性事件，造成海洋环境污染事故，不立即采取处理措施	《海洋环境保护法》 第十七条第一款　因发生事故或者其他突发性事件，造成或者可能造成海洋环境污染事故的单位和个人，必须立即采取有效措施，及时向可能受到危害者通报，并向依照本法规定行使海洋环境监督管理权的部门报告，接受调查处理。 第七十三条第一款第四项　违反本法有关规定，有下列行为之一的，由依照本法规定行使海洋环境监督管理权的部门责令停止违法行为、限期改正或者责令采取限制生产、停产整治等措施，并处以罚款；拒不改正的，依法作出处罚决定的部门可以自责令改正之日的次日起，按照原罚款数额按日连续处罚；情节严重的，报经有批准权的人民政府批准，责令停业、关闭： （四）因发生事故或者其他突发性事件，造成海洋环境污染事故，不立即采取处理措施的。 第二款　有前款第（一）、（三）项行为之一的，处三万元以上二十万元以下的罚款；有前款第（二）、（四）项行为之一的，处二万元以上十万元以下的罚款

续表

序号	违法行为	法律依据
8	发生事故或者其他突发性事件不按照规定报告	《海洋环境保护法》 第十七条第一款　因发生事故或者其他突发性事件，造成或者可能造成海洋环境污染事故的单位和个人，必须立即采取有效措施，及时向可能受到危害者通报，并向依照本法规定行使海洋环境监督管理权的部门报告，接受调查处理。 第七十四条第一款第二项　违反本法有关规定，有下列行为之一的，由依照本法规定行使海洋环境监督管理权的部门予以警告，或者处以罚款： （二）发生事故或者其他突发性事件不按照规定报告的； 第二款　有前款第（一）、（三）项行为之一的，处二万元以下的罚款；有前款第（二）、（四）项行为之一的，处五万元以下的罚款
9	未按规定将防治海洋工程污染损害海洋环境的应急预案备案	《防治海洋工程建设项目污染损害海洋环境管理条例》 第三十六条　建设单位应当在海洋工程正式投入运行前制定防治海洋工程污染损害海洋环境的应急预案，报原核准该工程环境影响报告书的海洋主管部门和有关主管部门备案。 第五十条第三项　建设单位违反本条例规定，有下列行为之一的，由原核准该工程环境影响报告书的海洋主管部门责令限期改正；逾期不改正的，处 1 万元以上 5 万元以下的罚款： （三）未按规定将防治海洋工程污染损害海洋环境的应急预案备案的
10	船舶、石油平台和装卸油类的港口、码头、装卸站不编制溢油应急计划	《海洋环境保护法》 第五十四条　勘探开发海洋石油，必须按有关规定编制溢油应急计划，报国家海洋行政主管部门的海区派出机构备案。 第六十九条第二款　装卸油类的港口、码头、装卸站和船舶必须编制溢油污染应急计划，并配备相应的溢油污染应急设备和器材。 第八十八条　违反本法规定，船舶、石油平台和装卸油类的港口、码头、装卸站不编制溢油应急计划的，由依照本法规定行使海洋环境监督管理权的部门予以警告，或者责令限期改正

续表

序号	违法行为	法律依据
11	造成大气污染事故	《大气污染防治法》 第一百二十二条　违反本法规定，造成大气污染事故的，由县级以上人民政府生态环境主管部门依照本条第二款的规定处以罚款；对直接负责的主管人员和其他直接责任人员可以处上一年度从本企业事业单位取得收入百分之五十以下的罚款。 对造成一般或者较大大气污染事故的，按照污染事故造成直接损失的一倍以上三倍以下计算罚款；对造成重大或者特大大气污染事故的，按照污染事故造成的直接损失的三倍以上五倍以下计算罚款
12	拆除设施、设备或者建筑物、构筑物，企业事业单位未采取相应的土壤污染防治措施或者土壤污染重点监管单位未制订、实施土壤污染防治工作方案	《土壤污染防治法》 第二十二条　企业事业单位拆除设施、设备或者建筑物、构筑物的，应当采取相应的土壤污染防治措施。 土壤污染重点监管单位拆除设施、设备或者建筑物、构筑物的，应当制定包括应急措施在内的土壤污染防治工作方案，报地方人民政府生态环境、工业和信息化主管部门备案并实施。 第八十六条第一款第四项　违反本法规定，有下列行为之一的，由地方人民政府生态环境主管部门或者其他负有土壤污染防治监督管理职责的部门责令改正，处以罚款；拒不改正的，责令停产整治： （四）拆除设施、设备或者建筑物、构筑物，企业事业单位未采取相应的土壤污染防治措施或者土壤污染重点监管单位未制定、实施土壤污染防治工作方案的； 第二款　有前款规定行为之一的，处二万元以上二十万元以下的罚款；有前款第二项、第四项、第五项、第七项规定行为之一，造成严重后果的，处二十万元以上二百万元以下的罚款
13	土壤污染重点监管单位未按照规定将土壤污染防治工作方案报地方人民政府生态环境主管部门备案	《土壤污染防治法》 第二十二条第二款　土壤污染重点监管单位拆除设施、设备或者建筑物、构筑物的，应当制定包括应急措施在内的土壤污染防治工作方案，报地方人民政府生态环境、工业和信息化主管部门备案并实施。 第九十五条第一项　违反本法规定，有下列行为之一的，由地方人民政府有关部门责令改正；拒不改正的，处一万元以上五万元以下的罚款： （一）土壤污染重点监管单位未按照规定将土壤污染防治工作方案报地方人民政府生态环境、工业和信息化主管部门备案的

续表

序号	违法行为	法律依据
14	未制定危险废物意外事故防范措施和应急预案	《固体废物污染环境防治法》 第八十五条　产生、收集、贮存、运输、利用、处置危险废物的单位，应当依法制定意外事故的防范措施和应急预案，并向所在地生态环境主管部门和其他负有固体废物污染环境防治监督管理职责的部门备案；生态环境主管部门和其他负有固体废物污染环境防治监督管理职责的部门应当进行检查。 第一百一十二条第一款第十二项　违反本法规定，有下列行为之一，由生态环境主管部门责令改正，处以罚款，没收违法所得；情节严重的，报经有批准权的人民政府批准，可以责令停业或者关闭： （十二）未制定危险废物意外事故防范措施和应急预案的； 第二款　有前款第一项、第二项、第五项、第六项、第七项、第八项、第九项、第十二项、第十三项行为之一，处十万元以上一百万元以下的罚款；有前款第三项、第四项、第十项、第十一项行为之一，处所需处置费用三倍以上五倍以下的罚款，所需处置费用不足二十万元的，按二十万元计算
15	造成固体废物污染环境事故	《固体废物污染环境防治法》 第一百一十八条　违反本法规定，造成固体废物污染环境事故的，除依法承担赔偿责任外，由生态环境主管部门依照本条第二款的规定处以罚款，责令限期采取治理措施；造成重大或者特大固体废物污染环境事故的，还可以报经有批准权的人民政府批准，责令关闭。 造成一般或者较大固体废物污染环境事故的，按照事故造成的直接经济损失的一倍以上三倍以下计算罚款；造成重大或者特大固体废物污染环境事故的，按照事故造成的直接经济损失的三倍以上五倍以下计算罚款，并对法定代表人、主要负责人、直接负责的主管人员和其他责任人员处上一年度从本单位取得的收入百分之五十以下的罚款。 《突发环境事件调查处理办法》 第十八条　突发环境事件调查过程中发现突发环境事件发生单位涉及环境违法行为的，调查组应当及时向相关环境保护主管部门提出处罚建议。相关环境保护主管部门应当依法对事发单位及责任人员予以行政处罚；涉嫌构成犯罪的，依法移送司法机关追究刑事责任。发现其他违法行为的，环境保护主管部门应当及时向有关部门移送。 发现国家行政机关及其工作人员、突发环境事件发生单位中由国家行政机关任命的人员涉嫌违法违纪的，环境保护主管部门应当依法及时向监察机关或者有关部门提出处分建议

续表

序号	违法行为	法律依据
16	病原微生物实验室未制定环境污染应急预案	《病原微生物实验室生物安全环境管理办法》 第十七条　实验室应当制定环境污染应急预案，报所在地县级人民政府环境保护行政主管部门备案，并定期进行演练。 实验室产生危险废物的，应当按照国家危险废物污染环境防治的规定，制定意外事故的防范措施和应急预案，并向所在地县级以上地方人民政府环境保护行政主管部门备案。 《病原微生物实验室生物安全管理条例》施行前已经投入使用的三级实验室，应当按照所在地县级人民政府环境保护行政主管部门的要求，限期制定环境污染应急预案和监测计划，并报环境保护行政主管部门备案。 第二十一条第一款第三项　违反本办法有关规定，有下列情形之一的，由县级以上人民政府环境保护行政主管部门责令限期改正，给予警告；逾期不改正的，处 1 000 元以下罚款： （三）未制定环境污染应急预案的。 违反本办法规定的其他行为，环境保护法律、行政法规已有处罚规定的，适用其规定
17	未执行微生物菌剂生产、使用、储藏、运输和处理的环境安全控制措施和事故处置应急预案	《进出口环保用微生物菌剂环境安全管理办法》 第二十五条第一款　进出口经营者应当采取环保用微生物菌剂生产、使用、储藏、运输和处理的环境安全控制措施，制定事故处置应急预案。 第三十一条　违反本办法规定，未妥善保存微生物菌剂生产、使用、储藏、运输和处理记录，或者未执行微生物菌剂生产、使用、储藏、运输和处理的环境安全控制措施和事故处置应急预案的，由省、自治区、直辖市环境保护行政主管部门责令改正；拒不改正的，处一万元以上三万元以下罚款
18	医疗卫生机构、医疗废物集中处置单位未建立、健全医疗废物管理制度等行为	《医疗废物管理条例》 第七条　医疗卫生机构和医疗废物集中处置单位，应当建立、健全医疗废物管理责任制，其法定代表人为第一责任人，切实履行职责，防止因医疗废物导致传染病传播和环境污染事故。 第八条　医疗卫生机构和医疗废物集中处置单位，应当制定与医疗废物安全处置有关的规章制度和在发生意外事故时的应急方案；设置监控部门或者专（兼）职人员，负责检查、督促、落实本单位医疗废物的管理工作，防止违反本条例的行为发生。

续表

序号	违法行为	法律依据
18	医疗卫生机构、医疗废物集中处置单位未建立、健全医疗废物管理制度等行为	第四十五条第一项　医疗卫生机构、医疗废物集中处置单位违反本条例规定，有下列情形之一的，由县级以上地方人民政府卫生行政主管部门或者环境保护行政主管部门按照各自的职责责令限期改正，给予警告；逾期不改正的，处 2 000 元以上 5 000 元以下的罚款： （一）未建立、健全医疗废物管理制度，或者未设置监控部门或者专（兼）职人员的； 《医疗废物管理行政处罚办法》 第三条第一项　医疗废物集中处置单位有《条例》第四十五条规定的下列情形之一的，由县级以上地方人民政府环境保护行政主管部门责令限期改正，给予警告；逾期不改正的，处 2 000 元以上 5 000 元以下的罚款： （一）未建立、健全医疗废物管理制度，或者未设置监控部门或者专（兼）职人员的
19	医疗卫生机构、医疗废物集中处置单位发生医疗废物流失、泄漏、扩散时，未采取紧急处理措施等行为	《医疗废物管理条例》 第十三条第二款　发生医疗废物流失、泄漏、扩散时，医疗卫生机构和医疗废物集中处置单位应当采取减少危害的紧急处理措施，对致病人员提供医疗救护和现场救援；同时向所在地的县级人民政府卫生行政主管部门、环境保护行政主管部门报告，并向可能受到危害的单位和居民通报。 第四十九条　医疗卫生机构、医疗废物集中处置单位发生医疗废物流失、泄漏、扩散时，未采取紧急处理措施，或者未及时向卫生行政主管部门和环境保护行政主管部门报告的，由县级以上地方人民政府卫生行政主管部门或者环境保护行政主管部门按照各自的职责责令改正，给予警告，并处 1 万元以上 3 万元以下的罚款；造成传染病传播或者环境污染事故的，由原发证部门暂扣或者吊销执业许可证件或者经营许可证件；构成犯罪的，依法追究刑事责任。 《医疗废物管理行政处罚办法》 第十一条　有《条例》第四十九条规定的情形，医疗卫生机构发生医疗废物流失、泄漏、扩散时，未采取紧急处理措施，或者未及时向卫生行政主管部门报告的，由县级以上地方人民政府卫生行政主管部门责令改正，给予警告，并处 1 万元以上 3 万元以下的罚款。

续表

序号	违法行为	法律依据
19	医疗卫生机构、医疗废物集中处置单位发生医疗废物流失、泄漏、扩散时，未采取紧急处理措施等行为	医疗废物集中处置单位发生医疗废物流失、泄漏、扩散时，未采取紧急处理措施，或者未及时向环境保护行政主管部门报告的，由县级以上地方人民政府环境保护行政主管部门责令改正，给予警告，并处1万元以上3万元以下的罚款
20	造成辐射事故	《放射性同位素与射线装置安全和防护条例》 第六条　除医疗使用Ⅰ类放射源、制备正电子发射计算机断层扫描用放射性药物自用的单位外，生产放射性同位素、销售和使用Ⅰ类放射源、销售和使用Ⅰ类射线装置的单位的许可证，由国务院生态环境主管部门审批颁发。 除国务院生态环境主管部门审批颁发的许可证外，其他单位的许可证，由省、自治区、直辖市人民政府生态环境主管部门审批颁发。 国务院生态环境主管部门向生产放射性同位素的单位颁发许可证前，应当将申请材料印送其行业主管部门征求意见。 生态环境主管部门应当将审批颁发许可证的情况通报同级公安部门、卫生主管部门。 第六十一条第一款　违反本条例规定，造成辐射事故的，由原发证机关责令限期改正，并处5万元以上20万元以下的罚款；情节严重的，由原发证机关吊销许可证；构成违反治安管理行为的，由公安机关依法予以治安处罚；构成犯罪的，依法追究刑事责任
21	在发生辐射事故或者有证据证明辐射事故可能发生时	《放射性同位素与射线装置安全和防护条例》 第四十三条　在发生辐射事故或者有证据证明辐射事故可能发生时，县级以上人民政府生态环境主管部门有权采取下列临时控制措施： （一）责令停止导致或者可能导致辐射事故的作业； （二）组织控制事故现场
22	在放射性物品运输中造成核与辐射事故	《放射性物品运输安全管理条例》 第六十五条第一款　违反本条例规定，在放射性物品运输中造成核与辐射事故的，由县级以上地方人民政府环境保护主管部门处以罚款，罚款数额按照核与辐射事故造成的直接损失的20%计算；构成犯罪的，依法追究刑事责任

续表

序号	违法行为	法律依据
23	托运人、承运人在放射性物品运输中未按照要求做好事故应急工作并报告事故	《放射性物品运输安全管理条例》 第四十三条第一款　放射性物品运输中发生核与辐射事故的，承运人、托运人应当按照核与辐射事故应急响应指南的要求，做好事故应急工作，并立即报告事故发生地的县级以上人民政府环境保护主管部门。接到报告的环境保护主管部门应当立即派人赶赴现场，进行现场调查，采取有效措施控制事故影响，并及时向本级人民政府报告，通报同级公安、卫生、交通运输等有关主管部门。 第六十五条第二款　托运人、承运人未按照核与辐射事故应急响应指南的要求，做好事故应急工作并报告事故的，由县级以上地方人民政府环境保护主管部门处5万元以上20万元以下的罚款
24	托运人违反放射性物品运输安全管理规定	《放射性物品运输安全管理条例》 第二十九条第一款　托运放射性物品的，托运人应当持有生产、销售、使用或者处置放射性物品的有效证明，使用与所托运的放射性物品类别相适应的运输容器进行包装，配备必要的辐射监测设备、防护用品和防盗、防破坏设备，并编制运输说明书、核与辐射事故应急响应指南、装卸作业方法、安全防护指南。 第五十九条第一款　托运人未按照规定编制放射性物品运输说明书、核与辐射事故应急响应指南、装卸作业方法、安全防护指南的，由国务院核安全监管部门责令限期改正；逾期不改正的，处1万元以上5万元以下的罚款
25	不按照规定建立健全安全保卫制度和制定事故应急计划或者应急措施等行为	《放射性污染防治法》 第二十五条第二款　核设施营运单位应当按照核设施的规模和性质制定核事故场内应急计划，做好应急准备。 第三十三条第一款　生产、销售、使用、贮存放射源的单位，应当建立健全安全保卫制度，指定专人负责，落实安全责任制，制定必要的事故应急措施。发生放射源丢失、被盗和放射性污染事故时，有关单位和个人必须立即采取应急措施，并向公安部门、卫生行政部门和环境保护行政主管部门报告。 第五十五条　违反本法规定，有下列行为之一的，由县级以上人民政府环境保护行政主管部门或者其他有关部门依据职权责令限期改正；逾期不改正的，责令停产停业，并处二万元以上十万元以下罚款；构成犯罪的，依法追究刑事责任：

续表

序号	违法行为	法律依据
25	不按照规定建立健全安全保卫制度和制定事故应急计划或者应急措施等行为	（二）不按照规定建立健全安全保卫制度和制定事故应急计划或者应急措施的； （三）不按照规定报告放射源丢失、被盗情况或者放射性污染事故的
26	核设施营运单位违反核事故应急管理规定	《核安全法》 第五十五条第三款　核设施营运单位负责制定本单位场内核事故应急预案，报国务院核工业主管部门、能源主管部门和省、自治区、直辖市人民政府指定的部门备案。 第五十六条第一款　核设施营运单位应当按照应急预案，配备应急设备，开展应急工作人员培训和演练，做好应急准备。 第五十九条第三款　核设施营运单位应当按照核事故应急救援工作的要求，实施应急响应支援。 第八十七条　违反本法规定，核设施营运单位有下列情形之一的，由国务院核安全监督管理部门责令改正，处十万元以上五十万元以下的罚款；对直接负责的主管人员和其他直接责任人员，处二万元以上五万元以下的罚款： （一）未按照规定制定场内核事故应急预案的； （二）未按照应急预案配备应急设备，未开展应急工作人员培训或者演练的； （三）未按照核事故应急救援工作的要求，实施应急响应支援的

第六章
生态环境行政处罚

第一节　生态环境行政处罚概述

一、生态环境行政处罚种类

《行政处罚法》第九条规定：“行政处罚的种类：（一）警告、通报批评；（二）罚款、没收违法所得、没收非法财物；（三）暂扣许可证件、降低资质等级、吊销许可证件；（四）限制开展生产经营活动、责令停产停业、责令关闭、限制从业；（五）行政拘留；（六）法律、行政法规规定的其他行政处罚。”

《生态环境行政处罚办法》第八条规定的生态环境行政处罚种类有：警告、通报批评；罚款、没收违法所得、没收非法财物；暂扣许可证件、降低资质等级、吊销许可证件、一定时期内不得申请行政许可；限制开展生产经营活动、责令停产整治、责令停产停业、责令关闭、限制从业、禁止从业；责令限期拆除；行政拘留；法律、行政法规规定的其他行政处罚种类。《生态环境行政处罚法》作为部门规章，无权设定行政处罚种类，只是对生态环境保护法律、行政法规中设定的行政处罚种类进行梳理。

二、生态环境行政处罚的原则

（一）公正、公开原则

生态环境行政处罚办法

中华人民共和国行政处罚法

所谓公正，就是指公平正义、不偏不私，平等对待各方当事人，平等、公正适用法律。为了确保行政处罚体现公正原则，《行政处罚法》规定了若干具体措施，例如：规定对当事人的同一违法行为，不得给予两次以上罚款的处罚；设定和实施行政处罚必须以事实为依据，与违法行为的事实、性质、情节以及社会危害程度相当；实行罚款处罚与罚金、行政拘留与拘役或者有期徒刑折抵制度；实行案件调查人员与处罚决定人员相分离的原则；设立处罚过程中执法人员回避制度；建立行政处罚裁量基准制度，统一行政处罚裁量尺度；设置较重行政处罚听证程序等。

在执法实践中，应当注意行政处罚显失公正的问题。所谓显失公正，是指行政机关及其工作人员和法律、法规授权的组织以及受委托的组织在法律、法规规定的范围和幅度内，所作出的行政行为明显不适当。也就是说，该行政处罚决定虽然在形式上合法，但是存在明显的不合理性。行政处罚明显的不合理、不恰当，违背了法律、法规设立行政处罚的目的。行政处罚显失公正主要有以下几种情形：一是同责不同罚；二是同一案件中，重责轻罚或者轻责重罚；三是未考虑应当考虑的因素。

所谓公开，是指实施行政处罚的依据、过程和决定等都是公开的，而不是秘密的。公开原则是公正原则的必然要求和必要保障。《行政处罚法》有不少规定都体现了行政处罚公开原则，《行政处罚法》第五条第三款明确规定："对违法行为给予行政处罚的规定必须公布；未经公布的，不得作为行政处罚的依据。"第三十九条规定："行政处罚的实施机关、立案依据、实施程序和救济渠道等信息应当公示。"第四十四条对行政机关的告知义务作出规定。第六十四条第三项对听证的公开作出规定。第四十八条第一款规定："具有一定社会影响的行政处罚决定应当依法公开。"

（二）过罚相当原则

所谓过罚相当，是指对违反行政管理秩序的公民、法人或者其他组织，处以行政处罚的种类、幅度等应当与其违法行为相适应。过罚相当原则，就是要求在设定和实施行政处罚时，必须以事实为依据，与违法行为的事实、性质、情节以及社会危害程度相当，不能畸轻畸重。一般来说，行政机关在对违法行为实施行政处罚时，需要综合考虑以下几方面因素：构成违法行为的事实是否需要给予行政处罚；违法行为是否属于行政处罚的范畴；违法行为的情节轻重，是否属于情节严重应该给予刑事处罚的行为，或者情节轻微不够行政处罚的行为；违法行为的社会危害程度，是严重危害社会还是危害程度不大等。

三、生态环境行政处罚裁量

（一）生态环境行政处罚裁量应重点关注的问题

《行政处罚法》第三十四条规定："行政机关可以依法制定行政处罚裁量基准，规范行使行政处罚裁量权。行政处罚裁量基准应当向社会公布。"

行政裁量权基准制度是通过完善行政处罚适用规则对行政裁量权进行科学合理的细化和量化的制度。近年来，行政裁量权基准制度作为规范行政裁量权行使的重要手段，在各个行政管理领域广泛应用，对于规范行政裁量权行使，推进行政机关依法行政、合理行政、公正执法具有重要意义：一是有利于压缩权力寻租空间，促进公正执法，遏制执法腐败。二是有利于减少执法随意性，提高执法公信力，减少行政争议。三是有利于增强上位法可操作性，为执法人员提供参考和指引，提高执法精细化水平和行政效率。四是有利于增强行政执法透明度和可预测性，有利于司法机关和行政相对人监督行政裁量权行使。①

按照党中央、国务院部署和要求，原环境保护部印发了《规范环境行政处罚自由裁量权若干意见》（环发〔2009〕24号），生态环境部又印发了《关于进一步规范适用环境行政处罚自由裁量权的指导意见》（环执法〔2019〕42号）。其中，《关于进一步规范适用环境行政处罚自由裁量权的指导意见》指出："省级生态环境部门应当根据本意见提供的制定方法，结合本地区法规和规章，制定本地区行政处罚自由裁量规则和基准。鼓励有条件的设区的市级生态环境部门对省级行政处罚自由裁量规则和基准进一步细化、量化。"《生态环境行政处罚办法》第四十一条规定："行使生态环境行政处罚裁量权应当符合立法目的，并综合考虑以下情节：（一）违法行为造成的环境污染、生态破坏以及社会影响；（二）当事人的主观过错程度；（三）违法行为的具体方式或者手段；（四）违法行为持续的时间；（五）违法行为危害的具体对象；（六）当事人是初次违法还是再次违法；（七）当事人改正违法行为的态度和所采取的改正措施及效果。同类违法行为的情节相同或者相似、社会危害程度相当的，行政处罚种类和幅度应当相当。"

---

① 许安标.《中华人民共和国行政处罚法》释义 [M]. 北京：中国民主法制出版社，2021: 112.

依法制定行政处罚裁量基准，包含四个层面的要求：[①]

一是对法律、法规、规章及相关文件明确规定应当制定裁量基准的，有关部门应当按照规定及时制定相关裁量基准。没有明确规定的，为规范行政裁量权的行使，有关部门也可以依法制定裁量基准，制定裁量基准应当遵循合法、合理、程序正当等原则。

二是一般情况下，下级行政机关制定裁量基准应参照执行同领域的上级行政机关制定的裁量基准，在其裁量幅度范围内予以细化，不能与上级行政机关制定的裁量基准相抵触。下位法不得与上位法相抵触是《立法法》确立的一项基本原则。裁量基准多以规范性文件形式出台，虽不属于正式法律渊源，但也应适用这一原则，以维护法制统一、政令统一和执法标准统一。

三是裁量基准的制定主体、制定形式和制定程序应符合相关要求。裁量基准直接决定着行政处罚结果，对公民权益影响较大，对其制定主体、制定形式、制定程序应作出相关要求，不宜过于随意。《国务院关于加强市县政府依法行政的决定》要求市、县两级政府及其部门要对行政裁量权予以细化、量化。一些地方对裁量基准的制定主体、制定形式和制定程序提出了相关要求，如有的规定裁量基准由省人民政府或者有条件的地级市以上人民政府所属机关制定；有的规定由省级行政处罚实施机关制定，未制定或仅作原则性规定的，下级行政处罚实施机关可以制定；有的规定制定裁量基准应当遵循报批、备案、纠错等程序，有关行政机关在制定裁量基准时应当遵守相关规定，依法进行。

四是行政处罚裁量基准应当向社会公布。《行政处罚法》第五条第二款规定："对违法行为给予行政处罚的规定必须公布；未经公布的，不得作为行政处罚的依据。"《国务院关于加强市县政府依法行政的决定》明确要求市县政府及其部门应当将行政裁量标准公布。2018年国务院办公厅《关于全面推行行政执法公示制度执法全过程记录制度重大执法决定法制审核制度的指导意见》提出，

关于印发《规范环境行政处罚自由裁量权若干意见》的通知

关于进一步规范适用环境行政处罚自由裁量权的指导意见

① 袁杰，赵振华.《中华人民共和国行政处罚法》问答 [M]. 北京：中国民主法制出版社，2021: 61-62.

行政执法机关要全面准确及时主动公开行政执法依据。尽管裁量基准并非作出行政处罚决定的法定依据，但属于行使行政裁量权的主要依据，也是作出行政处罚决定时和行政复议、行政诉讼时证明行政行为合理性的重要依据，与处罚结果和行政相对人关系紧密。公开裁量基准，有利于提升执法透明度和规范化水平，加强对行政裁量权的监督，促进严格规范公正文明执法。行政机关应当将行政裁量基准全面准确及时主动向社会公布。

（二）行政处罚从轻或者减轻情形

《行政处罚法》第三十二条是关于应当从轻或者减轻行政处罚的规定。为维护行政管理秩序，对违法者依法实施行政处罚十分必要。行政处罚应当坚持过罚相当原则，当事人有从轻或者减轻情节的，应当从轻或者减轻处罚。

1. 从轻与减轻的区别

从轻处罚，是指行政机关在法定的处罚种类和处罚幅度内，对行政违法行为人在几种可能的处罚种类内选择较轻的种类或者在一种处罚种类的幅度内选择较低的数额进行处罚。减轻处罚，是指行政机关在法定的处罚种类和处罚幅度最低限以下，对行政违法行为人实施行政处罚。包括选择比法定处罚种类轻的处罚，以及在法定的处罚幅度最低限以下实施处罚。

例如，按照《水污染防治法》第八十三条第二项的规定，排污者超过水污染物排放标准排放水污染物的，由生态环境主管部门责令改正或者责令限制生产、停产整治，并处十万元以上一百万元以下的罚款；情节严重的，报经有批准权的人民政府批准，责令停业、关闭。如果对排污者行为，处以十万元的罚款，属于从轻处罚；处以五万元罚款，则属于减轻处罚。

需要指出的是，无论是处罚种类减轻还是处罚幅度减轻，均存在着广泛的裁量空间。由于减轻处罚突破了有关处罚的法定种类和幅度，应当综合考虑案情，慎重作出。① 减轻处罚的前提必须是在法律上有明确依据，而且减轻处罚不得达到不予处罚的程度。②

2. “应当”与“可以”从轻或者减轻行政处罚

《行政处罚法》第三十二条列举的是应当从轻或者减轻行政处罚的具体情形。但有些部门规章将属于应当从轻或者减轻行政处罚的情形改为“可以依

---

① 许安标 .《中华人民共和国行政处罚法》释义 [M]. 北京：中国民主法制出版社，2021: 108.

② 晏山嵘 . 行政处罚实务与判例释解（第二版）[M]. 北京：法律出版社，2019.

法从轻或者减轻行政处罚”是不合适的。《危险废物转移管理办法》第二十九条第三款规定：“违反本办法规定，未规范填写、运行危险废物转移联单，及时改正，且没有造成危害后果的，依法不予行政处罚；主动消除或者减轻危害后果的，生态环境主管部门可以依法从轻或者减轻行政处罚。”

《行政处罚法》第三十一条规定了“可以依法从轻或者减轻行政处罚”的情形，即尚未完全丧失辨认或者控制自己行为能力的精神病人、智力残疾人有违法行为的，可以从轻或者减轻行政处罚。

3. 应当从轻或者减轻行政处罚的具体情形

2021 年修订的《行政处罚法》，适当扩大了适用从轻或者减轻行政处罚的范围，规定了以下五种应当从轻或者减轻行政处罚的情形：

一是主动消除或者减轻违法行为危害后果的。本情形只适用于将要或者已经产生危害后果的违法行为，而不适用于类似刑法上“行为犯”或者“危险犯”的违法行为。“主动”反映了当事人认错改过的主观心理状态，“消除或者减轻危害后果”客观上减少了违法行为的社会危害性，对恢复正常、有序的行政管理秩序起到了积极作用。在生态环境保护领域，有的危害后果是可以量化的。例如，土壤污染的后果往往是以土壤中的特定污染物指标为判断基准的。而有的违法行为的危害后果则是难以量化的。

二是受他人胁迫或者诱骗实施违法行为的。受他人胁迫或者诱骗实施违法行为的当事人，一般处于被动地位，所起的作用较小，危害性也相应较轻。需要指出的是，这里所说的受胁迫或诱骗，是指当事人并未完全丧失意志自由，其违法行为本质上仍然是受其意志支配的，但是是在他人威逼、强制或者引诱欺骗下进行的。如果当事人已被他人完全控制，彻底失去了意志自由，则不应当受到处罚，而应由真正的行为人承担法律责任。

三是主动供述行政机关尚未掌握的违法行为的。行为人主动供述行政机关尚未掌握的违法行为，反映了行为人具有认错的主动性，也为行政执法节约了成本，提高了效率。这里的“尚未掌握的违法行为”既包括本人的其他违法行为，也包括其他人的违法行为。

四是配合行政机关查处违法行为有立功表现的。当事人配合行政机关查处违法行为，查处涉及自身的违法行为，是公民应当履行的义务。但如果配合行政机关查处违法行为达到立功的程度，超越了公民一般配合的义务，应当予以充分考虑，作为从轻或者减轻的情形。

五是法律、法规、规章规定其他应当从轻或者减轻行政处罚的。除《行政处罚法》第三十二条规定的上述四种法定情形之外,《行政处罚法》第三十条规定，已满十四周岁不满十八周岁的未成年人有违法行为的，应当从轻或者减轻行政处罚。需要说明的是，这里只规定了法律、法规、规章规定的其他应当从轻或者减轻行政处罚的情形，排除了规范性文件。规范性文件不能再随意设定应当从轻或者减轻行政处罚的情形。

这里需要注意两个问题：一是《行政处罚法》第五条规定，设定和实施行政处罚必须以事实为依据，与违法行为的事实、性质、情节以及社会危害程度相当，即过罚相当原则。过罚相当原则是《行政处罚法》的一项重要原则。从轻、减轻的规定是过罚相当原则的具体化，在办理具体的行政处罚案件适用从轻、减轻规定时应当遵循过罚相当原则。二是针对实践中行政机关不愿、不敢适用从轻、减轻规定的情况,《行政处罚法》修改时将“依法从轻或者减轻”修改为“应当从轻或者减轻”，既是对行政机关及时出台有关从轻减轻裁量基准的要求，也是引导行政机关在没有相关裁量基准时，可以直接适用《行政处罚法》第三十二条的规定，根据具体案情，合理实施行政处罚。[①]

（三）行政处罚从重情形

有观点认为,《行政处罚法》应当增加从重处罚的规定。从轻和从重应当是一个统一体，行政处罚的从重情节与从轻情节是相反的，甚至是相互对立的。[②]《行政处罚法》第四十九条规定：“发生重大传染病疫情等突发事件，为了控制、减轻和消除突发事件引起的社会危害，行政机关对违反突发事件应对措施的行为，依法快速、从重处罚。”相关法律法规中也有相关规定，如《土地管理法实施条例》第五十五条就破坏耕地罚款限额就规定：“依照《土地管理法》第七十五条的规定处以罚款的，罚款额为耕地开垦费的5倍以上10倍以下；破坏黑土地等优质耕地的，从重处罚。”

原环境保护部印发的《规范环境行政处罚自由裁量权若干意见》（环发〔2009〕24号）指出：“①主观恶意的，从重处罚。恶意环境违法行为，常见的有‘私设暗管’偷排的，用稀释手段‘达标’排放的，非法排放有毒物

① 许安标.《中华人民共和国行政处罚法》释义[M].北京：中国民主法制出版社，2021: 109.

② 张淑芳.行政处罚应当设置“从重情节”[J].法学，2018(4).

质的，建设项目‘未批先建’‘批小建大’‘未批即建成投产’以及‘以大化小’骗取审批的，拒绝、阻挠现场检查的，为规避监管私自改变自动监测设备的采样方式、采样点的，涂改、伪造监测数据的，拒报、谎报排污申报登记事项的。②后果严重的，从重处罚。环境违法行为造成饮用水中断的，严重危害人体健康的，群众反映强烈以及造成其他严重后果的，从重处罚。③区域敏感的，从重处罚。环境违法行为对生活饮用水水源保护区、自然保护区、风景名胜区、居住功能区、基本农田保护区等环境敏感区造成重大不利影响的，从重处罚。④屡罚屡犯的，从重处罚。环境违法行为人被处罚后12个月内再次实施环境违法行为的，从重处罚。”

生态环境部印发的《关于进一步规范适用环境行政处罚自由裁量权的指导意见》（环执法〔2019〕42号）指出：“有下列情形之一的，可以从重处罚。①两年内因同类环境违法行为被处罚3次（含3次）以上的；②重污染天气预警期间超标排放大气污染物的；③在案件查处中对执法人员进行威胁、辱骂、殴打、恐吓或者打击报复的；④环境违法行为造成跨行政区域环境污染的；⑤环境违法行为引起不良社会反响的；⑥其他具有从重情节的。”

另外，多地生态环境主管部门出台的生态环境行政处罚裁量基准均列举了从重处罚的情形，如《北京市生态环境行政处罚裁量基准（2020年）》《天津市环境行政处罚裁量基准（2020年）》《河北省生态环境厅环境行政处罚自由裁量权裁量标准（2020年）》《山西省生态环境系统行政处罚自由裁量基准（试行）（2020年）》《内蒙古自治区生态环境行政处罚裁量基准（2021年）》《辽宁省生态环境厅环境行政处罚自由裁量权裁量办法（试行）（2023年）》《上海市生态环境行政处罚裁量基准规定（2020年）》《江苏省生态环境行政处罚裁量基准规定（2020年）》《浙江省生态环境行政处罚裁量基准规定（2020年）》《安徽省生态环境行政处罚裁量基准规定（2020年）》《福建省生态环境行政处罚裁量规则和基准（试行）（2021年修订版）》《江西省生态环境行政处罚自由裁量权基准规定（2023）》《山东省生态环境行政处罚裁量基准（2022年版）》《河南省生态环境行政处罚裁量基准适用规则（修订）（2022年）》《河南省生态环境行政处罚裁量基准（2022年）》《湖北省生态环境行政处罚裁量基准规定（2021年修订版）》《广东省生态环境行政处罚自由裁量权规定（2021年）》《广西壮族自治区环境行政处罚自由裁量规则（2020年）》《海南省生态环境行政处罚裁量基准规定（2021年）》《重庆市生态环境行政处罚裁量基准（2022 年）》《四川省生态环境行政处罚裁量标准（2022 年版）》《云南省生态环境行政处罚自由裁量规则和基准规定（试行）（2021 年）》《贵州省生态环境保护行政处罚自由裁量基准（2023 年版）》《西藏自治区生态环境行政处罚裁量基准适用规定（2021 年）》《陕西省生态环境行政处罚自由裁量权基准（2022 年）》《甘肃省生态环境行政处罚自由裁量基准规定（2021 年》《青海省生态环境行政处罚裁量基准规定（试行）（2021 年）》《宁夏回族自治区生态环境行政处罚自由裁量权适用标准（2021 年）》《新疆维吾尔自治区〈兵地生态环境部门规范适用行政处罚裁量权实施办法〉（2022 年）》等。不过有的规定是"可以从重处罚"，有的规定是"应当从重处罚"。

（四）"违法行为轻微不罚"的理解

1."违法行为轻微不罚"的规定及必要性

根据《行政处罚法》第三十三条和《生态环境行政处罚办法》第四十二条第一款的规定，违法行为轻微并及时改正，没有造成危害后果的，不予行政处罚。原《行政处罚法》第二十七条第二款有类似规定，新修改的《行政处罚法》将"纠正"改为了"改正"。考虑到行政法律越来越多，行政管理要求越来越严密，行政违法行为成为最为常见的违法行为。其中，有一些行政违法行为的违法性较弱，违法情形比较轻微，没有造成危害后果，且当事人及时作了改正，尽管也破坏了行政管理秩序，构成了行政违法行为，但不必一律给予行政处罚。①

2.生态环境监管领域关于"违法行为轻微不罚"的主要规定

生态环境监管领域早已开始推行"违法行为轻微不罚"。生态环境部于 2019 年 5 月 21 日印发的《关于进一步规范适用环境行政处罚自由裁量权的指导意见》（环执法〔2019〕42 号）指出："有下列情形之一的，可以免予处罚。（1）违法行为（如'未批先建'）未造成环境污染后果，且企业自行实施关停或者实施停止建设、停止生产等措施的；（2）违法行为持续时间短、污染小（如'超标排放水污染物不超过 2 小时，且超标倍数小于 0.1 倍、日污水排放量小于 0.1 吨的'；又如'不规范贮存危险废物时间不超过 24 小时、数量小于 0.01 吨，且未污染外环境的'）且当日完成整改的；（3）其他违法行为

① 许安标.《中华人民共和国行政处罚法》释义 [M]. 北京：中国民主法制出版社，2021: 110.

轻微并及时纠正，没有造成危害后果的。”

在省级层面，有《长江三角洲区域生态环境领域轻微违法行为依法不予行政处罚清单》（沪环规〔2023〕5号），湖北省生态环境厅印发《〈湖北省生态环境轻微违法不予处罚事项清单（2021年版）〉的通知》（2021年4月17日印发），海南省生态环境厅印发《〈生态环境轻微违法行为免罚清单〉的通知》（琼环规字〔2020〕9号），《山东省司法厅关于印发〈山东省轻微违法行为不予行政处罚和一般违法行为减轻行政处罚事项清单（2021版）〉的通知》（2021年7月20日），《甘肃省生态环境厅关于印发〈甘肃省生态环境领域轻微违法行为不予行政处罚事项清单〉的通知》（甘环执法发〔2020〕30号）等。

在设区的市级层面，有《温州市生态环境局关于印发〈温州市生态环境局依法不予行政处罚的轻微环境违法行为目录清单〉的通知》（2019年4月24日印发），《珠海市生态环境局办公室关于印发〈生态环境轻微违法违规行为免罚清单（第一批）〉的通知》（2020年10月14日印发），《济南市生态环境局关于印发〈关于从轻减轻和免除行政处罚的实施意见〉的通知》（2021年6月25日印发），《青岛市生态环境局关于印发〈青岛市生态环境部门免予行政处罚和从轻处罚违法行为清单（第一批）〉的通知》（2020年7月8日印发），等。

3.“违法行为轻微不罚”的主要考量因素

根据《行政处罚法》第三十三条第一款和《生态环境行政处罚办法》第四十二条第一款的规定，“违法行为轻微不罚”必须同时满足以下三个基本要件，即“违法行为轻微”“及时改正”和“没有造成危害后果”。

（1）违法行为轻微。

立法本身没有对“违法行为轻微”进行概念界定和情形列举，在执法实践中既有赖于单行法律规范的进一步细化明确，也离不开行政执法机关的自由裁量。[①] 在判断某一环境违法行为是否“轻微”时，一般主要考量以下因素：

第一，违法行为发生的次数、继续性或者连续性违法行为的持续时间长短。如《关于进一步规范适用环境行政处罚自由裁量权的指导意见》（环执法〔2019〕42号）指出，“违法行为持续时间短、污染小”（如“超标排放水

① 江必新，夏道虎．《中华人民共和国行政处罚法》条文解读与法律适用 [M]. 北京：中国法制出版社，2021: 111.

污染物不超过 2 小时，且超标倍数小于 0.1 倍、日污水排放量小于 0.1 吨的”；又如“不规范贮存危险废物时间不超过 24 小时、数量小于 0.01 吨，且未污染外环境的”)”。

第二，涉案金额的大小。如将危险废物提供或者委托给无许可证的单位或者其他生产经营者从事经营活动的，应由生态环境主管部门根据《固体废物污染环境防治法》第一百一十二条第一款第四项、第二款的规定，处所需处置费用三倍以上五倍以下的罚款，所需处置费用不足二十万元的，按二十万元计算。若所需处置费用极低，处以六十万元以上一百万元以下就有违过罚相当原则。又如，单位燃用不符合质量标准的煤炭、石油焦的，应由生态环境主管部门根据《大气污染防治法》第一百零五条的规定，责令改正，处货值金额一倍以上三倍以下的罚款。若涉案货值金额极低，则罚款金额同样极低。对于涉案货值金额轻微到足以忽略不计的违法行为仍坚持实施处罚，将会造成执法资源的浪费。

第三，处于临界点的违法行为。如海南省《生态环境轻微违法行为免罚清单》将“除第一类污染物、有毒有害物质、放射性物质、重金属、持久性有机污染物之外，超标排放水污染物、大气污染物仅有一项污染物超过规定排放标准且超标幅度不超过 0.1 倍、pH 在 ±0.5 以内的”并按照责令改正要求完成整改的行为列为轻微的违法行为。

第四，仅违反程序性规定的行为。如《湖北省生态环境轻微违法不予处罚事项清单（2021 年版）》《山东省轻微违法行为不予行政处罚和一般违法行为减轻行政处罚事项清单（2021 版）》等均将“建设项目环境影响登记表未依法备案的”行为列为轻微的违法行为。

第五，当事人是否具有主观恶意。如海南省《生态环境轻微违法行为免罚清单》将“因突发故障等非主观因素导致污染防治设施不正常运行，24 小时内及时报告，并采取措施减少污染物排放，且日均值未超标的”行为列为轻微的违法行为。

（2）当事人及时改正。

对于“及时改正”要注意及时改正的时间和及时改正的程度。“及时改正”的时间长短应该根据改正所需要的时间合理确定，如《湖北省生态环境轻微违法不予处罚事项清单（2021 年版）》对“未按规定进行环境影响评价，擅自开工建设的”违法行为，被发现后立即停止违法行为，两个月内主动申请环评并取得批复的会被认定为“及时改正”；而对“未依法备案环境影响登记表的”违法行为，在5个工作日内完成备案的，才会被认定为“及时改正”。另外，“及时改正”应具有彻底性。

（3）没有造成危害后果。

在生态环境行政处罚领域，通常并不以危害后果作为违法行为的构成要件。而是以当事人不履行生态环境保护法上的义务为基础。但是，某个违法行为所产生的危害后果的范围通常能够反映出该行为社会危害性的大小。这里的关键在于，危害后果的范围必须以违反行政法义务的行为所指向的利益是否受到法律保护为标准，利益未受到法律保护，就没有所谓的后果。例如，某建设单位“未按规定进行环境影响评价，擅自开工建设的”违法行为，被发现后立即实施主动关停或者恢复原状等措施的，也就意味着被破坏的行政管理秩序已经得到恢复，没有造成危害后果。[①]

4. 对不予处罚的当事人应当进行教育

根据《行政处罚法》第三十三条第三款和《生态环境行政处罚办法》第四十二条第三款的规定，对当事人的违法行为依法不予行政处罚的，行政机关应当对当事人进行教育。适用“违法行为轻微不罚”的前提是当事人有违法行为，破坏了正常的行政管理秩序。生态环境执法机关对当事人的违法行为依法不予行政处罚的案件，也不能放任不管，应当指出并纠正当事人的违法行为，教育、督促当事人守法。

关于对当事人进行教育，立法用语是“应当”，即对当事人的违法行为依法不予行政处罚的，生态环境执法机关对当事人进行教育是职责所在。

生态环境执法机关在履行教育职责时原则上应是书面形式，或者以电子记录等形式予以载明，在内容上主要是以确认违法行为和相关法律法规知识的普及为主，以增强当事人对自身违法行为的深刻认识，减少轻微违法行为的发生。体现宽严相济的法治精神，让当事人切实感受到“有温度的执法”。

（五）“首违不罚”制度的理解与适用[②]

根据《行政处罚法》第三十三条第一款和《生态环境行政处罚办法》第

① 江必新，夏道虎.《中华人民共和国行政处罚法》条文解读与法律适用[M]. 北京：中国法制出版社，2021: 111.

② 曹晓凡. 生态环境部门如何准确适用“首违不罚”制度？[N]. 中国环境报，2021-10-15 (6).

四十二条第一款的规定，初次违法且危害后果轻微并及时改正的，可以不予行政处罚。早在 2019 年 9 月 6 日，国务院印发的《关于加强和规范事中事后监管的指导意见》（国发〔2019〕18 号）要求，落实和完善包容审慎监管问题。

1.“首违不罚”制度应重点关注的问题

针对生态环境执法领域已经推行一段时间的“首违不罚”制度，应结合新修订的《行政处罚法》和《生态环境行政处罚办法》重点关注以下几个方面的问题，以便准确理解和适用。

一是初次违法。

《行政处罚法》第三十三条第一款和《生态环境行政处罚办法》第四十二条第一款规定的“初次”是指在一定期限内同一领域或者同一领域中同一种类违法行为范围内，当事人第一次有该违法行为。应对时间、领域、违法行为种类等作出合理限制，如果对时间、领域、违法行为种类等不做限定，则本规定的适用空间将十分有限。

二是违法的危害后果轻微，不是“违法行为轻微”。

《行政处罚法》第三十三条第一款和《生态环境行政处罚办法》第四十二条第一款两句中的“轻微”所表达的含义不同。第一句中的“轻微”对应的是违法行为；第二句中的“轻微”对应的是危害后果。对于“行为犯”而言，如果当事人违法行为轻微，应当适用“违法行为轻微并及时改正，没有造成危害后果的，不予行政处罚”的规定。生态环境执法机关要正确把握违法的危害后果“轻微”的标准，对是否符合“轻微”的要求要进行综合考量。

三是当事人及时改正。

当事人对自身的违法行为有正确的认识，并采取措施及时改正了违法行为，行政管理秩序得到了恢复。对于“及时改正”要注意及时改正的时间和及时改正的程度。“及时改正”的时间起码应该是在行政处理的过程中，可以是当场改正，也可以是被责令改正后行政处理决定前完成改正。“及时改正”应具有彻底性，如果虽有所整改，但整改并不彻底，就不应适用“首违不罚”制度。

以上三点缺一不可。

2. 有的法律规定的是“可以”，有的是“应当”

“首违不罚”是“可以”不予行政处罚，而不是“应当”不予行政处罚。

生态环境执法机关被赋予了一定的裁量空间。

有的法律规范规定的是“可以”处以某种行政处罚，如《固体废物污染环境防治法》第一百零七条规定：“从事畜禽规模养殖未及时收集、贮存、利用或者处置养殖过程中产生的畜禽粪污等固体废物的，由生态环境主管部门责令改正，可以处十万元以下的罚款；情节严重的，报经有批准权的人民政府批准，责令停业或者关闭。”此类情况可以直接适用“首违不罚”制度。

有的法律规范直接规定处以某种行政处罚。如《环境影响评价法》第三十一条第三款规定：“建设单位未依法备案建设项目环境影响登记表的，由县级以上生态环境主管部门责令备案，处五万元以下的罚款。”

对于符合“首违不罚”适用条件的案件，应由生态环境执法机关决定是否不予行政处罚。

3. 不应以不罚为由不立案，也不宜立案后销案

适用“首违不罚”制度的案件，对于当场予以改正的，生态环境行政执法人员应当在现场检查（勘察）笔录中记录当事人的违法事实以及当场改正的情况，确认当事人当场改正后方可不予行政处罚；对于不能当场改正的，应当依法下达《责令改正违法行为决定书》，生态环境执法机关应当及时核实改正情况，当事人在规定期限内彻底完成改正的，方可不予行政处罚。

对于当事人拒不改正、逾期不改正或者改正不符合要求的，应当依法作出行政处罚决定。

“首违不罚”制度不影响案件的正常立案调查，符合“首违不罚”的案件应在调查终结后再经过审查作出“不予行政处罚”决定，而不应以“首违不罚”为由不予立案，也不宜在立案后予以销案处理。

4. 对不予处罚的当事人应当进行教育

根据《行政处罚法》第三十三条第三款和《生态环境行政处罚办法》第四十二条第三款的规定，对当事人的违法行为依法不予行政处罚的，行政机关应当对当事人进行教育。适用“首违不罚”制度的前提是当事人有违法行为，破坏了正常的行政管理秩序。生态环境执法机关对当事人的违法行为依法不予行政处罚的案件，也不能放任不管，应当指出并纠正当事人的违法行为，教育、督促当事人守法。

第二节　生态环境行政处罚程序

一、生态环境行政处罚简易程序

生态环境行政处罚简易程序是查处分离原则的例外，生态环境行政执法人员既负责调查取证又作出生态环境行政处罚决定。但是，适用生态环境行政处罚简易程序不等于可以不讲规则，更不允许生态环境行政执法人员肆意妄为。根据《行政处罚法》与《生态环境行政处罚办法》的规定，适用生态环境行政处罚简易程序应当遵循以下程序：

第一，表明执法身份。生态环境行政执法人员发现生态环境行政违法行为，准备适用生态环境行政处罚简易程序作出行政处罚决定的，应向当事人出示行政执法证件，以证明其执法资格的合法性。行政执法证件既是生态环境行政执法人员身份的证明，也是生态环境行政执法人员具有环境行政执法权的证明。适用生态环境行政处罚简易程序作出行政处罚决定的，要求生态环境行政执法人员应向当事人出示行政执法证件、表明执法身份，既体现了环境行政执法的严肃性，也有助于防止生态环境行政执法人员随意处罚或者非生态环境行政执法人员冒充生态环境行政执法人员进行执法。

第二，现场查清当事人的违法事实，并依法取证。生态环境行政处罚必须建立在环境行政违法事实确凿的基础上，为了提高行政效率，生态环境行政处罚简易程序简化了一些环境行政执法环节，但是要求生态环境行政执法人员现场查清当事人的违法事实，并依法取证。如果发现现场无法查清当事人的违法事实的，则应转入生态环境行政处罚一般程序进行办理，终止生态环境行政处罚简易程序。

第三，向当事人说明违法的事实、行政处罚的理由和依据、拟给予的行政处罚内容，告知陈述、申辩权利。生态环境行政执法人员在现场查清当事人的违法事实后，根据相关法律、法规或者规章的规定，应该形成了初步的生态环境行政处罚意见。在正式作出生态环境行政处罚决定前，生态环境行政执法人员应当向当事人说明违法的事实、行政处罚的理由和依据、拟给予的行政处罚内容，并告知其依法享有陈述、申辩的权利。

第四，充分听取当事人的意见。当事人就生态环境行政执法人员告知的违法事实、行政处罚的理由和依据、拟给予的行政处罚依法进行陈述和申辩的，生态环境行政执法人员必须充分听取当事人的意见，对当事人提出的事实、理由和证据，应当进行复核；当事人提出的事实、理由或者证据成立的，生态环境行政执法人员应当采纳。

第五，填写预定格式、编有号码、盖有生态环境主管部门印章的行政处罚决定书，由生态环境行政执法人员签名或者盖章，并将《行政处罚决定书》当场交付当事人。由于违法事实确凿、情节轻微，适用生态环境行政处罚简易程序办理的环境行政违法案件，其调查取证、事先告知、作出决定、交付文书等环境行政执法环节均可以当场完成。适用生态环境行政处罚简易程序办理的环境行政违法案件的行政处罚决定书，应有预定格式、编有号码、盖有生态环境主管部门印章，如此一来，既可以方便生态环境行政执法人员现场使用，又可以有效预防权力滥用，对生态环境行政执法人员进行监督制约。生态环境行政执法人员作出盖有生态环境主管部门印章的《行政处罚决定书》，意味着是代表国家行使环境行政执法权的行为，而不是生态环境行政执法人员的个人行为。将《行政处罚决定书》当场交付当事人，意味着《行政处罚决定书》的送达。当事人拒绝签收的，应当在《行政处罚决定书》上注明。

第六，告知当事人如对当场作出的行政处罚决定不服，应当先向行政复议机关申请行政复议，对行政复议决定不服的，可以再依法向人民法院提起行政诉讼。适用生态环境行政处罚简易程序实施的生态环境行政处罚，同样是对当事人的权利造成了影响。当事人如果对当场作出的行政处罚决定不服，依法享有申请行政复议和提起行政诉讼的权利。生态环境行政执法人员应当依法将该项权利告知当事人。《行政处罚决定书》应当载明当事人申请行政复议、提起行政诉讼的途径和期限。

第七，以上过程应当制作笔录。适用生态环境行政处罚简易程序实施环境行政处罚，同样需要收集相关证据，而制作笔录是生态环境行政处罚简易程序中收集证据的重要方法。由于适用简易程序实施的生态环境行政处罚案件都是情节简单、事实确凿的，通过制作笔录，可以将环境行政违法事实固定下来，成为生态环境行政处罚定案的主要依据。当然，在制作笔录的同时，还应注意收集其他证据，如书证、物证等。

第八，生态环境行政执法人员当场作出的行政处罚决定，应当在决定之日起 3 个工作日内报所属生态环境主管部门备案。至于生态环境主管部门内部接受备案的具体机构，《行政处罚法》和《生态环境行政处罚办法》均未做规定，生态环境主管部门可根据本机关实际情况自行决定。

二、生态环境行政处罚普通程序

（一）立案

立案，是指生态环境行政处罚主体通过各种渠道获悉有关生态生态环境行政违法行为或事件后，经初步审查，认为确有生态环境行政违法事实或者生态环境行政违法嫌疑时，并需要给予生态环境行政处罚时，决定进行调查核实的程序。立案是生态环境行政处罚普通程序的开始，是生态环境行政处罚主体的内部程序。立案不是一个独立的行政行为，只是生态环境行政处罚的一个环节，标志着生态环境行政处罚程序的开始，确定了生态环境行政处罚主体对该生态环境行政处罚案件具有查处权，也确定了生态环境行政处罚主体对该案件的调查处理时限。

《行政处罚法》第五十四条第二款规定："符合立案标准的，行政机关应当及时立案。"根据《行政处罚法》第三十六条和《生态环境行政处罚办法》第十八条、第十九条的规定，除依法可以当场作出的行政处罚外，生态环境主管部门对涉嫌违反生态环境保护法律、法规和规章的违法行为，应当进行初步审查，并在十五日内决定是否立案。特殊情况下，经本机关负责人批准，可以延长十五日。法律、法规另有规定的除外。经审查，符合下列四项条件的，予以立案：（1）有初步证据材料证明有涉嫌违反生态环境保护法律、法规和规章的违法行为；（2）依法应当或者可以给予行政处罚；（3）属于本机关管辖；（4）违法行为未超过《中华人民共和国行政处罚法》规定的追责期限。

对已经立案的案件，根据新情况发现不符合《生态环境行政处罚办法》第十九条立案条件的，应当撤销立案。

关于紧急案件先行调查取证，《生态环境行政处罚办法》第二十七条第一款规定，生态环境主管部门立案前依法取得的证据材料，可以作为案件的证据。

（二）调查取证

《行政处罚法》第五十四条第一款规定，除本法第五十一条规定的可以当场作出的行政处罚外，行政机关发现公民、法人或者其他组织有依法应当给予行政处罚的行为的，必须全面、客观、公正地调查，收集有关证据；必要时，依照法律、法规的规定，可以进行检查。

根据《生态环境行政处罚办法》第二十一条、第二十二条的规定，生态环境主管部门对登记立案的生态环境违法行为，应当指定专人负责，全面、客观、公正地调查，收集有关证据。生态环境主管部门在办理行政处罚案件时，需要其他行政机关协助调查取证的，可以向有关机关发送协助调查函，提出协助请求。生态环境主管部门在办理行政处罚案件时，需要其他生态环境主管部门协助调查取证的，可以发送协助调查函。收到协助调查函的生态环境主管部门对属于本机关职权范围的协助事项应当依法予以协助。无法协助的，应当及时函告请求协助调查的生态环境主管部门。调查的目的，是为了查清生态环境行政违法事实，获得相关证据。只有经过大量的全面、客观、公正的调查工作，才有可能查清这些事实，掌握有关的证据材料，经审查后，作出与当事人的生态环境行政违法行为的事实、性质、情节以及社会危害程度相当的行政处罚。

根据《行政处罚法》第五十五条与《生态环境行政处罚办法》第十条、第二十三条的规定，生态环境行政处罚应当由具有行政执法资格的执法人员实施。执法人员不得少于两人，法律另有规定的除外。执法人员在调查或者进行检查时，应当主动向当事人或者有关人员出示执法证件。当事人或者有关人员有权要求执法人员出示执法证件。执法人员不出示执法证件的，当事人或者有关人员有权拒绝接受调查或者检查。当事人或者有关人员应当如实回答询问，并协助调查或者检查，不得拒绝、阻挠或者在接受检查时弄虚作假。询问或者检查应当制作笔录。

根据《生态环境行政处罚办法》第二十四条的规定，执法人员有权采取下列措施：（1）进入有关场所进行检查、勘察、监测、录音、拍照、录像；（2）询问当事人及有关人员，要求其说明相关事项和提供有关材料；（3）查阅、复制生产记录、排污记录和其他有关材料。必要时，生态环境主管部门可以采取暗查或者其他方式调查。在调查或者检查时，可以组织监测等技术人员提供技术支持。

根据《生态环境行政处罚办法》第二十五条的规定，执法人员负有下列责任：（1）对当事人的基本情况、违法事实、危害后果、违法情节等情况进行全面、客观、及时、公正的调查；（2）依法收集与案件有关的证据，不得以暴力、威胁、引诱、欺骗以及其他违法手段获取证据；（3）询问当事人，应当告知其依法享有的权利；（4）听取当事人、证人或者其他有关人员的陈述、申辩，并如实记录。

根据《行政处罚法》第四十三条的规定，执法人员与案件有直接利害关系或者有其他关系可能影响公正执法的，应当回避。当事人认为执法人员与案件有直接利害关系或者有其他关系可能影响公正执法的，有权申请回避。当事人提出回避申请的，行政机关应当依法审查，由行政机关负责人决定。决定作出之前，不停止调查。《生态环境行政处罚办法》第六条对此进行了细化。规定有下列情形之一的，执法人员应当自行申请回避，当事人也有权申请其回避：（1）是本案当事人或者当事人近亲属的；（2）本人或者近亲属与本案有直接利害关系的；（3）与本案有其他关系可能影响公正执法的；（4）法律、法规或者规章规定的其他回避情形。申请回避，应当说明理由。生态环境主管部门应当对回避申请及时作出决定并通知申请人。生态环境主管部门主要负责人的回避，由该部门负责人集体讨论决定；生态环境主管部门其他负责人的回避，由该部门主要负责人决定；其他执法人员的回避，由该部门负责人决定。

（三）查封、扣押与证据登记保存

1. 查封、扣押

查封、扣押属于行政强制措施。《行政强制法》第二条规定，行政强制措施，是指行政机关在行政管理过程中，为制止违法行为、防止证据损毁、避免危害发生、控制危险扩大等情形，依法对公民的人身自由实施暂时性限制，或者对公民、法人或者其他组织的财物实施暂时性控制的行为。

根据《环境保护法》第二十五条、《大气污染防治法》第三十条、《土壤污染防治法》第七十八条、《固体废物污染环境防治法》第二十七条和《噪声污染防治法》第三十条的规定，实施查封、扣押的条件是违法排污，造成或可能造成严重污染，两个条件需要同时满足，并非所有的违法排污都可以实施查封、扣押。违法排污是一项范围比较宽的条件，既包括超标、超总量排放污染物，也包括未经环评审批、验收等手续而排放污染物等。而“造成严重污染的”情形的认定，《最高人民法院、最高人民检察院关于办理环境污染刑事案件适用法律若干问题的解释》有具体规定。至于何为可能造成严重污染的情形，《环境保护主管部门实施查封、扣押办法》第四条遵循立足实际、从严设置原则，同时注重与《环境保护法》新增的按日连续处罚等其他措施既有所区别又内在统一，将这一条件具体细化为六种具备必要性和紧迫性特征的适用情形。《环境保护主管部门实施查封、扣押办法》第四条明确规定了属于适用查封、扣押的具体情形，即“排污者有下列情形之一的，环境保护主管部门依法实施查封、扣押：（1）违法排放、倾倒或者处置含传染病病原体的废物、危险废物、含重金属污染物或者持久性有机污染物等有毒物质或者其他有害物质的；（2）在饮用水水源一级保护区、自然保护区核心区违反法律法规规定排放、倾倒、处置污染物的；（3）违反法律法规规定排放、倾倒化工、制药、石化、印染、电镀、造纸、制革等工业污泥的；（4）通过暗管、渗井、渗坑、灌注或者篡改、伪造监测数据，或者不正常运行防治污染设施等逃避监管的方式违反法律法规规定排放污染物的；（5）较大、重大和特别重大突发环境事件发生后，未按照要求执行停产、停排措施，继续违反法律法规规定排放污染物的；（6）法律、法规规定的其他造成或者可能造成严重污染的违法排污行为。

查封和扣押是生态环境主管部门在调查取证过程中使用的有效行政强制措施，对当事人利益影响巨大。为防止证据灭失、被隐匿或者非法转移的，《大气污染防治法》第三十条、《土壤污染防治法》第七十八条、《固体废物污染环境防治法》第二十七条和《海洋环境保护法》第三十条规定了针对证据的查封、扣押措施。

需要说明的是，《环境保护法》《水污染防治法》《噪声污染防治法》《放射性污染防治法》《环境影响评价法》《建设项目环境保护管理条例》等，无关于针对证据实施查封、扣押的相关规定。

2. 证据登记保存

《行政处罚法》第五十六条规定：“行政机关在收集证据时，可以采取抽样取证的方法；在证据可能灭失或者以后难以取得的情况下，经行政机关负责人批准，可以先行登记保存，并应当在七日内及时作出处理决定，在此期间，当事人或者有关人员不得销毁或者转移证据。”本条是关于行政机关收集证据方法和证据登记保存的规定。

证据先行登记保存，是指行政机关在证据可能灭失或者以后难以取得的情况下，经行政机关负责人批准，对需要保全的证据当场登记造册，暂时先予封存固定，责令当事人妥为保管，不得动用、转移、损毁或者隐匿，等待行政机关进一步的调查和作出处理决定。

证据先行登记保存与查封、扣押的区别有以下几个方面：

第一，法律依据不同。证据先行登记保存的法律依据为《行政处罚法》第五十六条和《生态环境行政处罚办法》第三十二条。查封、扣押的法律依据为《环境保护法》第二十五条、《大气污染防治法》第三十条、《土壤污染防治法》第七十八条和《固体废物污染环境防治法》第二十七条、《噪声污染防治法》第三十条、《行政强制法》和《环境保护主管部门实施查封、扣押办法》等。

第二，目的不同。证据先行登记保存的目的是防止证据可能灭失或者以后难以取得。查封、扣押的目的之一是对造成污染物排放的设施、设备、场所等予以暂时性控制，预防污染状态的蔓延与扩大；另一个目的是防止有关证据可能灭失、被隐匿或者非法转移以后难以取得。

第三，对象不同。先行登记保存的对象是证据，与当事人和生态环境行政处罚案件的证据无关的，不能采取证据登记保存措施。查封、扣押的对象既可以是作为生态环境行政处罚案件的证据，也可以是违反法律法规规定排放污染物，造成或者可能造成严重污染的设施、设备、场所、工具、物品等。

第四，期限不同。采取证据登记保存措施后，行政机关必须在七日内及时作出处理决定。否则，到期证据保存措施自行解除。而查封、扣押的期限不得超过三十日；情况复杂的，经本级生态环境主管部门负责人批准可以延长，但延长期限不得超过三十日。法律、法规另有规定的除外。

第五，实施程序不同。行政机关依照《行政处罚法》第五十六条规定采取证据登记保存措施，要向当事人和见证人出具由行政机关负责人签发的保存证据通知书；在现场要有见证人；要制作登记保存笔录，执法人员、当事人和见证人应当在登记保存笔录上签名或者盖章；执法人员必须将登记保存的情况及时报告行政机关。实施查封、扣押的程序包括调查取证、审批、决定、执行、送达、解除。需要实施查封、扣押的，应当书面报经生态环境主管部门负责人批准；案情重大或者社会影响较大的，应当经生态环境主管部门案件审查委员会集体审议决定。生态环境主管部门决定实施查封、扣押的，应当制作查封、扣押决定书和清单。《环境保护主管部门实施查封、扣押办法》第十二条、第十三条和第十四条还针对实施查封、扣押规定了一些具体程序要求。

（四）责令当事人改正或者限期改正违法行为

纠正违法行为是实施行政处罚的重要目的，根据《行政处罚法》第二十八条第一款和《生态环境行政处罚办法》第九条第一款的规定，生态环境主管部门实施行政处罚时，应当责令当事人改正或者限期改正违法行为。所谓实施行政处罚时包括行政处罚的启动、调查取证、决定等全过程。考虑到实践中，有的违法行为可以立即改正，有的违法行为的改正需要一定期限。《行政处罚法》第二十八条第一款特别强调行政机关纠正违法行为，可以采用责令当事人限期改正违法行为的方式。改正违法行为的具体形式包括停止违法行为、恢复原状等。《行政处罚法》第二条规定，行政处罚是指行政机关依法对违反行政管理秩序的公民、法人或者其他组织，以减损权益或者增加义务的方式予以惩戒的行为。通常认为，责令当事人改正或者限期改正违法行为不具有惩戒性，不属于行政处罚。责令当事人改正的行政行为也可以独立作出。①

（五）中止案件调查

根据《生态环境行政处罚办法》第三十五条的规定，有下列情形之一的，经生态环境主管部门负责人批准，中止案件调查：（1）行政处罚决定须以相关案件的裁判结果或者其他行政决定为依据，而相关案件尚未审结或者其他行政决定尚未作出的；（2）涉及法律适用等问题，需要送请有权机关作出解释或者确认的；（3）因不可抗力致使案件暂时无法调查的；（4）因当事人下落不明致使案件暂时无法调查的；（5）其他应当中止调查的情形。中止调查的原因消除后，应当立即恢复案件调查。

① 许安标.《中华人民共和国行政处罚法》释义 [M]. 北京：中国民主法制出版社，2021: 100-101.

（六）终止案件调查

根据《生态环境行政处罚办法》第三十六条的规定，有下列情形之一致使案件调查无法继续进行的，经生态环境主管部门负责人批准，调查终止：（1）涉嫌违法的公民死亡的；（2）涉嫌违法的法人、其他组织终止，无法人或者其他组织承受其权利义务的；（3）其他依法应当终止调查的情形。

（七）终结调查

根据《生态环境行政处罚办法》第三十七条的规定，有下列情形之一的，终结调查：（1）违法事实清楚、法律手续完备、证据充分的；（2）违法事实不成立的；（3）其他依法应当终结调查的情形。

（八）制作“案件调查报告”

根据《生态环境行政处罚办法》第三十八条的规定，调查终结的，案件调查人员应当制作调查报告，提出已查明违法行为的事实和证据、初步处理意见，移送进行案件审查。本案的调查人员不得作为本案的审查人员。案件调查报告属于生态环境主管部门及其执法机构内部使用的文书。主要用来描述调查终结后调查人员的调查取证情况及采取行政强制措施的情况，调查认定的事实、案件性质、裁量理由、处罚依据和处罚建议等。

案件调查报告的内容及制作要求如下：

（1）有案件调查的来源，包括案件来源、立案时间和案由等。

（2）有当事人的基本情况。

（3）有调查的过程，包括办案人员的组成、调查方式、调查的起止时间等。

（4）有当事人实施违法行为的具体事实，包括其从事违法行为的时间、地点、目的、手段、情节、违法所得、危害后果等。

（5）有支持所描述事实的相关证据，对收集的证据逐一列举，应当包含证据名称、提取（作出）时间、提供（作出）单位、证明内容等。

（6）有违法行为违反的法律条款及内容。

（7）有适用本单位裁量权裁量标准的内容。

（8）有处罚或不予处罚的法律依据。

（9）建议予以处罚的种类和罚款数额，或不予处罚的建议。

（10）两名以上（含两名）调查人员签字并注明日期（通过电子系统办理的依据具体系统规则处理）。

（11）有调查机构意见，调查机构负责人签字或盖章。

案件调查报告应能够真实、具体、详细地反映案发时间、地点、当事人、违法行为起因、过程、后果以及影响等内容。

办案单位经过调查，如果认为符合以下条件，就不应当对当事人实施行政处罚：一是违法行为轻微，依法可以不予行政处罚的；二是违法事实不能成立的；三是案件不属于本机关管辖，应当移交其他行政机关的。案件调查报告需说明拟做处理的建议及理由。

办案单位经过调查，如果认为违法行为涉嫌犯罪的，案件调查报告应建议移送司法机关，并说明相应的理由。

（九）案件审查

调查程序完成后，案件审查部门要对管辖权、追诉时效、事实认定、法律适用等问题进行审查。因为立案时仅仅是根据案件线索初步认定有管辖权，在经调查了解的案情更清楚后，有可能发现本机关并无管辖权；立案时仅仅是根据案件线索初步认定未过追诉时效，在经调查了解的案情更清楚后，有可能发现已过追诉时效，故需再度审查生态环境行政处罚的适用依据和初步处理意见是否合法、适当。这样，案件审查的内容逐渐合理，具有可操作性。[①] 根据《生态环境行政处罚办法》第三十九条的规定，案件审查的主要内容包括：（1）本机关是否有管辖权；（2）违法事实是否清楚；（3）证据是否合法充分；（4）调查取证是否符合法定程序；（5）是否超过行政处罚追责期限；（6）适用法律、法规、规章是否准确，裁量基准运用是否适当。另据《生态环境行政处罚办法》第四十条的规定，违法事实不清、证据不充分或者调查程序违法的，审查人员应当退回调查人员补充调查取证或者重新调查取证。

实践中，可以由生态环境保护综合行政执法机构或者作为设区的市级生态环境主管部门派出机构的县级分局的法制工作人员或者由机构负责人及部

① 环境保护部环境监察局.《环境行政处罚办法》释义 [M]. 北京：中国环境科学出版社，2011: 97.

门负责人、业务骨干等通过召开案审会的形式对案件进行审查。

（十）告知

《行政处罚法》第四十四条规定："行政机关在作出行政处罚决定之前，应当告知当事人拟作出的行政处罚内容及事实、理由、依据，并告知当事人依法享有的陈述、申辩、要求听证等权利。"

《生态环境行政处罚办法》第四十四条规定："生态环境主管部门在作出行政处罚决定之前，应当告知当事人拟作出的行政处罚内容及事实、理由、依据和当事人依法享有的陈述、申辩、要求听证等权利，当事人在收到告知书后五日内进行陈述、申辩；未依法告知当事人，或者拒绝听取当事人的陈述、申辩的，不得作出行政处罚决定，当事人明确放弃陈述或者申辩权利的除外。"

1. 告知当事人法定事项是行政机关的法定义务

首先，告知是一项重要程序制度。告知程序是行政处罚的必经程序，对行政机关而言是一项法定义务，必须履行；对当事人而言是对其知情权的保护。其次，告知程序是行政处罚公开、公正原则的具体体现。行政处罚遵循公开、公正的原则。公开原则要求，行政处罚的设定和实施都要公开，告知程序是公开原则的应有之义。公正原则要求，行政处罚应当平等和公正地适用法律，其基本特征是：当事人必须获悉对他的处罚的内容和性质；当事人有陈述案情的机会；行政机关的处罚决定必须公正。公正原则有两项基本标准：其一是本人不能决断自己有关的案件；其二是必须听取各方当事人的意见。告知当事人拟作出行政处罚的有关情况和陈述、申辩、听证等权利，是公正原则的基本要求。①

2. 告知的时间节点

行政机关履行告知义务，必须在作出行政处罚决定之前，否则就无法保障当事人的知情权和陈述权、申辩权，不利于实现告知程序的价值。实施行政处罚，即使是简易程序，行政机关也应当依法履行告知程序。②

还需注意的是，告知义务的履行可能不是一次，而是要根据行政处罚决

---

① 许安标.《中华人民共和国行政处罚法》释义 [M]. 北京：中国民主法制出版社，2021: 129.

② 许安标.《中华人民共和国行政处罚法》释义 [M]. 北京：中国民主法制出版社，2021: 130.

定的调整情况逐次告知。[①] 有判决指出，行政机关作出处罚告知后，如果有新的证据证实拟被处罚的违法行为处于持续状态并在量上增加，将导致原处罚告知中认定的违法事实改变、处罚幅度加重的，应当将该情况告知拟被处罚人，听取其陈述、申辩。[②]

3. 告知的内容

行政机关履行告知义务，内容包括以下两个方面：

一是告知当事人拟作出的行政处罚内容及事实、理由、依据，是指行政机关应当告诉当事人拟作出行政处罚的种类、具体数额或数量，具体的违法事实，对违法行为作出处罚决定的原因，违反法律、法规、规章的具体规定，也包括行政机关为了规范自身裁量权行使而制定的裁量基准（标准）。在《行政处罚法》修改过程中，对于告知的内容是否包括行政处罚的具体内容，是有争议的。经过慎重研究认为，行政处罚的内容，也就是处罚的种类、具体数额或数量，比如罚款的数额、拘留的时长等，直接关系当事人切身利益，是当事人迫切想要知道的，也是当事人保护自身权利的前提，应当告知。一般来说，告知的内容越全面不仅有利于当事人行使陈述申辩权，也有利于行政机关作出客观公正的决定。告知当事人处罚的内容及事实、理由、依据，首先，可以帮助当事人意识到自己行为的违法性和社会危害性，起到教育违法、预防违法的目的；其次，可以充分保障当事人的知情权，对行政处罚实施过程予以公开，便于当事人保护自身权利；最后，便于人民群众对行政执法情况进行监督，对行政主体加以约束，防止权力滥用。[③] 通俗来讲，行政机关在作出行政处罚决定之前，告知当事人拟作出的行政处罚内容及事实、理由、依据，是指执法人员必须告诉当事人的什么行为违法了，违反了什么法律、法规或者规章的什么规定，依据法律、法规或者规章的什么规定应当给予什么样的行政处罚，以及行政机关综合其违法行为的情节、危害后果等，拟决定给予的行政处罚种类和数量。[④]

二是告知当事人依法享有陈述、申辩和要求听证等权利，是当事人行使相应权利的前提。行政管理秩序范围广、种类多，一些行政管理事项本身具

---

① 袁雪石.《中华人民共和国行政处罚法》释义 [M]. 北京：中国法制出版社，2021: 269.

② 天津市第一中级人民法院（2017）津 01 行终 348 号《行政判决书》。

③ 许安标.《中华人民共和国行政处罚法》释义 [M]. 北京：中国民主法制出版社，2021: 130.

④ 江必新.《行政处罚法》条文精释与实例精解 [M]. 北京：人民法院出版社，2021: 259.

有较强的专业性和技术性，有的当事人缺乏法律和专业知识，不能很好地了解自己享有的权利，如果行政机关不予告知，当事人可能错过权利救济的机会。当事人及时获知自己享有的权利，就可以依法保护自己的合法权益，防止行政机关滥用行政处罚权。[①]

4. 告知的方式

《行政处罚法》并未明确规定行政机关在作出行政处罚决定之前，告知当事人拟作出的行政处罚内容及事实、理由、依据，并告知当事人依法享有的陈述、申辩、要求听证等权利的具体方式。原则上行政机关应当通过书面方式告知，并依法送达给当事人。但对于适用简易程序的行政处罚案件来说，也可以通过口头方式告知，但口头告知时必须做好相应的告知笔录并让当事人签字确认。

实践中，行政机关还可通过网络等电子信息化手段履行告知义务，但行政机关的告知行为不能为当事人增加不必要的负担，告知的目的是使当事人知悉权利，行政机关应对有效告知的事实承担举证责任，否则可能产生未予告知的法律后果。[②]

5. 行政机关未告知的法律后果

《行政处罚法》第六十二条和《生态环境行政处罚办法》第四十四条均规定，行政机关及其执法人员在作出行政处罚决定之前未向当事人告知拟作出的行政处罚内容及事实、理由、依据，不得作出行政处罚决定。

行政机关及其执法人员在作出行政处罚决定之前未向当事人告知拟作出的行政处罚内容及事实、理由、依据，作出的行政处罚决定，构成对程序义务的违反，属于行政处罚程序违法，法院可判决撤销该行政处罚决定。另外，行政机关及其执法人员在作出行政处罚决定之前向当事人进行了告知，但告知不全面，遗漏了告知内容的，如告知了陈述、申辩的权利，而没有告知听证权利。作出的行政处罚决定依然可能被认定为违反法定程序，被判决撤销该行政处罚决定。

① 袁杰，赵振华.《中华人民共和国行政处罚法》问答 [M]. 北京：中国民主法制出版社，2021: 73.

② 江必新，夏道虎.《中华人民共和国行政处罚法》条文解读与法律适用 [M]. 北京：中国法制出版社，2021: 152.

（十一）陈述、申辩意见的听取和复核

《行政处罚法》第四十五条规定："当事人有权进行陈述和申辩。行政机关必须充分听取当事人的意见，对当事人提出的事实、理由和证据，应当进行复核；当事人提出的事实、理由或者证据成立的，行政机关应当采纳。行政机关不得因当事人陈述、申辩而给予更重的处罚。"

1. 当事人有陈述、申辩的权利

陈述，主要是陈述事实和理由，提出自己的主张和证据；申辩，主要是解释、辩解、反驳对自己不利的意见和证据。通过陈述、申辩，当事人可以表达意见，有效避免行政机关作出不当判断。

陈述、申辩是当事人的权利，受法律保护。《行政处罚法》对当事人权利给予全过程保障，其中，陈述权和申辩权是当事人的一项重要权利。《行政处罚法》第七条第一款规定："公民、法人或者其他组织对行政机关所给予的行政处罚，享有陈述权、申辩权；对行政处罚不服的，有权依法申请行政复议或者提起行政诉讼。"在行政处罚决定作出之前，当事人有权进行陈述和申辩，在行政处罚决定作出之后，当事人有权申请行政复议、提起行政诉讼，二者共同组建起一道权利保护网，避免当事人受到不应有的伤害。①

陈述权和申辩权具有重要作用。首先，在行政处罚实施过程中，当事人处于相对被动的地位，陈述权和申辩权可以适度提升当事人的被动地位，保护自身合法权益；其次，行政机关及其执法人员在听取陈述和申辩后，可以更加完整地了解情况，尤其是当事人提出行政机关尚不掌握的事实和证据时，行政机关可以作出更加全面、准确的决定；最后，陈述和申辩是认定当事人是否具有主观过错的重要基础，《行政处罚法》第三十三条第二款规定："当事人有证据足以证明没有主观过错的，不予行政处罚。法律、行政法规另有规定的，从其规定。"在法律、行政法规没有例外规定的情况下，当事人没有主观过错不予处罚，而举证责任归属于当事人，对于当事人来说，通过行使陈述权和申辩权而进行的举证就十分重要。②

2. 行政机关应当采取措施保护当事人行使陈述、申辩权利

一是听取意见应当充分。当前，行政机关听取陈述、申辩的渠道和方式

① 许安标.《中华人民共和国行政处罚法》释义 [M]. 北京：中国民主法制出版社，2021: 131.

② 袁杰，赵振华.《中华人民共和国行政处罚法》问答 [M]. 北京：中国民主法制出版社，2021: 73.

更加多样化，执法记录仪、同步录音录像等手段广为运用，视频通话、网上异议处理等方式也在一些地方开展，这些手段可以促进当事人更充分地表达意见。不管是传统方式还是信息化手段，行政机关都不得采用拒绝听取或者变相拒绝听取的方式阻止当事人充分发表意见。[①]

二是对当事人提出的事实、理由和证据，应当复核。复核是保障陈述权和申辩权的关键。进行复核，要求行政机关对当事人提出的事实、理由和证据加以审查核对，查验其真实性、合法性、合理性，并与已经掌握的事实和证据加以比对，作为是否采纳的依据。

三是当事人提出的事实、理由或者证据成立的，行政机关应当采纳。事实、理由或者证据是否成立，不同情况下要做不同判断。采纳不等于推翻拟作出的行政处罚决定，而是作为行政处罚实施的证据，在是否作出行政处罚、作出何种行政处罚时加以考量。如果意见成立却不采纳，陈述权和申辩权就会成为空谈。

四是当事人陈述权和申辩权的行使，贯穿于行政处罚全过程。[②]原国家环保总局曾在《关于实施行政处罚时听取陈述申辩时限问题的复函》（环函〔2006〕262号）中指出："为了规范环保部门的行政处罚行为，保障行政处罚相对人的合法权利和环保部门的行政效率，我局制定了《环境保护行政处罚常用法律文书格式》[③]，将当事人陈述和申辩的时限规定为自接到事先告知书之日起七日。在法律、法规和部门规章没有明确规定当事人陈述和申辩时限的情况下，可按此规定执行。"

《生态环境行政处罚办法》第四十四条规定当事人在收到告知书后五日内进行陈述、申辩。该"五日内"的规定只是敦促当事人及时行使陈述权和申辩权，当事人陈述权和申辩权的行使仍贯穿于行政处罚全过程。对于当事人自愿放弃陈述权和申辩权的，行政机关可以不经当事人的陈述、申辩而作出行政处罚决定。值得注意的是，无论当事人是否自愿放弃陈述权和申辩权，行政机关都要告知当事人享有这项权利。[④]需要提醒的是，当事人放弃陈述权

① 许安标.《中华人民共和国行政处罚法》释义[M].北京：中国民主法制出版社，2021: 132.

② 江必新.《行政处罚法》条文精释与实例精解[M].北京：人民法院出版社，2021: 263.

③ 原环境保护部于2016年5月24日印发的《环境行政执法文书制作指南》（环办环监〔2016〕55号）删除了"7日"的期限。

④ 袁杰，赵振华.《中华人民共和国行政处罚法》问答[M].北京：中国民主法制出版社，2021: 74.

和申辩权的，行政机关必须做好当事人明确放弃陈述或者申辩权利的记录并让当事人签字确认。对于当事人没有明确表示放弃陈述或者申辩权的，行政机关不听取当事人的意见或者对当事人提出的事实、理由和证据，未进行复核就直接决定不予采纳的，均属于违反《行政处罚法》第四十五条和《生态环境行政处罚办法》第四十五条的规定。

3. 行政机关不得因当事人陈述、申辩而给予更重的处罚

一是当事人提出的事实、理由和证据，即使不成立，也不能因此给予更重的处罚。《行政处罚法》第五条规定，实施行政处罚必须以事实为依据，与违法行为的事实、性质、情节以及社会危害程度相当。因此，行政处罚不能以当事人陈述、申辩时态度是否良好作为依据。实践中，存在个别行政机关及其执法人员因为当事人的态度不好而给予更重处罚的现象，这是对当事人正当权利的漠视，不利于维护当事人合法权益，损害行政机关公信力，阻碍法治政府建设进程，必须加以制止。①

二是“更重的处罚”的含义。首先，“更重的处罚”不同于“加重”或者“从重”，而是针对听取意见前拟作出的行政处罚，凡是当事人陈述、申辩后，由于其陈述、申辩而又在原来拟作出的行政处罚基础上追加处罚的，都属于更重的处罚，均应禁止。其次，在行政处罚实施过程中，如果行政机关发现了新的事实和证据，根据法律规定应当给予更重处罚的，行政机关依法给予更重的处罚，不属于《行政处罚法》第四十五条第二款和《生态环境行政处罚办法》第四十五条第二款规定的范畴。②

（十二）听证

《行政处罚法》第六十三条规定：“行政机关拟作出下列行政处罚决定，应当告知当事人有要求听证的权利，当事人要求听证的，行政机关应当组织听证：（一）较大数额罚款；（二）没收较大数额违法所得、没收较大价值非法财物；（三）降低资质等级、吊销许可证件；（四）责令停产停业、责令关闭、限制从业；（五）其他较重的行政处罚；（六）法律、法规、规章规定的其他情形。当事人不承担行政机关组织听证的费用。”

---

① 许安标.《中华人民共和国行政处罚法》释义 [M]. 北京：中国民主法制出版社，2021: 132.

② 袁杰，赵振华.《中华人民共和国行政处罚法》问答 [M]. 北京：中国民主法制出版社，2021: 74.

《生态环境行政处罚办法》第四十六条第一款规定：“拟作出以下行政处罚决定，当事人要求听证的，生态环境主管部门应当组织听证：（一）较大数额罚款；（二）没收较大数额违法所得、没收较大价值非法财物；（三）暂扣许可证件、降低资质等级、吊销许可证件、一定时期内不得申请行政许可；（四）限制开展生产经营活动、责令停产整治、责令停产停业、责令关闭、限制从业、禁止从业；（五）其他较重的行政处罚；（六）法律、法规、规章规定的其他情形。”其第八十九条进一步规定：“本办法第四十六条所称‘较大数额’‘较大价值’，对公民是指人民币（或者等值物品价值）五千元以上、对法人或者其他组织是指人民币（或者等值物品价值）二十万元以上。地方性法规、地方政府规章对‘较大数额’‘较大价值’另有规定的，从其规定。”

《行政处罚法》第六十四条规定：“听证应当依照以下程序组织：（一）当事人要求听证的，应当在行政机关告知后五日内提出；（二）行政机关应当在举行听证的七日前，通知当事人及有关人员听证的时间、地点；（三）除涉及国家秘密、商业秘密或者个人隐私依法予以保密外，听证公开举行；（四）听证由行政机关指定的非本案调查人员主持；当事人认为主持人与本案有直接利害关系的，有权申请回避；（五）当事人可以亲自参加听证，也可以委托一至二人代理；（六）当事人及其代理人无正当理由拒不出席听证或者未经许可中途退出听证的，视为放弃听证权利，行政机关终止听证；（七）举行听证时，调查人员提出当事人违法的事实、证据和行政处罚建议，当事人进行申辩和质证；（八）听证应当制作笔录。笔录应当交当事人或者其代理人核对无误后签字或者盖章。当事人或者其代理人拒绝签字或者盖章的，由听证主持人在笔录中注明。”《生态环境行政处罚办法》第四十七条对此予以重申。

《生态环境行政处罚办法》没有对听证程序作具体规定。为贯彻执行《行政处罚法》，配合《环境行政处罚办法》（环境保护部令第8号）的实施，原环境保护部曾于2010年制定了《环境行政处罚听证程序规定》（环办〔2010〕174号）。《环境行政处罚听证程序规定》与《行政处罚法》《生态环境行政处罚办法》规定不一致的，应以《行政处罚法》《生态环境行政处罚办法》的规定为准。

关于印发《环境行政处罚听证程序规定》的通知

（十三）法制审核

《行政处罚法》第五十八条规定："有下列情形之一，在行政机关负责人作出行政处罚的决定之前，应当由从事行政处罚决定法制审核的人员进行法制审核；未经法制审核或者审核未通过的，不得作出决定：（一）涉及重大公共利益的；（二）直接关系当事人或者第三人重大权益，经过听证程序的；（三）案件情况疑难复杂、涉及多个法律关系的；（四）法律、法规规定应当进行法制审核的其他情形。行政机关中初次从事行政处罚决定法制审核的人员，应当通过国家统一法律职业资格考试取得法律职业资格。"《生态环境行政处罚办法》第四十九条对此予以细化规定。

法制审核是行政处罚的重要程序性制度，有利于保障行政处罚决定的合法公正。2014年《中共中央关于全面推进依法治国若干重大问题的决定》明确提出"全面推行重大执法决定法制审核制度"要求。《国务院办公厅关于全面推行行政执法公示制度执法全过程记录制度重大执法决定法制审核制度的指导意见》（国办发〔2018〕118号）对重大执法决定法制审核提出了详细要求。

1. 法制审核的时间节点

法制审核是事前审核，因此不能出现先作出行政处罚决定，而事后再补办法制审核手续的情况。根据《行政处罚法》第五十八条第一款和《生态环境行政处罚办法》第四十九条第一款的规定，在行政机关负责人作出行政处罚的决定之前，应当进行法制审核。

需要注意的是，《行政处罚法》和《生态环境行政处罚办法》虽未明确规定法制审核与听证程序和行政机关负责人集体讨论程序的时间先后问题，但可从相关法律条文逻辑推导出三者之间的先后顺序，即听证之后进行法制审核，然后再进行行政机关负责人集体讨论。根据《行政处罚法》第五十八条第一款第二项和《生态环境行政处罚办法》第四十九条第一款第二项的规定，直接关系当事人或者第三人重大权益，经过听证程序的，在行政机关负责人作出行政处罚的决定之前，应当由从事行政处罚决定法制审核的人员进行法制审核；未经法制审核或者审核未通过的，不得作出决定。显而易见，法制审核应安排在听证程序之后。根据《行政处罚法》第五十七条第二款和《生态环境行政处罚办法》第五十二条第一款的规定，行政机关对情节复杂或者重大违法行为给予行政处罚，行政机关负责人应当进行集体讨论决定案件的处理结果。行政处罚决定集体讨论是对情节复杂或者重大违法行为行政处罚案件决定程序的特殊要求。法制审核作为行政处罚决定作出前的一项前置程序，并没有决断力，法制审核意见是行政机关负责人作出行政处罚决定的重要参考。因此，法制审核应在行政机关负责人集体讨论前进行。

需要说明的是，从行政机关首长负责制的角度解释，行政机关负责人有权否定法制审核意见，但应当在行政处罚案卷中将各方意见和理由记录在案。[①]

2. 法制审核的主体

《行政处罚法》第五十八条第一款和《生态环境行政处罚办法》第四十九条第一款明确规定，法制审核的主体是从事行政处罚决定法制审核的人员。一方面，要求法制审核人员应当相对固定，以保障法制审核的专业性、连贯性、统一性，《国务院办公厅关于全面推行行政执法公示制度执法全过程记录制度重大执法决定法制审核制度的指导意见》要求加强法制审核队伍的正规化、专业化、职业化建设，把政治素质高、业务能力强、具有法律专业背景的人员调整充实到法制审核岗位，配强工作力量，使法制审核人员的配置与形势任务相适应，原则上各级行政执法机关的法制审核人员不少于本单位执法人员总数的5%。要充分发挥法律顾问、公职律师在法制审核工作中的作用，特别是针对基层存在的法制审核专业人员数量不足、分布不均等问题，探索建立健全本系统内法律顾问、公职律师统筹调用机制，实现法律专业人才资源共享。《关于在生态环境系统推进行政执法公示制度执法全过程记录制度重大执法决定法制审核制度的实施意见》（环办执法〔2019〕42号）进一步提出，进行法制审核的机构一般是各级生态环境部门负责法制工作的内设机构，没有条件单独设立法制工作内设机构的，应设立专门的法制审核岗位，按规定配备具有法律专业背景并与法制审核工作任务相适应的法制审核人员。鼓励采取聘用方式，发挥法律顾问、公职律师在法制审核工作中的作用。另一方面，《国务院办公厅关于全面推行行政执法公示制度执法全过程记录制度重大执法决定法制审核制度的指导意见》虽然要求各级行政执法机关要明确具体负责本单位重大执法决定法制审核的工作机构，但《行政处罚法》并没有统一要求成立法制审核机构，这是为了避免“一刀切”的情况。

党的十八届四中全会决定中提出，完善法律职业资格准入制度，健全国

① 袁雪石.《中华人民共和国行政处罚法》释义 [M]. 北京：中国法制出版社，2021: 327.

家统一法律职业资格管理制度。《行政处罚法》第五十八条第二款《生态环境行政处罚办法》第四十九条第三款均规定，行政机关中初次从事行政处罚决定法制审核的人员，应当通过国家统一法律职业资格考试取得法律职业资格。这是 2017 年《行政处罚法》修改增加的规定。这里的“初次从事行政处罚决定法制审核的人员”，是指 2017 年修改后的《行政处罚法》相关条款自 2018 年 1 月 1 日实施以来，行政机关中第一次从事行政处罚决定法制审核的人员，不包括 2018 年 1 月 1 日以前已经在行政机关从事行政处罚决定法制审核的人员，对这些人员实行“老人老办法”，未取得法律职业资格的，可继续从事法制审核工作。[①]

法制审核人员，与案件有直接利害关系或者有其他关系可能影响公正执法的，应按照《行政处罚法》第四十三条的规定纳入回避人员的范畴。

3. 法制审核的适用情形

《行政处罚法》在 2017 年修改时明确了“在行政机关负责人作出决定之前，应当由从事行政处罚决定审核的人员进行审核”，但并没有明确法制审核的范围。《国务院办公厅关于全面推行行政执法公示制度执法全过程记录制度重大执法决定法制审核制度的指导意见》明确了法制审核的范围，其落脚点在重大执法决定上。根据改革新要求和各方面意见，2021 年修订的《行政处罚法》第五十八条第一款规定了四类应当进行法制审核的情形：涉及重大公共利益的；直接关系当事人或者第三人重大权益，经过听证程序的；案件情况疑难复杂、涉及多个法律关系的；法律、法规规定应当进行法制审核的其他情形。这是从行政处罚决定涉及的利益重要程度和案情疑难程度的角度，确定了法制审核的范围。除了明确列举的前三类情形外，其他法律或者行政法规、地方性法规还可以规定应当进行法制审核的情形，属于这些情形的，也应当进行法制审核。

《行政处罚法》第五十八条第一款虽然列举了行政处罚法制审核的适用范围，但仍需进一步细化具体适用情形。《国务院办公厅关于全面推行行政执法公示制度执法全过程记录制度重大执法决定法制审核制度的指导意见》要求各级行政执法机关要结合本机关行政执法行为的类别、执法层级、所属领域、涉案金额等因素，制定重大执法决定法制审核目录清单。上级行政执法机关

① 许安标.《中华人民共和国行政处罚法》释义 [M]. 北京：中国民主法制出版社，2021: 158-159.

要对下一级执法机关重大执法决定法制审核目录清单编制工作加强指导，明确重大执法决定事项的标准。《关于在生态环境系统推进行政执法公示制度执法全过程记录制度重大执法决定法制审核制度的实施意见》也曾要求，各级生态环境部门根据本部门履行行政处罚等行政执法职责的具体情况，结合违法行为种类、涉案金额、执法层级、社会影响等因素，在 2019 年年底前制定本部门重大执法决定法制审核目录清单。《生态环境行政处罚办法》第四十九条第一款重申了《行政处罚法》第五十八条第一款行政处罚法制审核的适用范围，但第四十九条第二款规定："设区的市级以上生态环境主管部门可以根据实际情况，依法对应当进行法制审核的案件范围作出具体规定。"

另外，不予处罚决定是否需要法制审核？根据《行政处罚法》第三十条、第三十一条、第三十三条和第三十六条等的规定，不予处罚决定主要适用于不构成应受处罚的行为，或者构成应受处罚的行为，但是可以酌定免予处罚。据此，不予处罚决定原则上不属于《行政处罚法》第五十八条、《生态环境行政处罚办法》第四十九条规定的应当进行法制审核的行政处罚决定范畴，不需要进行法制审核。

4. 法制审核的内容

《行政处罚法》并未对法制审核具体审核哪些内容作出规定。《国务院办公厅关于全面推行行政执法公示制度执法全过程记录制度重大执法决定法制审核制度的指导意见》要求：要严格审核行政执法主体是否合法，行政执法人员是否具备执法资格；行政执法程序是否合法；案件事实是否清楚，证据是否合法充分；适用法律、法规、规章是否准确，裁量基准运用是否适当；执法是否超越执法机关法定权限；行政执法文书是否完备、规范；违法行为是否涉嫌犯罪、需要移送司法机关等。法制审核机构完成审核后，要根据不同情形，提出同意或者存在问题的书面审核意见。行政执法承办机构要对法制审核机构提出存在问题的审核意见进行研究，作出相应处理后再次报送法制审核。《关于在生态环境系统推进行政执法公示制度执法全过程记录制度重大执法决定法制审核制度的实施意见》提出：审核内容重点包括执法主体、管辖权限、执法程序、事实认定、法律适用、证据使用、自由裁量权运用等。

《生态环境行政处罚办法》第五十条综合考量上述意见的基础上规定："法制审核的内容包括：（一）行政执法主体是否合法，是否超越执法机关法定权限；（二）行政执法人员是否具备执法资格；（三）行政执法程序是否合法；（四）案件事实是否清楚，证据是否合法充分；（五）适用法律、法规、规章是否准确，裁量基准运用是否适当；（六）行政执法文书是否完备、规范；（七）违法行为是否涉嫌犯罪、需要移送司法机关。”

《生态环境行政处罚办法》第五十一条第一款和第二款规定，法制审核以书面审核为主。对案情复杂、法律争议较大的案件，生态环境主管部门可以组织召开座谈会、专家论证会开展审核工作。生态环境主管部门进行法制审核时，可以请相关领域专家、法律顾问提出书面意见。

5. 未依法进行法制审核的法律后果

行政处罚决定法制审核是确保行政执法机关作出的行政处罚决定合法有效的关键环节。为了强化法制审核制度的刚性，使法制审核制度发挥应有作用，《行政处罚法》第五十八条第一款和《生态环境行政处罚办法》第四十九条第一款明确规定应当进行法制审核的情形，未经法制审核或者审核未通过的，不得作出决定。

法制审核是行政机关实施行政处罚的内部程序，法制审核意见只是为行政处罚决定提供法律参考，并不会对外发生法律效力，但却是重大、复杂案件作出行政处罚决定的必经程序。对应当进行法制审核或未经法制审核或者审核未通过的案件，行政机关依然作出行政处罚决定的，属于程序违法。根据《行政处罚法》第三十八条第二款的规定，违反法定程序构成重大且明显违法的，行政处罚无效。

6. 责任分担

行政执法承办机构对送审材料的真实性、准确性、完整性，以及执法的事实、证据、法律适用、程序的合法性负责。法制审核机构或者法制审核人员仅对其出具的法制审核意见负责。《生态环境行政处罚办法》第五十一条第三款规定：“对拟作出的处罚决定进行法制审核后，应当区别不同情况以书面形式提出如下意见：（一）主要事实清楚，证据充分，程序合法，内容适当，未发现明显法律风险的，提出同意的意见；（二）主要事实不清，证据不充分，程序不当或者适用依据不充分，存在明显法律风险，但是可以改进或者完善的，指出存在的问题，并提出改进或者完善的建议；（三）存在明显法律风险，且难以改进或者完善的，指出存在的问题，提出不同意的审核意见。”行政机关负责人应对本机关最终作出的行政处罚决定负责。各级生态环境部门要按照《国务院办公厅关于全面推行行政执法公示制度执法全过程记录制度重大执法决定法制审核制度的指导意见》和《关于在生态环境系统推进行政执法公示制度执法全过程记录制度重大执法决定法制审核制度的实施意见》的要求结合实际，确定法制审核流程，明确送审材料报送要求和审核的方式、时限、责任，建立健全法制审核机构与行政执法承办机构对审核意见不一致时的协调机制。

如果法制审核意见发现有违法或者不当的问题，而行政执法承办机构或者行政机关负责人没有采纳，法制审核人员不承担责任；如果行政执法决定存在问题，法制审核人员却没有发现而导致行政执法决定错误的，法制审核人员应当承担相应的过错责任。①《国务院办公厅关于全面推行行政执法公示制度执法全过程记录制度重大执法决定法制审核制度的指导意见》指出，因行政执法承办机构的承办人员、负责法制审核的人员和审批行政执法决定的负责人滥用职权、玩忽职守、徇私枉法等，导致行政执法决定错误，要依纪依法追究相关人员责任。

（十四）处理决定

1. 处理决定的种类

根据《行政处罚法》第五十七条第一款和《生态环境行政处罚办法》第五十三条的规定，调查终结，生态环境主管部门负责人应当对调查结果进行审查，根据不同情况，分别作出如下决定：

第一，确有应受行政处罚的违法行为的，根据情节轻重及具体情况，作出行政处罚决定。决定行政处罚时，行政处罚的种类、范围和幅度要根据生态环境行政违法行为的情节轻重及具体情况确定。

第二，违法行为轻微，依法可以不予行政处罚的，决定不予行政处罚。行政机关作出不予处罚决定的条件为有违法行为、违法行为轻微并且依法可以不予行政处罚。

第三，违法事实不能成立的，不予行政处罚。违法事实不能成立的，即没有证据能够证明当事人确有生态环境行政违法事实的，不得给予行政处罚。生态环境行政违法事实的存在，是作出行政处罚决定的前提；查明当事人的生态环境行政违法事实，是作出行政处罚决定的基础。对于不得给予行政处

① 参见袁雪石著：《中华人民共和国行政处罚法释义》，中国法制出版社 2021 年版，第 327 页。

罚的案件，应当撤销案件，并作出书面决定，通知案件当事人。[①]

第四，违法行为涉嫌犯罪的，决定移送司法机关。涉嫌犯罪的案件，按照《行政处罚法》《行政执法机关移送涉嫌犯罪案件的规定》等有关规定移送司法机关，不得以行政处罚代替刑事处罚。

2. 行政机关负责人集体讨论

根据《行政处罚法》第五十七条和《生态环境行政处罚办法》第五十二条的规定，行政机关对情节复杂或者重大违法行为给予行政处罚，行政机关负责人应当进行集体讨论决定案件的处理结果。那么，什么是行政机关负责人，其范围包括哪些，何时履行集体讨论程序，集体讨论的具体形式又有哪些?

（1）行政机关负责人的范围。

除了《行政处罚法》,《行政强制法》《行政许可法》《行政诉讼法》《行政复议法》等法律都有“行政机关负责人”的概念，但对其定义也均未进行明确。

如《行政诉讼法》第三条第三款规定：“被诉行政机关负责人应当出庭应诉，不能出庭的，应当委托行政机关相应的工作人员出庭。”全国人大常委会法制工作委员会编著的《中华人民共和国行政诉讼法释义》指出，行政机关负责人是指行政机关正职和副职领导人。《最高人民法院关于适用〈中华人民共和国行政诉讼法〉的解释》（法释〔2018〕1号）第一百二十八条进一步规定：“行政诉讼法第三条第三款规定的行政机关负责人，包括行政机关的正职、副职负责人以及其他参与分管的负责人。”

虽然《最高人民法院关于适用〈中华人民共和国行政诉讼法〉的解释》是针对《行政诉讼法》所作的解释，但其关于“行政机关负责人”的界定应该同样适用于行政处罚。其中的“其他参与分管的负责人”，对地方人民政府来说，可以是参与分管的秘书长等；对于其他行政机关来说，可以是参与分管的总工程师等其他领导班子成员。

（2）集体讨论的形式及参加人员范围。

需要特别强调的是，根据《行政处罚法》第五十七条第二款和《生态环境行政处罚办法》第五十二条的规定，对情节复杂或者重大违法行为给予行

① 曹康泰. 行政处罚法教程 [M]. 北京：中国法制出版社，2011: 149.

政处罚，行政机关负责人应当集体讨论决定。也就是说，对情节复杂或者重大违法行为的行政处罚案件的处罚，应当由行政机关首长召集行政机关负责人集体讨论决定。

至于集体讨论的具体形式，法律并没有明确规定，执法实践中可以是党组会、联席会、办公会、案审会、集体审议会等形式。但是，如果只有一位行政机关负责人主持，组织科室负责人和相关工作人员进行集体讨论的，则属程序违法。所以，无论采取何种集体讨论形式，至少需要两名以上行政机关负责人参加。

《行政处罚法》和《生态环境行政处罚办法》规定的集体讨论与行政机关首长负责制并不矛盾和冲突，而是行政机关首长负责制的必要补充。行政机关负责人集体讨论作出决定，并非是就如何处罚予以表决，如果集体讨论未能取得一致性或者倾向性意见，行政机关首长还是要对各种不同意见作出决定。

《行政处罚法》和《生态环境行政处罚办法》之所以作出如此规定，一方面表明立法机关对情节复杂或者重大违法行为的行政处罚持极为慎重的态度；另一方面，行政机关依照法定程序处理此类案件，既能够保障行政机关依法行政，又能维护当事人的合法权益。

（3）应当集体讨论决定的案件范围。

《行政处罚法》第五十七条第二款只是规定，对情节复杂或者重大违法行为给予行政处罚，行政机关负责人应当集体讨论决定。《生态环境行政处罚办法》第五十二条对此予以重申。《生态环境行政处罚办法》第五十二条第二款对应当集体讨论决定的案件范围进行了界定，即："有下列情形之一的，属于情节复杂或者重大违法行为给予行政处罚的案件：（一）情况疑难复杂、涉及多个法律关系的；（二）拟罚款、没收违法所得、没收非法财物数额五十万元以上的；（三）拟吊销许可证件、一定时期内不得申请行政许可的；（四）拟责令停产整治、责令停产停业、责令关闭、限制从业、禁止从业的；（五）生态环境主管部门负责人认为应当提交集体讨论的其他案件。"集体讨论情况应当予以记录。地方性法规、地方政府规章另有规定的，从其规定。

（4）机构改革后的集体讨论。

另外，行政机关负责人集体讨论程序在生态环境保护综合行政执法中应如何适用，能否由生态环境保护综合行政执法机构或者作为派出机构的生态环境分局组织实施，是一大难点。

地方机构改革后，个别地方如广东省汕头市，作为市政府组成部门的汕头市生态环境保护综合执法局统一行使污染防治、生态保护、核与辐射安全的行政处罚权以及与行政处罚相关的行政检查、行政强制等执法职能，其负责人集体讨论符合法律规定。

而大部分地方的生态环境保护综合行政执法机构仍然是受委托的组织，受委托的组织负责人集体讨论不能等同于行政机关负责人集体讨论。如果只是受托的生态环境保护综合行政执法机构负责人进行了集体讨论，可被视为没有履行行政机关负责人集体讨论程序，所作出的行政处罚决定程序违法。

随着各地陆续完成机构改革，生态环境分局作为设区的市级生态环境主管部门的派出机构开始履行法定职责，但不具有独立的行政主体资格，不得以自己的名义作出行政处罚决定。相应地，生态环境分局负责人的集体讨论，亦不能被视为有权作出行政处罚决定的行政机关负责人集体讨论。

（5）重大案件集体讨论的时间节点。

行政处罚决定集体讨论制度，是对情节复杂或者重大违法行为行政处罚案件决定程序的特殊要求，适用于情节复杂或者重大违法行为案件应该如何予以行政处罚。

行政机关在作出行政处罚决定之前，还应遵守一个重要程序，即应当告知当事人拟作出行政处罚的内容及事实、理由、依据，并告知当事人依法享有的陈述、申辩和申请听证等权利。在办理情节复杂或者重大违法行为的行政处罚案件时，除按照一般行政处罚案件的决定程序办理外，对于符合听证条件的案件，还应当按照《行政处罚法》第六十三条的规定，告知当事人有申请举行听证的权利。当事人申请听证的，应当在作出行政处罚决定之前，按照听证程序举行听证。

至于行政机关负责人集体讨论应该在告知之前还是在告知之后进行，《行政处罚法》和《生态环境行政处罚办法》并未予以明确。但是，从行政机关负责人集体讨论程序的正当性和合法性来看，行政机关负责人集体讨论决定行政处罚应在告知之后进行。举行了听证的行政处罚案件，行政机关负责人集体讨论决定行政处罚也应在听证之后进行。

听证程序具有独立的程序价值，行政机关组织的听证应实质化运行。如果在听证程序前进行行政机关负责人集体讨论决定行政处罚，会造成听证程序形同虚设，将严重损害听证的程序价值。

当然，行政机关负责人针对同一个案件多次组织集体讨论，并不属于程序违法。但决定环节之外的行政机关负责人集体讨论并不是法律规定必须进行的集体讨论。

需要予以明确的是，对于情节复杂或者重大违法行为行政处罚案件，行政机关负责人即使在告知之前或者听证之前进行了集体讨论，仍需按照《行政处罚法》第五十七条第二款和《生态环境行政处罚办法》第五十二条的规定，在决定环节开展集体讨论。

3. 行政处罚决定书

《行政处罚法》第五十九条规定："行政机关依照本法第五十七条的规定给予行政处罚，应当制作行政处罚决定书。行政处罚决定书应当载明下列事项：（一）当事人的姓名或者名称、地址；（二）违反法律、法规、规章的事实和证据；（三）行政处罚的种类和依据；（四）行政处罚的履行方式和期限；（五）申请行政复议、提起行政诉讼的途径和期限；（六）作出行政处罚决定的行政机关名称和作出决定的日期。行政处罚决定书必须盖有作出行政处罚决定的行政机关的印章。"

《生态环境行政处罚办法》第五十六条对此予以细化："行政处罚决定书应当载明以下内容：（一）当事人的基本情况，包括当事人姓名或者名称，居民身份证号码或者统一社会信用代码、住址或者住所地、法定代表人（负责人）姓名等；（二）违反法律、法规或者规章的事实和证据；（三）当事人陈述、申辩的采纳情况及理由；符合听证条件的，还应当载明听证的情况；（四）行政处罚的种类、依据，以及行政处罚裁量基准运用的理由和依据；（五）行政处罚的履行方式和期限；（六）不服行政处罚决定，申请行政复议、提起行政诉讼的途径和期限；（七）作出行政处罚决定的生态环境主管部门名称和作出决定的日期，并加盖印章。"

（十五）处罚决定信息公开

《行政处罚法》第四十八条规定："具有一定社会影响的行政处罚决定应当依法公开。公开的行政处罚决定被依法变更、撤销、确认违法或者确认无效的，行政机关应当在三日内撤回行政处罚决定信息并公开说明理由。"

依法公开行政处罚决定，是保障公民知情权、监督行政机关依法行使权力的重要手段。国务院办公厅《关于全面推行行政执法公示制度执法全过程记录制度重大执法决定法制审核制度的指导意见》明确提出要加强事后公开："行政执法机关要在执法决定作出之日起20个工作日内，向社会公布执法机关、执法对象、执法类别、执法结论等信息，接受社会监督，行政许可、行政处罚的执法决定信息要在执法决定作出之日起7个工作日内公开，但法律、行政法规另有规定的除外。建立健全执法决定信息公开发布、撤销和更新机制。已公开的行政执法决定被依法撤销、确认违法或者要求重新作出的，应当及时从信息公示平台撤下原行政执法决定信息。建立行政执法统计年报制度，地方各级行政执法机关应当于每年1月31日前公开本机关上年度行政执法总体情况有关数据，并报本级人民政府和上级主管部门。"《关于全面推行行政执法公示制度执法全过程记录制度重大执法决定法制审核制度的指导意见》是《行政处罚法》第四十八条的制度来源。《生态环境行政处罚办法》第三章第七节专门针对信息公开作出规定。

行政处罚决定公开可以分为全文公开、摘要公开，显名公开、匿名公开等多种形式。《生态环境行政处罚办法》第六十二条规定："生态环境主管部门依法公开生态环境行政处罚决定的下列信息：（一）行政处罚决定书文号；（二）被处罚的公民姓名，被处罚的法人或者其他组织名称和统一社会信用代码、法定代表人（负责人）姓名；（三）主要违法事实；（四）行政处罚结果和依据；（五）作出行政处罚决定的生态环境主管部门名称和作出决定的日期。"其中，匿名公开行政处罚决定不具有惩戒性，仅具有警示性。向社会公开行政处罚决定，对当事人姓名做匿名处理，如"李某某"。行政处罚决定公开与隐私权存在一定的矛盾和冲突，如果一律全文公开，有可能对当事人的隐私权造成侵害。另外，《政府信息公开条例》第二十三条、第二十四条和第二十五条对信息公开的载体作了如下规定：一是行政机关应当建立健全政府信息发布机制，将主动公开的政府信息通过政府公报、政府网站或者其他互联网政务媒体、新闻发布会以及报刊、广播、电视等途径予以公开。二是各级人民政府应当加强依托政府门户网站公开政府信息的工作，利用统一的政府信息公开平台集中发布主动公开的政府信息。政府信息公开平台应当具备信息检索、查阅、下载等功能。三是各级人民政府应当在国家档案馆、公共图书馆、政务服务场所设置政府信息查阅场所，并配备相应的设施、设备，为公民、法人和其他组织获取政府信息提供便利。行政机关可以根据需要设立公共查阅室、资料索取点、信息公告栏、电子信息屏等场所、设施，公开政府信息。行政机关应当及时向国家档案馆、公共图书馆提供主动公开的政府信息。

公开行政处罚决定，原则上应当作技术处理，删除文书中载明的下列信息：一是自然人的住所地详址、工作单位、家庭成员、联系方式、公民身份号码、健康状况等；二是法人或者其他组织的涉及具体财产的信息；三是涉及公民个人隐私和商业秘密的信息；四是案件事实中涉及有伤风化的内容，以及可能诱发违法犯罪的细节描述等。[①]《生态环境行政处罚办法》第六十四条明确规定："公开行政处罚决定时，应当隐去以下信息：（一）公民的肖像、居民身份证号码、家庭住址、通信方式、出生日期、银行账号、健康状况、财产状况等个人隐私信息；（二）本办法第六十二条第（二）项规定以外的公民姓名，法人或者其他组织的名称和统一社会信用代码、法定代表人（负责人）姓名；（三）法人或者其他组织的银行账号；（四）未成年人的姓名及其他可能识别出其身份的信息；（五）当事人的生产配方、工艺流程、购销价格及客户名称等涉及商业秘密的信息；（六）法律、法规规定的其他应当隐去的信息。"

公开的行政处罚决定被依法变更、撤销、确认违法或者确认无效的，行政机关应当在 3 日内撤回行政处罚决定信息并公开说明理由。一般来说，对于当事人而言，行政处罚决定信息属于负面信息，行政处罚决定公开对当事人通常会产生不利影响。根据《行政复议法》《行政诉讼法》的规定，行政处罚决定可能被依法变更、撤销、确认违法或者确认无效。对此，《行政处罚法》第四十八条第二款和《生态环境行政处罚办法》第六十六条要求行政机关在 3 日内撤回行政处罚决定信息，保护相对人合法权益。同时，撤回并不是一撤了之，撤回与公开一样，都要有法定事由。社会公众不仅有了解行政处罚决定信息的需求，也有了解撤回行政处罚决定信息原因的需求，行政机关应当公开说明理由。[②]

（十六）执行

1. 自动履行

《行政处罚法》第六十六条第一款规定："行政处罚决定依法作出后，当

① 袁雪石．中华人民共和国行政处罚法释义 [M]. 北京：中国法制出版社，2021: 292-293.

② 许安标．中华人民共和国行政处罚法释义 [M]. 北京：中国民主法制出版社，2021: 140.

事人应当在行政处罚决定书载明的期限内，予以履行。”《生态环境行政处罚办法》第六十九条第一款规定：“当事人应当在行政处罚决定书载明的期限内，履行处罚决定。”执法实践中，大部分行政处罚决定都是行政相对人自动履行的。

2. 不停止执行原则

《行政处罚法》第七十三条第一款规定：“当事人对行政处罚决定不服，申请行政复议或者提起行政诉讼的，行政处罚不停止执行，法律另有规定的除外。”《生态环境行政处罚办法》第六十九条第二款规定：“申请行政复议或者提起行政诉讼的，行政处罚决定不停止执行，法律另有规定的除外。”其基本含义是行政处罚决定一经依法作出，就具有了法律效力，即公定力、拘束力和执行力。公定力，是指对行政处罚决定原则上推定为合法，在未依法予以撤销或者变更之前，任何人均不能否定其效力。拘束力，是指行政处罚决定在被依法撤销或者变更之前，行政处罚主体和行政相对人都应当承认该决定有效并受该决定约束。执行力，是指行政相对人对依法作出的行政处罚决定负有自觉履行和按期履行的义务。

行政复议和行政诉讼是两种法律救济途径，是保证行政处罚结果合法、公正的事后监督和补救措施。行政相对人对行政处罚决定不服，有权申请行政复议或者提起行政诉讼，但行政相对人申请行政复议或者提起行政诉讼后，行政处罚决定原则上不停止执行。

3. 罚款收缴程序

在生态环境行政处罚中，罚款的应用最为广泛。《行政处罚法》针对罚款收缴确立了以罚缴分离为原则、以当场收缴为例外的罚款收缴程序。

（1）罚缴分离。

罚缴分离是罚款决定与收缴罚款相分离的简称，是指行政处罚主体对行政相对人作出行政处罚决定时只开具罚款决定书，由行政相对人自己持罚款决定书，在规定的时间内到指定的金融机构缴纳罚款的一种制度。《行政处罚法》第六十七条规定：“作出罚款决定的行政机关应当与收缴罚款的机构分离。除依照本法第六十八条、第六十九条的规定当场收缴的罚款外，作出行政处罚决定的行政机关及其执法人员不得自行收缴罚款。当事人应当自收到行政处罚决定书之日起十五日内，到指定的银行或者通过电子支付系统缴纳罚款。银行应当收受罚款，并将罚款直接上缴国库。”

（2）当场收缴程序。

实行罚缴分离，并不意味着所有罚款都由专门机构收缴。《行政处罚法》第六十八条规定：“依照本法第五十一条的规定当场作出行政处罚决定，有下列情形之一，执法人员可以当场收缴罚款：（一）依法给予一百元以下罚款的；（二）不当场收缴事后难以执行的。”第六十九条规定：“在边远、水上、交通不便地区，行政机关及其执法人员依照本法第五十一条、第五十七条的规定作出罚款决定后，当事人到指定的银行或者通过电子支付系统缴纳罚款确有困难，经当事人提出，行政机关及其执法人员可以当场收缴罚款。”之所以如此规定，主要是为了方便行政相对人，是原则性与灵活性的统一。

（3）暂缓或者分期缴纳。

《行政处罚法》第六十六条第二款规定：“当事人确有经济困难，需要延期或者分期缴纳罚款的，经当事人申请和行政机关批准，可以暂缓或者分期缴纳。”在这种情况下，受到罚款处罚的行政相对人并非主观上拒绝缴纳罚款，而是存在客观上难以立即、全部缴纳的理由，使得按期履行缴纳罚款的义务成为不可能，或者会使行政相对人的基本生活或者正常生产活动发生困难。①因此，必须与受到罚款处罚的行政相对人故意拒绝或者拖延缴纳罚款的行为区分开来，应当允许确有经济困难的受到罚款处罚的行政相对人暂缓或者分期缴纳罚款。暂缓的期限应当明确，不能含混不清。分期缴纳的次数及每次的金额也应当明确。对此，《行政处罚法》未作具体规定。《生态环境行政处罚办法》第七十四条规定：“确有经济困难，需要延期或者分期缴纳罚款的，当事人应当在行政处罚决定书确定的缴纳期限届满前，向作出行政处罚决定的生态环境主管部门提出延期或者分期缴纳的书面申请。批准当事人延期或者分期缴纳罚款的，应当制作同意延期（分期）缴纳罚款通知书，并送达当事人和收缴罚款的机构。生态环境主管部门批准延期、分期缴纳罚款的，申请人民法院强制执行的期限，自暂缓或者分期缴纳罚款期限结束之日起计算。”

4. 强制执行

（1）行政机关强制执行。

根据《行政强制法》第十二条的规定，行政强制执行的方式有：①加处

① 环境保护部环境监察局 . 环境行政处罚办法 [M]. 北京：中国环境科学出版社，2012: 63.

罚款或者滞纳金；②划拨存款、汇款；③拍卖或者依法处理查封、扣押的场所、设施或者财物；④排除妨碍、恢复原状；⑤代履行；⑥其他强制执行方式。其第十三条进一步规定："行政强制执行由法律设定。法律没有规定行政机关强制执行的，作出行政决定的行政机关应当申请人民法院强制执行。"根据现行生态环境法律的规定，主要包括加处罚款、代履行等行政强制执行方式。

1）加处罚款。

《行政强制法》第四十五条第一款规定："行政机关依法作出金钱给付义务的行政决定，当事人逾期不履行的，行政机关可以依法加处罚款或者滞纳金。加处罚款或者滞纳金的标准应当告知当事人。"这里所说的"法"，是广义的，包括法律、法规和规章。加处罚款或者滞纳金是典型的间接强制执行，而非直接强制执行。加处罚款或者滞纳金是通过给当事人增加额外金钱负担的方式，迫使当事人尽快履行行政决定，从而提高行政效率。

根据《行政处罚法》第七十二条第一款第一项和《生态环境行政处罚办法》第七十条的规定，当事人到期不缴纳罚款的，作出行政处罚决定的生态环境主管部门可以每日按罚款数额的百分之三加处罚款，加处罚款的数额不得超出罚款的数额。需要说明的是，对于这种怠于行使金钱给付义务的当事人，《行政强制法》第四十五条第一款和《行政处罚法》第七十二条第一款第一项规定的仅仅是行政机关"可以"依法加处罚款或者滞纳金，而不是"应当"。也就是说，是否加处罚款或者滞纳金，应由行政机关根据实际情况依法裁量。[①]

对于加处罚款或者滞纳金时，是否必须独立于原行政决定再专门作出一个决定的问题。现行法律法规没有明确的规定，执法实践中也存在不同认识。就加处滞纳金而言，既有与原行政决定合并执行的，也有单独作出的。就加处罚款而言，绝大多数行政机关加处罚款决定都不是单独作出的，通常都是在行政处罚决定书中列明"到期不缴纳罚款的，每日按照罚款数额的百分之三加处罚款"。不同人民法院对此的认识也不一致，有的认为加处罚款可以与行政处罚决定合并，有的认为加处罚款必须独立于行政处罚决定作出，否则不予执行。如上海市高级人民法院曾于 2008 年发布的《关于非诉行政执行案

① 莫于川．行政强制操作规范与案例 [M]. 北京：法律出版社，2011: 127.

件若干问题的解答（二）》就明确规定，对涉及加处罚款的，加处罚款属于执行罚，行政机关未另行作出加处罚款行政决定，一并申请执行加处罚款内容的，对加处罚款部分裁定不予执行。但是，国务院于 1997 年发布的《罚款决定与罚款收缴分离实施办法》第九条规定："当事人逾期缴纳罚款，行政处罚决定书明确需要加处罚款的，代收机构应当按照行政处罚决定书加收罚款。当事人对加收罚款有异议的，应当先缴纳罚款和加收的罚款，再依法向作出行政处罚决定的行政机关申请复议。"所以，加处罚款未必单独作出决定，也没有太大必要。

2）代履行。

代履行，是指当事人拒绝履行或者没有能力履行义务时，行政机关决定由他人代替当事人履行义务，履行费用由当事人承担。代履行是与执行罚、直接强制执行并列的一种行政强制执行方式。《行政强制法》第五十条规定："行政机关依法作出要求当事人履行排除妨碍、恢复原状等义务的行政决定，当事人逾期不履行，经催告仍不履行，其后果已经或者将危害交通安全、造成环境污染或者破坏自然资源的，行政机关可以代履行，或者委托没有利害关系的第三人代履行。"《水污染防治法》《固体废物污染环境防治法》《放射性污染防治法》等均有代履行的规定。

（2）申请人民法院强制执行。

《行政强制法》第五十三条规定："当事人在法定期限内不申请行政复议或者提起行政诉讼，又不履行行政决定的，没有行政强制执行权的行政机关可以自期限届满之日起三个月内，依照本章规定申请人民法院强制执行。"《生态环境行政处罚办法》第七十一条规定："当事人在法定期限内不申请行政复议或者提起行政诉讼，又不履行行政处罚决定的，作出处罚决定的生态环境主管部门可以自期限届满之日起三个月内依法申请人民法院强制执行。"根据上述规定，行政机关申请人民法院强制执行，有以下两个基本条件：第一，当事人不提起行政救济，也不履行行政决定。第二，行政机关没有行政强制执行权。根据《行政强制法》第十三条和第五十三条的规定，凡是没有法律授权的行政机关强制执行的，作出行政决定的行政机关都必须申请人民法院强制执行。对于执行罚或代履行等间接强制执行的方式，法律一般都授权给行政机关实施。如《行政处罚法》第七十二条第一款第一项和《生态环境行政处罚办法》第七十条只是明确了行政机关对加处罚款的决定权，但对其强制执行却并未提及。所以，当加处罚款也不能得到当事人的主动履行时，也应当申请人民法院强制执行。

行政机关申请人民法院强制执行，必须遵守一定的期限，只有在法定期限届满之后，才能依法向人民法院提出强制执行申请。当然，为了提高行政效率，《行政强制法》规定没有强制执行权的行政机关应当自法定期限届满之日起3个月内，依照《行政强制法》第五章的规定向人民法院申请强制执行。3个月的期间在法律性质上应为除斥期间，行政机关应在一个不变的期间向人民法院申请强制执行，没有中止、中断之说。①《行政强制法》第五十三条规定的法定期限，指的是法律规定的当事人可以申请行政复议或者提起行政诉讼的期限。

为保障行政处罚决定的依法履行，完善行政处罚执行制度，《行政处罚法》第七十二条第二款明确规定，行政机关批准延期、分期缴纳罚款的，当事人未按期缴纳罚款的，申请人民法院强制执行的期限，自暂缓或者分期缴纳罚款期限结束之日起计算。需要注意的是，由于当事人已经申请延期或者分期缴纳罚款并得到行政机关批准，即已经明确表示同意履行行政罚款决定，所以，行政机关申请人民法院强制执行不再需要等待申请行政复议或者提起行政诉讼法定期限届满。

（十七）结案

根据《生态环境行政处罚办法》第七十七条的规定，有下列情形之一的，执法人员应当制作结案审批表，经生态环境主管部门负责人批准后予以结案：（1）责令改正和行政处罚决定由当事人履行完毕的；（2）生态环境主管部门依法申请人民法院强制执行行政处罚决定，人民法院依法受理的；（3）不予行政处罚等无须执行的；（4）按照《生态环境行政处罚办法》第三十六条规定终止案件调查的；（5）按照《生态环境行政处罚办法》第十七条规定完成案件移送，且依法无须由生态环境主管部门再作出行政处罚决定的；（六）行政处罚决定被依法撤销的；（七）生态环境主管部门认为可以结案的其他情形。

（十八）归档

根据《生态环境行政处罚办法》第七十八条的规定，结案的行政处罚案

① 乔晓阳. 中华人民共和国行政强制法解读 [M]. 北京：中国法制出版社，2011: 177.

件，应当按照下列要求将案件材料立卷归档：（1）一案一卷，案卷可以分正卷、副卷；（2）各类文书齐全，手续完备；（3）书写文书用签字笔、钢笔或者打印；（4）案卷装订应当规范有序，符合文档要求。

根据《生态环境行政处罚办法》第七十九条的规定，正卷按下列顺序装订：（1）行政处罚决定书及送达回证；（2）立案审批材料；（3）调查取证及证据材料；（4）行政处罚事先告知书、听证告知书、听证通知书等法律文书及送达回证；（5）听证笔录；（6）财物处理材料；（7）执行材料；（8）结案材料；（9）其他有关材料。副卷按下列顺序装订：（1）投诉、申诉、举报等案源材料；（2）涉及当事人有关商业秘密的材料；（3）听证报告；（4）审查意见；（5）法制审核材料、集体讨论记录；（6）其他有关材料。

案卷归档后，任何单位、个人不得修改、增加、抽取案卷材料。案卷保管及查阅，按档案管理有关规定执行。

三、生态环境行政处罚证据

（一）生态环境行政处罚证据种类

“以事实为依据”是《行政处罚法》的一项基本原则。事实需要证据来证明。《行政处罚法》第四十六条第一款规定：“证据包括：（一）书证；（二）物证；（三）视听资料；（四）电子数据；（五）证人证言；（六）当事人的陈述；（七）鉴定意见；（八）勘验笔录、现场笔录。”

实践中，违法实施行政处罚的行为，相当一部分是由于证据不足或者证据不符合要求。只有规范、正确地取得证据，并作为认定案件事实的根据，才能合法、有效地实施行政处罚。《行政诉讼法》第三十三条第一款规定：“证据包括：（一）书证；（二）物证；（三）视听资料；（四）电子数据；（五）证人证言；（六）当事人的陈述；（七）鉴定意见；（八）勘验笔录、现场笔录。”由于行政处罚行为可能面临行政诉讼，行政处罚实施过程中的证据类型、来源和取得方式随时可能接受行政诉讼证据规则的检验，这就需要将行政诉讼证据规则运用到行政处罚实施中，便于行政机关掌握行政处罚的证据类型和取证标准，从而进一步完善行政处罚程序、规范行政处罚实施。[①]《行政处罚

① 许安标. 中华人民共和国行政处罚法释义 [M]. 北京：中国民主法制出版社，2021: 133.

法》沿用了《行政诉讼法》关于证据种类的规定，打通了行政处罚与行政诉讼的证据通道。《生态环境行政处罚办法》第二十七条第二款规定："其他机关依法依职权调查收集的证据材料，可以作为案件的证据。"

证据种类是指法律规定的证据的不同表现形式。这里所谓的"证据种类"不同于"证据分类"："证据种类"是由法律加以规定的，具有法律效力；"证据分类"指的是根据各类证据的共性加以学术归纳，以便把握不同类别证据的规律，证据分类是学术性的，不具有法律效力。[①] 根据《行政处罚法》第四十六条第一款和《生态环境行政处罚办法》第二十六条的规定，生态环境行政处罚证据种类证据包括八个种类。

第一，书证。是指用文字、符号或图画所表达的思想内容来证明违法行为相关事实的证据。书证具有书面的形式，其所记载或者表达的内容与违法事实相关联。作为书证，需要同时满足两个条件：首先，书证必须是能够记载或表达一定的思想内容的物品，并且该思想内容按照通常的标准能够为人们认识和理解，并可以借此发现案件的信息；其次，作为书证所记载或表达的思想内容必须与待证的案件事实有关联，能够对案件事实起到证明作用。[②] 在生态环境行政处罚程序中，书证的表现形式主要有企业事业单位建设项目的规划批文、选址批文、设计图纸和建设进度等材料，环境影响报告书（表）、环境影响登记表、污染防治设施验收报告、自行监测报告、原始监测记录、突发环境事件应急预案等材料，生态环境部门作出的环境影响报告书（表）批准文件、验收批复、危险废物经营许可证、排污许可证等材料，企业的生产记录、物料使用清单、污染物排放记录、环境管理台账记录、用水用电合同及缴款发票、有关财务资料等材料，生态环境部门责令限期改正违法行为等行政命令决定及送达回证等材料，建设项目位于饮用水水源保护区、自然保护地等需要特殊保护的区域内的有关材料，环保专项资金使用情况的查询材料、举报信等。

第二，物证。是指以存在形式、外部特征、内在属性证明案件真实情况的物品或痕迹。物证具有较强的客观性、特定性和不可替代性。通常情况下，物证应当为原物。在生态环境行政处罚程序中，物证主要包括厂房、生产设施、污染防治设施、排污口标志牌、暗管，污水、废气、固体废物，受

① 张建伟 . 证据法要义 [M]. 第二版 . 北京：北京大学出版社，2014: 144.

② 卞建林，刘玫 . 证据法学案例教程 [M]. 北京：知识产权出版社，2012: 36.

污染的农作物、水产品等。物证的特征主要有以下几个方面：一是物证以其外部特征、存在形态、物质属性来证明有关案件事实。以外部特征、存在状态、物质属性等来证明有关案件事实，是物证的本质特征。这里的“外部特征”指物品的外形、颜色（如污水色度）、体积、数量、重量、完好或破损状态等；“存在形态”指固态、气态、液态、摆放位置等；“物质属性”指密度以及坚硬、柔软、尖锐、圆钝、容易破碎、容易折断、有毒、有害等物理或化学属性。物证能够证明案件事实机理在于这些外部特征、存在状态、物理属性对案件事实有证明性。例如，在对某污水处理厂进行现场检查时，就可以根据脱水污泥的形态来判断该污水处理厂的设施是否运行正常。二是物证更直观，不过常常需要通过鉴定或进一步调查来确认是否含有有关案件的信息。物证都是客观存在的物品或痕迹，一般物证都可以用肉眼观察，因此具有直观、易于观察、了解的特点。随着科学技术的发展，过去一些过于微小、不可用肉眼观察的物品或痕迹也可以借助仪器观察到，从而在生态环境行政处罚中也得以应用。例如，有些微量物证，仅凭肉眼不易分辨，但通常都可以借助仪器进行观察；还有些无形物，可以通过一些辅助手段（如化学试剂等）加以显现，从而能够被观察和了解，如废水中的主要特征污染物大多是需要通过化学分析才能得到浓度等数值。由于物证多为有形物，即使是同类物，其外在特征也往往有一定差异，这些特征可以用于辨别此物与他物之区别，从而为揭示案件真相提供重要依据。三是客观性强、真实性大。物证为“哑巴证据”，虽然不能说话，但一旦形成，即具有很强的客观性。物证，不会改变自己所负载的有关案件信息。物证在形成后可以独立存在，并为人们所发现、固定、提取和收集。物证形成后，即使有人加以损毁，也会留下新的痕迹，使物证负载的信息发生变化，从而提供新的信息，甚至形成新的证据。由于物证具有较强的客观性，对当事人、证人等的陈述具有较强的制约作用。在物证面前，当事人、证人等往往无法抵赖或者回避问题而进行如实陈述。不难想象，在没有物证的情况下，对当事人、证人等进行的虚假陈述将失去有力制约。由于言词证据可能掺杂主观性，甚至虚假不实，一般需要实物证据来印证。不过，物证的客观性强、真实性大的特征并不意味着所有的物证都是真实的，有些物证是伪造或变造的，所以对物证要仔细甄别，防止将伪造或变造的物证当做真实证据，导致案件误判。四是物证一般属于间接证据。物证与案件事实的关联性一般不是明显到一目了然的，往往需要生态环境行政执法人员加以揭示。另外，每个物证能证明的，往往是有关案件事实的局部事实，通常不能证明案件的主要事实。因此，除了少数物证是直接证据（如偷排暗管本身就是证明违法事实的直接证据）以外，物证一般为间接证据，大部分物证一般需要与其他证据结合起来才能证明案件的主要事实，即使在生态环境行政处罚程序中能收集到很多物证，也必须经过科学的判断和严密的推理才能证明案件的主要和基本事实。①

第三，视听资料。是指以录音、拍照、摄像等方式记录声音、图像、影像来反映案件情况的资料。视听资料具有一定的准确性和直观性，如用录音机录制的音响、语言；用录像机录取的人物形象及其活动、排污者的排污情况、工厂生产设备生产情况；用照相机拍摄的照片等。视听资料在生态环境行政处罚中的作用正在变得日益重要。与其他证据种类相比，其具有如下特征：一是准确性和逼真性。视听资料具有客观性，在形成过程中一般不受录制人、操作者或者其他人主观因素的影响，从而避免了对案件事实的歪曲，失真的可能性很小。对于已经发生的事实来说，视听资料能够予以“还原”，而且这种还原生动逼真，可以准确地反映人和事物的各种状态、运动和发展。二是动态直观性。视听资料往往是在一定的持续时间内对音响、活动影像进行的录制。它记录和存储的往往是一个动态过程，当这一过程得到重现时，就具有动态的直观性。通过专门的技术手段将案件发生过程的声音和影像记录下来，就为案件事实的生动再现提供了难得的载体，进而准确揭示案件事实，迫使当事人进行如实陈述。与传统证据相比，视听资料具有明显优势。三是科学技术性。视听资料容易被伪造、篡改，如录音带、录像带容易被消磁、剪辑，计算机被感染病毒或者输出、输入数据被改变。视听资料一旦被篡改、伪造，不借助科学技术手段往往难以甄别，因此，必须提高技术水平，以保障该种证据的客观性，更好地发现案件的真实情况。②

第四，电子数据。是指通过电子邮件、电子数据交换、网上聊天记录、微博、短信、电子签名等存储在服务器或者电子介质中的信息。电子数据高度依赖科技水平和信息化技术，在证据中发挥着越来越重要的作用。电子数据是运用计算机的贮存功能，把与案件有关的资料编制成一定的程序，输入贮存器内，当需要从这些资料中检索出某些信息时，就可以通过显示器显示

① 张建伟．证据法要义 [M]. 2 版．北京：北京大学出版社，2014: 186-188.

② 曹晓凡．环境行政执法证据的收集与运用 [M]. 北京：中国民主法制出版社，2015: 22-23.

出图像和数据，并可以打印出相关内容，以证明案件的真实情况。[①]

第五，证人证言。是指证人就自己所知道的涉及违法行为的情况向行政机关所作的口头或书面陈述。如企业附近居（村）民的陈述、污染受害人的陈述等。不能正确表达自己意志的人，不能作为证人。口头陈述的，行政机关应当制作笔录；书面陈述的，证人应当签名并注明日期。证人证言的内容要有助于查清案件真相的一切事实，与案件无关的内容或者是证人的估计、猜测、想象等，不能作为证言的内容。生态环境行政执法人员只能要求证人陈述案件事实，而不能要证人对这些事实作出判断。证人陈述的情况，可以是亲自听到的或看到的，也可以是别人听到或看到而转告的。但转告的情况，必须说明来源，说不出来源的，或者道听途说的消息，不能作为证人证言使用。[②] 证人证言的特征有以下几个方面：一是证人的不可替代性。证人具有人身的不可替代性，只有了解案件情况的人才能成为证人。因此，在生态环境行政处罚程序中，必须坚持“证人优先”的原则。证人证言必须由证人亲自陈述或者亲笔书写，不能委托他人代为陈述。如果碰到有的证人不具备书写能力，也可以由证人口述，他人代为书写，但证人必须对本人口述的证词核实无误后签字（或摁手印）、盖章，才具有法律效力。二是证人证言兼具主观性和客观性。证人证言是证人对案件有关情况的感知、记忆，向生态环境行政执法机关所作的陈述，受证人的感受力、记忆力、表达能力等主观因素和各种客观因素的影响，证人证言不如书证、物证的客观性强。至于证人对案卷情况的分析、判断、评论等，均不能作为证人证言使用。三是证人证言的不稳定性和多变性。证人即使是一个最诚实的人，其提供的证言也可能有失真的时候。[③]

第六，当事人的陈述。是指当事人向行政机关陈述有关违法行为的事实和理由。当事人陈述是保障当事人权利的重要手段，同时也是证明案件事实的重要方式。应当注意的是，当事人的所有陈述并不是都能起到证据作用。作为证据来源的当事人不仅向环境行政执法机关陈述他所知晓的、对案件具有法律意义或者证据意义的事实材料，而且还可能提出请求，对一些问题提出意见等各种各样的内容。这些内容主要包括以下几个方面：（1）关于案件

---

① 曹晓凡．环境行政执法证据的收集与运用 [M]. 北京：中国民主法制出版社，2015: 23.

② 樊崇义．证据法学 [M]. 第 3 版．北京：法律出版社，2004: 156.

③ 曹晓凡．环境行政执法证据的收集与运用 [M]. 北京：中国民主法制出版社，2015: 17-18.

事实的陈述；（2）关于案件处理方式的意见；（3）对证据的分析和应否采纳的意见；（4）对环境行政违法事实的法律判断和适用法律的意见。在当事人的陈述中，这些性质各不相同的陈述常常结合在一起。但是，可以被当作证据的并不是当事人所谈到的一切，而只是当事人所作的有关案件事实的陈述，即上述第一项的内容。因此，应对当事人陈述的内容加以严格区分，只有对当事人所作的对案件具有证据意义的事实陈述才能适用“当事人陈述”这一术语。当事人陈述既是一种重要的证据，也是环境行政违法行为当事人行使陈述申辩权的一种重要手段。其特征如下：一是当事人对自己是否实施环境行政违法行为以及如何实施环境行政违法行为知道得最清楚。因此，他们的自认会更全面、更详尽地反映出其环境行政违法行为的动机、目的、手段、过程。他们对没有实施环境行政违法行为或者违法行为轻微的辩解，一般会提出一些具体的实施根据和理由。所以，当事人的真实供述和有根据的辩解，可以成为证明案件事实的直接证据，具有其他证据不可替代的作用。二是由于当事人同案件处理结果有直接的利害关系，因而当事人陈述的虚假可能性较大。在一般情况下，当事人往往企图否认环境行政违法行为，或者避重就轻，企图为自己开脱。但是在某些情况下，当事人因为某些原因也可能会承认一些并不存在或者不是自己实施的环境行政违法行为事实。所以，在环境行政执法实践中，当事人陈述的虚假成分较多，环境行政执法人员必须认真审查判断，不能轻信。①

第七，鉴定意见。是指鉴定人受人委托或者指派，运用专业知识和科学技术，对行政处罚实施中涉及的专门性的事实问题进行鉴别判断并出具的意见。一般来说，鉴定意见应当载明鉴定人和鉴定机构的鉴定资格、鉴定的依据、使用的科技手段，并有鉴定人的签名和鉴定机构的盖章，通过分析获得的鉴定意见应当说明分析过程。“专门性问题”是指：（1）属于案件证明对象范围内的事实；（2）需要专门知识和技能，或者借助特定技术设备才能认识或说明的问题；（3）不是生态环境行政执法人员可以直接作出肯定或者否定回答的常识性问题或一般性法律问题；（4）该问题的正式说明和认定权限被赋予具有资质的鉴定机构。鉴定意见的特征有以下几个方面：一是鉴定意见是一种运用专门知识和技能进行的判断，属于意见证据。即鉴定人就有关专

① 曹晓凡 . 环境行政执法实务操作与案例指引（下）[M]. 北京：中国民主法制出版社，2016: 536-537.

门性问题进行分析、检验、鉴别而形成的一种判断意见。这一特点使鉴定意见与证人证言分别开来，证人证言是指就其知道的案件事实所作的陈述，属于对事实的描述，而不是根据专门知识和技能进行的专门判断。二是鉴定机构由生态环境部门、当事人或者相关人委托产生。生态环境部门、当事人或者相关人委托哪个鉴定机构进行鉴定，具有可选择性，即鉴定机构具有可替代性。这与证人不同，尽管在对同一事实存在大量知情人的情况下，生态环境行政执法机构或者当事人也可以选择提出谁作为证人，但选择范围也只能局限在了解案件事实情况的人，而不是进行专门判断的人。鉴定意见是案件发生以后就某一问题所作出的评断；而证人证言虽然也是在案件发生以后进行的陈述，但其陈述内容却是在案件发生过程中形成的。三是鉴定意见的可靠性比较大。由于鉴定意见是由具有资质的鉴定机构依据专门知识、经验或者技能，并且还经常借助科学仪器进行分析、检验、鉴别而得出的意见，一般可靠性比较大。但是，鉴定意见毕竟是由人作出的，鉴定人存在个体差异，再加上某些客观原因，出现偏差或者错误的可能性还是存在的。必须注意的是，鉴定只是对有关专门性问题作出判断，而不是对有关事实问题作出法律评价。因此，鉴定意见只是证据的一种，既不是法律判断，也不是科学断论。对待鉴定意见也应当和对待其他证据一样，必须经过办案人员的审查判断，确定其可以采信后，才能作为处理案件的根据。[①] 有下列情形之一的，不应作为证据采纳：（1）鉴定人不具有鉴定资格；（2）鉴定程序严重违法；（3）鉴定意见错误、不明确或者内容不完整。[②]

第八，勘验笔录、现场笔录。勘验笔录是指行政机关工作人员对有关物体或者场所进行现场勘验，并用文字记载或者拍照、绘图等方式所作的记录。勘验笔录能起到保全固定证据的作用，也能为发现线索、判明情况提供依据，还能为鉴定提供材料。现场笔录是指执法人员在实施行政处罚过程中当场制作的有关违法行为事实或者当场处罚情况的记录。现场笔录记录的内容是正在发生或者刚刚发生的现场情况，在一些情况下，如果不及时制作现场笔录，事后取证会很困难。现场笔录应当载明时间、地点、事件等内容，并由执法人员和当事人签名。[③] 虽然《行政处罚法》第四十六条第一款第八项将勘验笔

① 曹晓凡 . 环境行政执法实务操作与案例指引（下）[M]. 北京：中国民主法制出版社，2016: 540.

② 许安标 . 中华人民共和国行政处罚法释义 [M]. 北京：中国民主法制出版社，2021: 134-135.

③ 许安标 . 中华人民共和国行政处罚法释义 [M]. 北京：中国民主法制出版社，2021: 135.

录与现场笔录并列规定为一项，但实际上勘验笔录与现场笔录应为两种不同的证据类型。《生态环境行政处罚办法》第二十八条规定对现场检查（勘察）笔录进行了如下规定：对有关物品或者场所进行检查（勘察）时，应当制作现场检查（勘察）笔录，并可以根据实际情况进行音像记录。现场检查（勘察）笔录应当载明现场检查起止时间、地点，执法人员基本信息，当事人或者有关人员基本信息，执法人员出示执法证件、告知当事人或者有关人员申请回避权利和配合调查义务情况，现场检查情况等信息，并由执法人员、当事人或者有关人员签名或者盖章。当事人不在场、拒绝签字或者盖章的，执法人员应当在现场检查（勘察）笔录中注明。勘验笔录、现场笔录的特征有以下两个方面：一是属于客观记录。勘验笔录、现场笔录是对有关物品、场所等进行勘察、检查时当场制作的反映案件情况的文字记录，具有“如实”记录的特性，是对现场物证、书证等的固定和保全。二是记录比较全面。勘验笔录、现场笔录所反映的往往不是被检查（勘察）对象的某一方面的情况，往往是多方面的综合性情况。不仅能够全面反映被检查（勘察）对象本身的全部情况、有关场所多种证据的组合情况，而且可以客观、全面地放映有关物品之间的关系及其与周围环境的关系等。不仅可以通过文字形式记录，而且可以采取拍照、录像或者现场绘图等多种方式记录现场情况。[①]

（二）生态环境行政处罚证据审查判断

《行政处罚法》第四十六条第二款规定：“证据必须经查证属实，方可作为认定案件事实的根据。”《生态环境行政处罚办法》第二十六条第二款也规定：“证据必须经查证属实，方可作为认定案件事实的根据。”

生态环境行政处罚证据的审查判断，是指环境行政执法人员对已经收集到的证据材料进行分析、研究和鉴别，找出它们与环境行政违法案件事实之间的客观联系，判断证据材料的证明力、证据材料与案件事实之间的证明关系等，从而对案件事实作出正确认定的一种活动。审查判断证据，就是根据证据的本质属性，结合案件的具体情况，对收集到的证据进行分析、研究和鉴别，达到对案件事实“去粗存精，去伪存真，由此及彼，由表及里”的认识目的。

---

① 曹晓凡．环境行政执法实务操作与案例指引（下）[M]. 北京：中国民主法制出版社，2016: 542.

1. 生态环境行政处罚证据的审查判断方法

对生态环境行政处罚证据进行审查判断需要利用正确的方法，只有方法正确，才能正确地审查判断证据。审查判断证据通常采用以下几种方法：

（1）个别审查判断。

个别审查主要指的是甄别法，即对收集到的证据，逐一地进行单个审查和鉴别。甄别法是审查判断证据最通用的方法，可以对证据进行初次筛选。

（2）比对审查判断。

比对审查是对案件中证明同一案件事实的两个或两个以上证据材料的比较和对照，看其内容和反映的情况是否一致，看其能否合理地共同证明该案件事实。一般情况下，经比对研究认为相互一致的证据材料往往比较可靠，而相互矛盾的证据材料则可能其中之一有问题或都有问题。当然，对于相互一致的证据材料也不能盲目轻信，因为串供、伪证等因素也可能造成虚假的一致；而对于相互矛盾或有差异的证据材料也不能一概否定，还应当认真分析矛盾或差异形成的原因和性质，因为不同的证据材料之间有所差异也是难免的。比对审查的关键不在于找出证据材料之间的相同点和差异点，而在于分析这些相同点和差异点，看其是否合理，是否符合客观规律。比对审查有两种基本形式：一种是纵向比对审查；另一种是横向比对审查。前者是指对一个人就同一案件事实提供的多次陈述做前后比对，看其陈述的内容是否前后一致，有无矛盾之处。后者是指对证明同一案件事实的不同证据或不同人提供的证据做并列比对，看其内容是否协调一致，有无矛盾之处。

（3）充分听取当事人的意见。

环境行政执法机关在作出行政处罚决定之前，应当告知当事人作出行政处罚决定的事实、理由及依据，并告知当事人依法享有的权利。当事人有权进行陈述和申辩。行政机关必须充分听取当事人的意见，对当事人提出的事实、理由和证据，应当进行复核；当事人提出的事实、理由或者证据成立的，行政机关应当采纳。

（4）综合审查判断。

综合审查判断是对案件中所有证据材料的综合分析和研究，看其内容和反映的情况是否协调一致，能否相互印证和吻合，能否确实充分地证明案件的真实情况。综合审查的关键是发现矛盾和分析矛盾，以便对案件中的证据材料作出整体性评价。综合审查不仅要审查证据的真实可靠性，而且要特别注意审查证据的证明价值，使全案证据形成一个完整的证明链，而且能够毫无疑点地对案件情况作出合理的解释。

综合审查判断的方法主要依靠形式逻辑。首先，环境行政执法人员在审查判断环境行政执法证据时要正确应用形式逻辑，应当明确概念的内涵和外延。其次，环境行政执法人员在审查判断环境行政执法证据时要遵守形式逻辑的基本规律。形式逻辑的基本规律包括同一律、矛盾律和排中律。同一律是形式逻辑的基本规律之一，就是在同一思维过程中，必须在同一意义上使用概念和判断，不能混淆不相同的概念和判断。矛盾律即对同一对象不能同时作出两个矛盾的判断，即不能既肯定它，又否定它。排中律是指任一事物在同一时间里具有某属性或不具有某属性，而没有其他可能。排中律同时也是思维的规律，即一个命题是真的或不是真的，此外没有其他可能。最后，环境行政执法人员在综合判断环境行政执法证据时要充分了解有关案件事实。

2. 生态环境行政处罚证据的审查判断内容

对生态环境行政处罚证据的审查判断，不仅要围绕单个证据的真实性和是否有证明力来进行，还必须审查全案证据是否确实、充分。审查判断生态环境行政处罚证据的内容，必须紧紧围绕有关事项和问题进行，即重点审查证据的关联性、合法性、真实性。

（1）生态环境行政处罚证据的关联性审查判断。

生态环境行政处罚证据的关联性审查主要认定证据与待证事实之间的联系，重点从以下几个方面进行判断：①生态环境行政处罚证据与待证事实之间是否存在法律上的客观联系；②生态环境行政处罚证据与待证事实的联系程度；③全部证据、单个证据拟证明的各事实要素能否共同指向据以作出行政处罚决定的事实结论，该事实结论是否唯一；④是否有影响生态环境行政处罚证据关联性的其他因素。

（2）生态环境行政处罚证据的合法性审查判断。

生态环境行政处罚证据的合法性审查主要认定证据是否符合法定形式、是否按照法律要求和法定程序取得，重点从下列方面判断：①执法人员资格和数量；②执法程序；③收集证据的时间、方式和手段；④证据形式；⑤是否存在影响证据效力的其他因素。

（3）生态环境行政处罚证据的真实性审查判断。

证据必须经查证属实，方可作为认定案件事实的根据。真实性是行政处罚证据具有证明力的首要条件。在行政处罚实施过程中，除《行政处罚法》第三十二条第二款和《生态环境行政处罚办法》第四十二条第二款规定的主观过错外，行政机关均负有举证责任，行政机关应当查证证据是否属实。即使当事人提出没有主观过错的证据，行政机关也应当查证属实，才能作为认定案件事实的根据。生态环境行政处罚证据的真实性审查主要认定证据能否反映案件事实，重点从下列方面判断：①生态环境行政处罚证据形成的原因、过程；②发现生态环境行政处罚证据的客观环境；③生态环境行政处罚证据是否是原件、原物，复制品、复制件是否与原件、原物相符；④生态环境行政处罚证据提供人、证人与当事人是否有利害关系或者其他可能影响公正处理的关系；⑤生态环境行政处罚证据与拟证明事实之间是否存在无法解释的矛盾；⑥是否有影响证据真实性的其他因素。

环境行政处罚证据指南

为准确认定案件事实，公正、及时地审理行政案件，最高人民法院曾于2002年公布了《关于行政诉讼证据若干问题的规定》（法释〔2002〕21号）。该司法解释对环境行政执法具有很强的指导作用。

最高人民法院关于行政诉讼证据若干问题的规定

第七章

生态环境保护综合行政执法与刑事司法衔接

第一节　行政执法与刑事司法衔接机制中各部门的权限与职责

一、行政机关的权限和职责

在行政执法与刑事司法衔接工作中，行政机关的权限和职责主要包括以下几个方面：

第一，作出行政处罚与行政命令的决定。行政处罚与行政命令是行政执法主体行使行政执法权的重要内容之一。鉴于行政执法手段和刑事手段的目的和形式均不同，很多环境污染刑事案件在追究行为人刑事责任的同时，也应给予行政处罚与行政命令。[①] 鉴于环境违法案件具有不可逆转性，即一旦造成环境污染，将很难完全恢复，行政执法主体在案件移送后，公安机关决定不予立案或者撤销案件、人民检察院作出不起诉决定、人民法院作出判决之前，行政执法机关也可以及时作出环境行政处罚与环境行政命令的决定。因为除了罚款与罚金（另如行政拘留与有期徒刑等）在作用和功能上有近似之处外，前述其他各种环境行政处罚与环境行政命令措施，与刑事责任的承担形式均没有相似之处，所以没有必要非要等到在公安机关决定不予立案或者撤销案件、人民检察院作出不起诉决定、人民法院作出无罪判决或者免予刑事处罚后，再决定是否给予行政处罚。[②] 就罚款而言，根据《环境保护行政执法与刑事司法衔接工作办法》第十六条的规定，生态环境主管部门向公安机关移送涉嫌环境犯罪案件，未作出罚款决定的，原则上应当在公安机关决定不予立案或者撤销案件、人民检察院作出不起诉决定、人民法院作出无罪判决或者免予刑事处罚后，再决定是否给予罚款。罚款只要是依法作出的，司法机关一般情况下应尊重行政机关的裁量权，如果人民法院在判决时认为行政机关依法作出的罚款额度过低的，可以依法追加一部分罚金。生态环境主管部门向公安机关移送涉嫌环境犯罪案件时，对环境违法行为已经作出行政

① 曹晓凡．环境行政执法实务操作与案例指引（下）[M]. 北京：中国民主法制出版社，2016: 818.

② 曹晓凡．对已经移送公安机关案件的当事人做出罚款的行为是否涉嫌渎职犯罪？[J]. 中国环境监察，2016 (7): 56-57.

处罚决定的，还应当附《行政处罚决定书》。

第二，移送涉嫌犯罪案件。根据《行政处罚法》第二十七条第一款的规定，违法行为涉嫌犯罪的，行政机关应当及时将案件移送司法机关，依法追究刑事责任。行政机关在查处违法案件过程中，发现违法行为涉嫌犯罪的，应当及时向司法机关移送，防止“以罚代刑”现象的发生。实践中，判断某一违法行为是否构成犯罪是一个复杂的刑事司法过程，在行政程序中行政执法主体对是否构成犯罪所作的判断很难与刑事司法程序的判断标准相统一。为此，2021 年《行政处罚法》修订时将“构成犯罪”修改为“涉嫌犯罪”，在表述上更加符合司法规律，也更为科学合理。[①] 另外，根据《环境保护行政执法与刑事司法衔接工作办法》第二十四条的规定，生态环境主管部门对重大疑难复杂案件，可以就刑事案件立案追诉标准、证据的固定和保全等问题咨询公安机关、人民检察院。受咨询的机关应当认真研究，及时答复；书面咨询的，应当在 7 日内书面答复。

第三，行使建议权。行政机关对公安机关逾期未作出是否立案决定，以及对不予立案决定、复议决定、立案后撤销案件决定有异议的，应当建议人民检察院进行立案监督。例如，根据《环境保护行政执法与刑事司法衔接工作办法》第十二条的规定，生态环境主管部门对公安机关逾期未作出是否立案决定，以及对不予立案决定、复议决定、立案后撤销案件决定有异议的，应当建议人民检察院进行立案监督。人民检察院应当受理并进行审查。另外，按照《环境保护行政执法与刑事司法衔接工作办法》第十三条的规定，生态环境主管部门建议人民检察院进行立案监督的案件，应当提供立案监督建议书、相关案件材料，并附公安机关不予立案、立案后撤销案件决定及说明理由材料，复议维持不予立案决定材料或者公安机关逾期未作出是否立案决定的材料。《人民检察院办理行政执法机关移送涉嫌犯罪案件的规定》（高检发释字〔2001〕4 号）第十一条规定，对于人民检察院认为公安机关不立案理由成立的，或者认为公安机关的不立案理由不成立而通知公安机关立案，公安机关已经立案的，人民检察院应当及时通知提出立案监督建议的行政执法机关。

第四，调查取证。如根据《环境保护行政执法与刑事司法衔接工作办法》

① 江必新，夏道虎 . 中华人民共和国行政处罚法条文解读与法律适用 [M]. 北京：中国法制出版社，2021: 88.

第二十八条的规定，在联合调查中，生态环境主管部门应当重点查明排污者严重污染环境的事实，污染物的排放方式，及时收集、提取、监测、固定污染物种类、浓度、数量、排放去向等。并应规范制作笔录，并留存现场摄像或照片。另据《环境保护行政执法与刑事司法衔接工作办法》第二十条的规定，生态环境主管部门在行政执法和查办案件过程中依法收集制作的物证、书证、视听资料、电子数据、监测报告、检验报告、认定意见、鉴定意见、勘验笔录、检查笔录等证据材料，在刑事诉讼中可以作为证据使用。

第五，移交涉案物品以及与案件有关的其他材料，对具有危险性或者环境危害性的涉案物品组织临时处理、处置。根据《环境保护行政执法与刑事司法衔接工作办法》第十条的规定，生态环境主管部门应当自接到公安机关立案通知书之日起3日内将涉案物品以及与案件有关的其他材料移交公安机关，并办理交接手续。涉及查封、扣押物品的，生态环境主管部门和公安机关应当密切配合，加强协作，防止涉案物品转移、隐匿、损毁、灭失等情况发生。对具有危险性或者环境危害性的涉案物品，生态环境主管部门应当组织临时处理、处置，公安机关应当积极协助；对无明确责任人、责任人不具备履行责任能力或者超出部门处置能力的，应当呈报涉案物品所在地政府组织处置。上述处置费用清单随附处置合同、缴费凭证等作为犯罪获利的证据，及时补充移送公安机关。

第六，提供环境监测或者技术支持。如根据《环境保护行政执法与刑事司法衔接工作办法》第二十五条的规定，公安机关、人民检察院办理涉嫌环境污染犯罪案件，需要生态环境主管部门提供环境监测或者技术支持的，生态环境主管部门应当按照上述部门刑事案件办理的法定时限要求积极协助，及时提供现场勘验、环境监测及认定意见。所需经费，应当列入本机关的行政经费预算，由同级财政予以保障。

第七，需要时协助公安机关补充侦查和人民检察院自行侦查。根据《环境保护行政执法与刑事司法衔接工作办法》第十九条的规定，人民检察院对公安机关提请批准逮捕的犯罪嫌疑人作出不批准逮捕决定，并通知公安机关补充侦查的，或者人民检察院对公安机关移送审查起诉的案件审查后，认为犯罪事实不清、证据不足，将案件退回补充侦查的，应当制作补充侦查提纲，写明补充侦查的方向和要求。对退回补充侦查的案件，公安机关应当按照补充侦查提纲的要求，在1个月内补充侦查完毕。公安机关补充侦查和人民检察院自行侦查需要生态环境主管部门协助的，生态环境主管部门应当予以协助。

第八，回复咨询。根据《环境保护行政执法与刑事司法衔接工作办法》第二十四条的规定，生态环境主管部门、公安机关、人民检察院应当建立双向案件咨询制度。公安机关、人民检察院可以就案件办理中的专业性问题咨询生态环境主管部门。受咨询的机关即生态环境主管部门应当认真研究，及时答复；书面咨询的，应当在 7 日内书面答复。

第九，移送职务犯罪案件线索。行政机关在工作中发现行政执法人员贪污受贿、徇私枉法、玩忽职守以及徇私舞弊不移交刑事案件等职务犯罪线索的，应依法及时向人民检察院移送。而不应该“袒护”本机关的工作人员。人民检察院对行政机关移送的职务犯罪线索应当认真审查，依法处理，并将处理结果及时通知移送案件的行政机关。根据《环境保护行政执法与刑事司法衔接工作办法》第三十二条的规定，生态环境主管部门在查办环境污染违法犯罪案件过程中发现包庇纵容、徇私舞弊、贪污受贿、失职渎职等涉嫌职务犯罪行为的，应当及时将线索移送人民检察院。

关于印发《环境保护行政执法与刑事司法衔接工作办法》的通知

二、公安机关的权限和职责

公安机关具有两大传统职能：一是行政管理职能；二是刑事侦查职能。例如，公安机关依据《治安管理处罚法》《环境保护法》《土壤污染防治法》《固体废物污染环境防治法》等法律进行的拘留就属于行政法律行为。鉴于公安机关在行政执法过程中对于涉嫌环境污染犯罪行为的内部衔接移送程序不具有典型性，故公安机关在环境行政执法与刑事司法衔接工作中更多还是充当涉嫌环境污染犯罪案件移送接受主体的角色。

在行政执法与刑事司法衔接工作中，公安机关的权限和职责主要包括以下几个方面：

第一，接受行政机关移送的刑事案件。对于公安机关来说，行政机关所移送的涉嫌环境污染犯罪案件是其重要的案源之一。《环境保护行政执法与刑事司法衔接工作办法》第七条明确规定，对生态环境主管部门移送的涉嫌环境犯罪案件，公安机关应当依法接受，并立即出具接受案件回执或者在涉嫌环境犯罪案件移送书的回执上签字。《公安机关受理行政执法机关移送涉嫌犯罪案件规定》（公通字〔2016〕16号）第二条第一款又规定，对行政执法机关移送的涉嫌犯罪案件，公安机关应当接受，及时录入执法办案信息系统。根据《环境保护行政执法与刑事司法衔接工作办法》第八条第一款和《公安机关受理行政执法机关移送涉嫌犯罪案件规定》第二条第二款的规定，公安机关审查发现移送的涉嫌环境犯罪案件材料不全的，应当在接受案件的24小时内书面告知移送的生态环境主管部门在3日内补正。但不得以材料不全为由，不接受移送案件。另外，《环境保护行政执法与刑事司法衔接工作办法》第八条第一款还规定，公安机关审查发现移送的涉嫌环境犯罪案件证据不充分的，可以就证明有犯罪事实的相关证据等提出补充调查意见，由移送案件的生态环境主管部门补充调查。生态环境主管部门应当按照要求补充调查，并及时将调查结果反馈公安机关。因客观条件所限，无法补正的，生态环境主管部门应当向公安机关作出书面说明。

第二，作出立案、不予立案或者撤销案件的决定并书面通知行政机关。对环境污染犯罪进行立案时法律赋予公安机关特有的权力和职责。根据《环境保护行政执法与刑事司法衔接工作办法》第九条的规定，公安机关对生态环境主管部门移送的涉嫌环境犯罪案件，应当自接受案件之日起3日内作出立案或者不予立案的决定；涉嫌环境犯罪线索需要查证的，应当自接受案件之日起7日内作出决定；重大疑难复杂案件，经县级以上公安机关负责人批准，可以自受案之日起30日内作出决定。接受案件后对属于公安机关管辖但不属于本公安机关管辖的案件，应当在24小时内移送有管辖权的公安机关，并书面通知移送案件的生态环境主管部门，抄送同级人民检察院。对不属于公安机关管辖的，应当在24小时内退回移送案件的生态环境主管部门。公安机关作出立案、不予立案、撤销案件决定的，应当自作出决定之日起3日内书面通知生态环境主管部门，并抄送同级人民检察院。公安机关作出不予立案或者撤销案件决定的，应当书面说明理由，并将案卷材料退回生态环境主管部门。

第三，作出立案或者不予立案的复议决定。根据《环境保护行政执法与刑事司法衔接工作办法》第十一条的规定，生态环境主管部门认为公安机关不予立案决定不当的，可以自接到不予立案通知书之日起3个工作日内向作出决定的公安机关申请复议，公安机关应当自收到复议申请之日起 3 个工作日内作出立案或者不予立案的复议决定，并书面通知生态环境主管部门。

第四，接受涉案物品以及与案件有关的其他材料的移交，积极协助生态环境主管部门对具有危险性或者环境危害性的涉案物品组织的临时处理处置。根据《环境保护行政执法与刑事司法衔接工作办法》第十条的规定，生态环境主管部门应当自接到公安机关立案通知书之日起 3 日内将涉案物品以及与案件有关的其他材料移交公安机关，并办理交接手续。涉及查封、扣押物品的，生态环境主管部门和公安机关应当密切配合，加强协作，防止涉案物品转移、隐匿、损毁、灭失等情况发生。对具有危险性或者环境危害性的涉案物品，生态环境主管部门应当组织临时处理处置，公安机关应当积极协助；对无明确责任人、责任人不具备履行责任能力或者超出部门处置能力的，应当呈报涉案物品所在地政府组织处置。上述处置费用清单随附处置合同、缴费凭证等作为犯罪获利的证据，及时补充移送公安机关。

第五，控制现场，调查取证并视情节轻重对相关人员依法采取相应强制措施。如根据《环境保护行政执法与刑事司法衔接工作办法》第二十八条的规定，在联合调查中，公安机关应当注意控制现场，重点查明相关责任人身份、岗位信息，视情节轻重对直接负责的主管人员和其他责任人员依法采取相应的强制措施。并应规范制作笔录，并留存现场摄像或照片。

第六，接受相关单位或者人员的报案、控告、举报或者自首。《公安机关受理行政执法机关移送涉嫌犯罪案件规定》第七条规定，单位或者个人认为行政执法机关办理的行政案件涉嫌犯罪，向公安机关报案、控告、举报或者自首的，公安机关应当接受，不得要求相关单位或者人员先行向行政执法机关报案、控告、举报或者自首。

第七，配合行政机关进行行政处罚。根据《环境保护行政执法与刑事司法衔接工作办法》第十六条第二款的规定，对尚未作出生效裁判的案件，生态环境主管部门依法应当给予或者提请人民政府给予暂扣或者吊销许可证、责令停产停业等行政处罚，需要配合的，公安机关应当给予配合。

第八，及时将案件移送有关行政机关。2021 年修订的《行政处罚法》第二十七条第一款新增规定，对依法不需要追究刑事责任或者免予刑事处罚，但应当给予行政处罚的，司法机关应当及时将案件移送有关行政机关。另据《环境保护行政执法与刑事司法衔接工作办法》第十七条的规定，公安机关对涉嫌环境犯罪案件，经审查没有犯罪事实，或者立案侦查后认为犯罪事实显著轻微、不需要追究刑事责任，但经审查依法应当予以行政处罚的，应当及时将案件移交生态环境主管部门，并抄送同级人民检察院。《公安机关受理行政执法机关移送涉嫌犯罪案件规定》第八条还规定，对行政执法机关移送的涉嫌犯罪案件，公安机关立案后决定撤销案件的，应当将撤销案件决定书连同案卷材料送达移送案件的行政执法机关。对依法应当追究行政法律责任的，可以同时向行政执法机关提出书面建议。

第九，侦查。《刑事诉讼法》第十九条第一款规定："刑事案件的侦查由公安机关进行，法律另有规定的除外。"对刑事案件进行侦查是公安机关的重要职责，因此，除法律另有规定的以外，所有刑事案件的侦查工作，都应由公安机关负责。其中"法律另有规定的"，主要是指《刑事诉讼法》第四条、第十九条第二款、第三百零八条的规定和《监察法》的有关规定。[①]根据《刑事诉讼法》第一百一十五条和《公安机关办理刑事案件程序规定》第一百九十一条的规定，公安机关对已经立案的刑事案件，应当及时进行侦查，全面、客观地收集、调取犯罪嫌疑人有罪或者无罪、罪轻或者罪重的证据材料。立案是侦查的开始，也是侦查的前提。在侦查阶段，公安机关的主要任务是全面、客观地收集、调取犯罪嫌疑人有罪或者无罪、罪轻或者罪重的证据材料，并予以审查、核实。[②]《公安机关办理刑事案件程序规定》第八章就侦查做出了全面规定。

第十，补充侦查。根据《环境保护行政执法与刑事司法衔接工作办法》第十九条的规定，人民检察院对公安机关提请批准逮捕的犯罪嫌疑人作出不批准逮捕决定，并通知公安机关补充侦查的，或者人民检察院对公安机关移送审查起诉的案件审查后，认为犯罪事实不清、证据不足，将案件退回补充侦查的，应当制作补充侦查提纲，写明补充侦查的方向和要求。对退回补充侦查的案件，公安机关应当按照补充侦查提纲的要求，在1个月内补充侦查完毕。

第十一，回复咨询。根据《环境保护行政执法与刑事司法衔接工作办法》第二十四条的规定，生态环境主管部门、公安机关、人民检察院应当建立双

① 王爱立．中华人民共和国刑事诉讼法释义[M]．北京：法律出版社，2018: 38.

② 孙茂利．公安机关办理刑事案件程序规定释义与实务指南（2020年版）[M]．北京：中国人民公安大学出版社，2020: 457.

向案件咨询制度。生态环境主管部门对重大疑难复杂案件，可以就刑事案件立案追诉标准、证据的固定和保全等问题咨询公安机关；受咨询的机关即公安机关应当认真研究，及时答复；书面咨询的，应当在7日内书面答复。

第十二，及时移送职务犯罪案件线索。根据《环境保护行政执法与刑事司法衔接工作办法》第三十二条的规定，公安机关在查办环境污染违法犯罪案件过程中发现包庇纵容、徇私舞弊、贪污受贿、失职渎职等涉嫌职务犯罪行为的，应当及时将线索移送人民检察院。

公安机关受理行政执法机关移送涉嫌犯罪案件规定

三、检察机关的权限和职责

《宪法》第一百二十九条规定："中华人民共和国人民检察院是国家的法律监督机关。"另外，检察机关还有侦查权、公诉权和诉讼监督权。检察机关是行政执法与刑事司法衔接机制合理运行中的枢纽，这是基于对检察权理性分析得出的结论。首先，检察权具有全局性。检察权的基本特征是法律监督，这既是由我国检察机关是国家法律监督机关这一性质决定的，也是宪法赋予检察机关的核心职能。检察权的这一职能决定其对行政机关的执法行为、公安机关的执法行为乃至审判机关的司法行为都有监督的职责，这种监督职责能够涵盖行政执法、刑事立案、侦查、审判的始终，具有全局性。相应地，检察机关有职责也有能力对衔接机制中的各个环节进行局部调控和整体把握，维持衔接机制的稳态，保障机制的良性运行。其次，检察权具有中枢性。公诉职能是检察权的职能之一，公诉权的基本任务是代表国家追诉犯罪，向司法机关举证证明犯罪，公诉权能够将行政权和司法权联结到一起。最后，检察权具有积极性。检察机关积极介入社会利益的分配活动，既体现了检察权的法律监督职能，同时也是强化法律监督、维护公平正义的检察工作主题的要求，检察权通过启动重新分配社会价值的程序，防止社会价值的流失，真正成为社会公平正义的守护者和主导者。[①]

具体来讲，检察机关在行政执法与刑事司法衔接工作中的权限和职责主

① 李辰星 . 行政执法与刑事司法衔接机制研究 [M]. 武汉：武汉大学出版社，2020: 148.

要包括以下几个方面：

第一，法律监督。检察机关在行政执法与刑事司法衔接工作中的监督主要包括两个方面，如根据《环境保护行政执法与刑事司法衔接工作办法》第四条的规定，人民检察院对生态环境主管部门移送涉嫌环境犯罪案件活动和公安机关对移送案件的立案活动，依法实施法律监督。一是监督行政机关移送涉嫌环境污染犯罪案件活动。根据《环境保护行政执法与刑事司法衔接工作办法》第十四条的规定，人民检察院发现生态环境主管部门不移送涉嫌环境犯罪案件的，可以派员查询、调阅有关案件材料，认为涉嫌环境犯罪应当移送的，应当提出建议移送的检察意见。生态环境主管部门应当自收到检察意见后 3 日内将案件移送公安机关，并将执行情况通知人民检察院。二是监督公安机关对移送案件的立案活动。《刑事诉讼法》第一百一十三条规定："人民检察院认为公安机关对应当立案侦查的案件而不立案侦查的，或者被害人认为公安机关对应当立案侦查的案件而不立案侦查，向人民检察院提出的，人民检察院应当要求公安机关说明不立案的理由。人民检察院认为公安机关不立案理由不能成立的，应当通知公安机关立案，公安机关接到通知后应当立案。"《人民检察院办理移送涉嫌犯罪案件规定》第十条规定，人民检察院应当依法对公安机关办理行政执法机关移送涉嫌犯罪案件进行立案监督。对于具有下列情形之一的，人民检察院应当要求公安机关在收到人民检察院《要求说明不立案理由通知书》后七日内将关于不立案理由的说明书面答复人民检察院：（一）人民检察院认为公安机关对应当立案侦查的案件而不立案侦查的；（二）被害人认为公安机关对应当立案侦查的案件而不立案侦查，向人民检察院提出的；（三）移送涉嫌犯罪案件的行政执法机关对公安机关不予立案决定或者不予立案的复议决定有异议，建议人民检察院依法进行立案监督的。人民检察院认为公安机关不立案理由不能成立，应当通知公安机关在收到《通知立案书》后十五日内决定立案，并将立案决定书送达人民检察院。另外，根据《环境保护行政执法与刑事司法衔接工作办法》第十五条的规定，人民检察院发现公安机关可能存在应当立案而不立案或者逾期未作出是否立案决定的，应当启动立案监督程序。

第二，批准逮捕、提起公诉。根据《刑事诉讼法》第九十条的规定，人民检察院对于公安机关提请批准逮捕的案件进行审查后，应当根据情况分别作出批准逮捕或者不批准逮捕的决定。对于批准逮捕的决定，公安机关应当立即执行，并且将执行情况及时通知人民检察院。《刑事诉讼法》第一百六十九条规定："凡需要提起公诉的案件，一律由人民检察院审查决定。"根据《环境保护行政执法与刑事司法衔接工作办法》第十八条的规定，人民检察院对符合逮捕、起诉条件的环境犯罪嫌疑人，应当及时批准逮捕、提起公诉。

第三，提出检察意见。根据《刑事诉讼法》第一百七十七条的规定，犯罪嫌疑人没有犯罪事实，或者有《刑事诉讼法》第十六条规定的情形之一的，人民检察院应当作出不起诉决定。对于犯罪情节轻微，依照《刑法》规定不需要判处刑罚或者免除刑罚的，人民检察院可以作出不起诉决定。人民检察院决定不起诉的案件，对被不起诉人需要给予行政处罚、处分或者需要没收其违法所得的，人民检察院应当提出检察意见，移送有关主管机关处理。有关主管机关应当将处理结果及时通知人民检察院。2021 年修订的《行政处罚法》第二十七条第一款新增规定，对依法不需要追究刑事责任或者免予刑事处罚，但应当给予行政处罚的，司法机关应当及时将案件移送有关行政机关。《环境保护行政执法与刑事司法衔接工作办法》第十八条也规定，人民检察院对决定不起诉的案件，应当自作出决定之日起 3 日内，书面告知移送案件的生态环境主管部门，认为应当给予行政处罚的，可以提出予以行政处罚的检察意见。另一方面，《人民检察院办理移送涉嫌犯罪案件规定》第十三条规定，各级人民检察院对公安机关不接受行政执法机关移送的涉嫌犯罪案件，或者逾期不作出立案或者不予立案决定，在检察机关依法实施立案监督后，仍不接受或者不作出决定的，可以向公安机关提出检察意见。

第四，通知公安机关补充侦查或者退回补充侦查。根据《刑事诉讼法》第九十条的规定，人民检察院对于公安机关提请批准逮捕的案件进行审查后，应当根据情况分别作出批准逮捕或者不批准逮捕的决定。对于不批准逮捕的，人民检察院应当说明理由，需要补充侦查的，应当同时通知公安机关。《刑事诉讼法》第一百七十五条规定："人民检察院审查案件，可以要求公安机关提供法庭审判所必需的证据材料；认为可能存在本法第五十六条规定的以非法方法收集证据情形的，可以要求其对证据收集的合法性作出说明。人民检察院审查案件，对于需要补充侦查的，可以退回公安机关补充侦查，也可以自行侦查。对于补充侦查的案件，应当在一个月以内补充侦查完毕。补充侦查以二次为限。补充侦查完毕移送人民检察院后，人民检察院重新计算审查起诉期限。对于二次补充侦查的案件，人民检察院仍然认为证据不足，不符合起诉条件的，应当作出不起诉的决定。”根据《环境保护行政执法与刑事司法衔接工作办法》第十九条的规定，人民检察院对公安机关提请批准逮捕的犯罪嫌疑人作出不批准逮捕决定，并通知公安机关补充侦查的，或者人民检察院对公安机关移送审查起诉的案件审查后，认为犯罪事实不清、证据不足，将案件退回补充侦查的，应当制作补充侦查提纲，写明补充侦查的方向和要求。

关于印发《最高人民检察院关于推进行政执法与刑事司法衔接工作的规定》的通知

第二节　行政执法机关移送涉嫌犯罪案件的程序

一、移送主体

国务院《行政执法机关移送涉嫌犯罪案件的规定》第二条规定：“本规定所称行政执法机关，是指依照法律、法规或者规章的规定，对破坏社会主义市场经济秩序、妨害社会管理秩序以及其他违法行为具有行政处罚权的行政机关，以及法律、法规授权的具有管理公共事务职能、在法定授权范围内实施行政处罚的组织。”

在行政执法与刑事司法衔接机制中，公安机关是具有双重职能的特殊机关，一方面，它对违反《环境保护法》《水污染防治法》和《治安管理处罚法》的行为具有拘留的行政处罚权，还可以对违反《噪声污染防治法》《大气污染防治法》等环保单行法的行为实施行政处罚；另一方面，公安机关还具有刑事司法职能，查处涉嫌污染环境罪等的犯罪行为。公安机关在进行环境行政执法或者刑事司法活动时如果发现了职务犯罪线索，还存在着向检察机关移送案件的必要。但是，公安机关在行使刑事侦查权的过程中发现职务犯罪线索的，属于刑事司法过程中的管辖权移送，不属于行政执法与刑事司法衔接的范畴。因此，公安机关实际上也可以成为环境行政执法与刑事司法衔接机制中的移送主体。

二、接受移送的主体

在行政执法与刑事司法衔接机制中，因移送的涉嫌犯罪案件性质不同，接受移送的主体也相应不同。具体来讲，当行政机关移送涉嫌环境污染犯罪的案件时，同级公安机关为接受移送的主体。当行政执法机关移送涉嫌职务犯罪的案件时，同级人民检察院为接受移送的主体。《人民检察院办理行政执法机关移送涉嫌犯罪案件的规定》（高检发释字〔2001〕4 号）第一条规定："对于行政执法机关移送检察机关的涉嫌犯罪案件，统一由人民检察院控告检察部门受理。人民检察院控告检察部门受理行政执法机关移送的涉嫌犯罪案件后，应当登记，并指派二名以上检察人员进行初步审查。"

另外，公安机关依据《环境保护法》《水污染防治法》《土壤污染防治法》《固体废物污染环境防治法》和《治安管理处罚法》的行为具有拘留的行政处罚权或者依据《噪声污染防治法》《大气污染防治法》等环保单行法的行为实施行政处罚时，发现有涉嫌环境污染罪的行为的，公安机关内部的刑事侦查部门为接受移送的主体；发现有涉嫌职务犯罪的行为的，同级人民检察院为接受移送的主体。

三、移送标准

（一）行政机关向公安机关移送案件的标准

2021 年修订的《行政处罚法》将之前的第二十二条中"构成犯罪"修改为"涉嫌犯罪"，即"违法行为涉嫌犯罪的，行政机关应当及时将案件移送司法机关，依法追究刑事责任。"行政执法与刑事司法衔接机制中的移送标准确立为"符合刑事追诉标准、涉嫌犯罪的案件"。这一标准应该不能等同于刑事立案标准。从有利于打击犯罪的角度出发，对行政执法机关移送案件的标准不应当要求过高，应适当低于侦查机关的立案标准，可以不必要求行政执法机关对需要追究刑事责任的违法事实查证属实，只需要有证据证明违法事实涉嫌构成犯罪即可。[①] 对行政机关而言，在行政执法过程中，考量判断某一违

① 刘福谦．行政执法与刑事司法衔接工作的几个问题 [J]. 国家检察官学院学报，2012 (1).

法行为是否应当移送的一个重要衡量尺度是相关的刑事追诉标准，也可以说是具体的刑事立案标准，但并非必须达到这个立案标准才能移送，行政机关可以以刑事立案条件为参考，但并不需要收集足够的证据达到确信犯罪行为发生的程度，而且只要达到有证据证明某一违法行为涉嫌犯罪的程度。[①]需要公安机关采取措施进一步获取证据以判断是否达到刑事案件立案追诉标准的，行政机关应当向公安机关移送。行政机关不能随意移送，公安机关也不能要求行政机关完全按照刑事立案追诉的标准移送案件。[②]

根据《环境保护行政执法与刑事司法衔接工作办法》第五条第二款的规定，生态环境主管部门向公安机关移送的涉嫌环境犯罪案件，应当符合下列条件：（1）实施行政执法的主体与程序合法。（2）有合法证据证明有涉嫌环境犯罪的事实发生。

（二）行政机关、公安机关向人民检察院移送案件的标准

国务院《行政执法机关移送涉嫌犯罪案件的规定》第十九条规定："行政执法机关在依法查处违法行为过程中，发现公职人员有贪污贿赂、失职渎职或者利用职权侵犯公民人身权利和民主权利等违法行为，涉嫌构成职务犯罪的，应当依照刑法、刑事诉讼法、监察法等法律规定及时将案件线索移送监察机关或者人民检察院处理。"

四、移送时间要求

2021 年修订的《行政处罚法》将之前的第二十二条中"必须"移送修改为"应当及时"移送，即"违法行为涉嫌犯罪的，行政机关应当及时将案件移送司法机关，依法追究刑事责任。"行政机关在进行行政执法活动中，发现有涉嫌犯罪的案件应当及时移送，这是明确的，但何为"及时"，相关文件却有不同规定。

行政机关在行政执法过程中发现有涉嫌犯罪的案件时，都应当及时向同级公安机关或者同级人民检察院移送涉嫌犯罪的案件。具体的期限又可以分为以下几种情况：

---

① 印仕柏. 行政执法与刑事司法衔接实务大全 [M]. 湘潭：湘潭大学出版社，2013: 839.

② 袁雪石. 中华人民共和国行政处罚法释义 [M]. 北京：中国法制出版社，2021: 187.

第一种情况，生态环境主管部门在查办环境违法案件过程中，发现涉嫌环境犯罪案件的移送。根据《环境保护行政执法与刑事司法衔接工作办法》第五条和第六条第一款的规定，环保部门在查办环境违法案件过程中，发现涉嫌环境犯罪案件，应当核实情况并作出移送涉嫌环境犯罪案件的书面报告。本机关负责人应当自接到报告之日起 3 日内作出批准移送或者不批准移送的决定。生态环境主管部门移送涉嫌环境犯罪案件，应当自作出移送决定后 24 小时内向同级公安机关移交案件材料，并将案件移送书抄送同级人民检察院。

第二种情况，人民检察院建议移送的案件。根据《环境保护行政执法与刑事司法衔接工作办法》第十四条的规定，人民检察院发现环保部门不移送涉嫌环境犯罪案件的，可以派员查询、调阅有关案件材料，认为涉嫌环境犯罪应当移送的，应当提出建议移送的检察意见。环保部门应当自收到检察意见后 3 日内将案件移送公安机关，并将执行情况通知人民检察院。

第三种情况，生态环境主管部门在执法检查时，发现违法行为明显涉嫌犯罪案件的移送。根据《环境保护行政执法与刑事司法衔接工作办法》第二十六条的规定，生态环境主管部门在执法检查时，发现违法行为明显涉嫌犯罪的，应当及时向公安机关通报。公安机关认为有必要的可以依法开展初查，对符合立案条件的，应当及时依法立案侦查。在公安机关立案侦查前，环保部门应当继续对违法行为进行调查。

五、移送材料

国务院《行政执法机关移送涉嫌犯罪案件的规定》第六条规定："行政执法机关向公安机关移送涉嫌犯罪案件，应当附有下列材料：（一）涉嫌犯罪案件移送书；（二）涉嫌犯罪案件情况的调查报告；（三）涉案物品清单；（四）有关检验报告或者鉴定结论；（五）其他有关涉嫌犯罪的材料。"

《环境保护行政执法与刑事司法衔接工作办法》第六条第二款对此进行了细化：生态环境主管部门向公安机关移送涉嫌环境犯罪案件时，应当附下列材料：（一）案件移送书，载明移送机关名称、涉嫌犯罪罪名及主要依据、案件主办人及联系方式等。案件移送书应当附移送材料清单，并加盖移送机关公章。（二）案件调查报告，载明案件来源、查获情况、犯罪嫌疑人基本情况、涉嫌犯罪的事实、证据和法律依据、处理建议和法律依据等。（三）现场检查（勘察）笔录、调查询问笔录、现场勘验图、采样记录单等。（四）涉案物品清单，载明已查封、扣押等采取行政强制措施的涉案物品名称、数量、特征、存放地等事项，并附采取行政强制措施、现场笔录等表明涉案物品来源的相关材料。（五）现场照片或者录音录像资料及清单，载明需证明的事实对象、拍摄人、拍摄时间、拍摄地点等。（六）监测、检验报告、突发环境事件调查报告、认定意见。（七）其他有关涉嫌犯罪的材料。第三款又规定：对环境违法行为已经作出行政处罚决定的，还应当附行政处罚决定书。

需要注意的是，移送材料应主要体现为案卷材料，行政执法机关采取行政强制措施的物品，原则上不予移送，因为案件定性尚不明确，有可能进行立案侦查，也有可能退回行政执法机关自行处理，也可能反而对易损易腐物品造成损坏。当然，如果出于立案审查的需要，确有移送必要的，公安机关或者人民检察院也可以要求行政执法机关补充移送。一旦作出立案决定之后，行政执法机关则应将涉案物品以及与案件有关的其他材料移交公安机关，并办结交接手续。①根据《环境保护行政执法与刑事司法衔接工作办法》第十条第一款的规定，生态环境主管部门应当自接到公安机关立案通知书之日起 3 日内将涉案物品以及与案件有关的其他材料移交公安机关，并办理交接手续。

六、审查期限与处理方式

根据《环境保护行政执法与刑事司法衔接工作办法》第七条的规定，对生态环境主管部门移送的涉嫌环境犯罪案件，公安机关应当依法接受，并立即出具接受案件回执或者在涉嫌环境犯罪案件移送书的回执上签字。

关于移送的涉嫌环境犯罪案件材料不全的处理方式方式及时间要求，根据《环境保护行政执法与刑事司法衔接工作办法》第八条第一款的规定，公安机关审查发现移送的涉嫌环境犯罪案件材料不全的，应当在接受案件的 24 小时内书面告知移送的生态环境主管部门在 3 日内补正。但不得以材料不全为由，不接受移送案件。关于移送的涉嫌环境犯罪案件证据不充分的处理方式方式及时间要求，根据《环境保护行政执法与刑事司法衔接工作办法》第八条第二款的规定，公安机关审查发现移送的涉嫌环境犯罪案件证据不充

① 印仕柏 . 行政执法与刑事司法衔接实务大全 [M]. 湘潭：湘潭大学出版社，2013: 842.

分的，可以就证明有犯罪事实的相关证据等提出补充调查意见，由移送案件的生态环境主管部门补充调查。生态环境主管部门应当按照要求补充调查，并及时将调查结果反馈公安机关。因客观条件所限，无法补正的，生态环境主管部门应当向公安机关作出书面说明。

根据《环境保护行政执法与刑事司法衔接工作办法》第九条的规定，公安机关对生态环境主管部门移送的涉嫌环境犯罪案件，应当自接受案件之日起 3 日内作出立案或者不予立案的决定；涉嫌环境犯罪线索需要查证的，应当自接受案件之日起 7 日内作出决定；重大疑难复杂案件，经县级以上公安机关负责人批准，可以自受案之日起 30 日内作出决定。接受案件后对属于公安机关管辖但不属于本公安机关管辖的案件，应当在 24 小时内移送有管辖权的公安机关，并书面通知移送案件的生态环境主管部门，抄送同级人民检察院。对不属于公安机关管辖的，应当在 24 小时内退回移送案件的生态环境主管部门。公安机关作出立案、不予立案、撤销案件决定的，应当自作出决定之日起 3 日内书面通知生态环境主管部门，并抄送同级人民检察院。公安机关作出不予立案或者撤销案件决定的，应当书面说明理由，并将案卷材料退回生态环境主管部门。

最高人民法院 最高人民检察院关于办理环境污染刑事案件适用法律若干问题的解释

最高人民法院 最高人民检察院 公安部 司法部 生态环境部印发《关于办理环境污染刑事案件有关问题座谈会纪要》的通知

第八章

生态环境保护综合行政执法风险防范

第一节　生态环境保护综合行政执法的行政法律风险

一、追究行政执法机关及其工作人员法律责任的依据

在生态环境保护综合行政执法领域，生态环境主管部门及其执法机构的违法行为有多种表现形式。法律责任是法律得以有效实施的保障机制。如果违反了法律而不承担任何不利后果，那么这部法律就不可能真正发挥规范行为、调节社会关系的功能和作用。生态环境保护综合行政执法的有效运行，离不开法律责任的保障。

追究生态环境主管部门及其执法机构和工作人员违法行为的法律责任需要依法进行。"依法"主要是指依照《公务员法》《公职人员政务处分法》《监察法》以及《监察法实施条例》《行政机关公务员处分条例》等法律、法规和规章等规定执行。处分和政务处分的种类有警告、记过、记大过、降级、撤职、开除。根据《公务员法》第六十四条规定，受处分期间不得晋升职务、职级和级别，其中受记过、记大过、降级、撤职处分的，不得晋升工资档次；受撤职处分的，按照规定降低级别。上级行政机关或者有关机关应当根据违法行为的情节、危害程度等情况，对直接负责的主管人员和其他直接责任人员依法给予处分。

二、《行政处罚法》规定的行政法律风险

（一）没有法定依据等违法实施处罚的行政法律责任

《行政处罚法》第七十六条第一款规定了五种违法行为，分别为：

一是没有法定依据实施行政处罚的。行政处罚涉及对公民的人身权、财产权和法人、其他组织的财产权的限制或剥夺，这些权利都是受宪法和法律保护的，没有法定依据，任何机关和组织不得剥夺。处罚法定是行政处罚应遵循的一项基本原则。《行政处罚法》第四条规定，公民、法人或者其他组织违反行政管理秩序的行为，应当给予行政处罚的，依照本法由法律、法规、

规章规定，并由行政机关依照本法规定的程序实施。《行政处罚法》第三十八条第一款规定，行政处罚没有依据或实施主体不具有行政主体资格的，行政处罚无效。因此，行政机关实施行政处罚，必须有法律、法规或者规章作为依据。法律、法规或者规章没有明文规定行政处罚的，行政机关不得对公民、法人或者其他组织实施行政处罚。

二是擅自改变行政处罚种类、幅度实施行政处罚。擅自改变行政处罚种类、幅度，是指行政机关在实施行政处罚时，擅自改变法律、法规或者规章规定的行政处罚的种类或者幅度。例如，根据《建设项目环境保护管理条例》第二十三条第一款的规定，对需要配套建设的环境保护设施未建成、未经验收或者验收不合格，建设项目即投入生产或者使用，或者在环境保护设施验收中弄虚作假的行为，应责令限期改正，处 20 万元以上 100 万元以下的罚款；逾期不改正的，处 100 万元以上 200 万元以下的罚款；对直接负责的主管人员和其他责任人员，处 5 万元以上 20 万元以下的罚款；造成重大环境污染或者生态破坏的，责令停止生产或者使用，或者报经有批准权的人民政府批准，责令关闭。对未造成重大环境污染或者生态破坏的，责令关闭。又如根据《环境影响评价法》第三十一条第三款的规定，对建设单位未依法备案建设项目环境影响登记表的行为，应由生态环境主管部门责令备案，处五万元以下的罚款。实施处罚时给予十万元的罚款处罚。行政机关在实施行政处罚的过程中，必须按照法律、法规或者规章规定的处罚种类和幅度进行处罚，不得随意变更处罚的种类和幅度，否则作出的处罚决定违法。

三是关于违反法定的行政处罚程序实施行政处罚。对违法者实施行政处罚，不仅要严格按照法律、法规和规章规定的种类和幅度进行，还应当遵守法定的程序，即不仅要符合实体法，还要符合程序法。处罚程序是行政机关合法、公正地实施处罚的有效保障。《行政处罚法》对行政处罚的实施规定了很多程序性的要求，如回避制度、陈述和申辩制度、调查制度、听证制度等，这些行政处罚程序性的规定是行政机关合法、公正、规范实施行政处罚的有效保障。还有其他法律、法规、规章（如《生态环境行政处罚办法》）也规定了实施某种行政处罚的特别程序，只要不与《行政处罚法》相冲突，也是有效的，行政机关也应遵守。同时，《行政处罚法》第三十八条第二款对违反法定程序规定了相应法律后果，明确违反法定程序构成重大且明显违法的，行政处罚无效。

四是关于违反委托处罚规定实施行政处罚。《行政处罚法》第二十条对行政机关委托受委托组织实施行政处罚作出了规定，明确行政处罚委托从严把握，防止滥处罚，明确委托应当采用书面形式，委托书应当载明委托的具体事项、权限、期限等内容，并向社会公布。如果行政机关没有法律、法规、规章依据自行委托其他组织实施行政处罚，或者委托不符合《行政处罚法》第二十一条规定条件的组织实施行政处罚等，都属于违反《行政处罚法》第二十条关于委托处罚的规定的行为，应当承担相应法律责任。

五是执法人员未取得执法证件实施行政处罚。执法证件是执法人员从事行政执法工作的身份证明。《行政处罚法》第五十五条第一款规定，执法人员在调查或者进行检查时，应当主动向当事人或者有关人员出示执法证件；当事人或者有关人员有权要求执法人员出示执法证件；执法人员不出示执法证件的，当事人或者有关人员有权拒绝接受调查或者检查。执法人员未取得执法证件，也就谈不上出示执法证件，因此应当承担相应法律责任。

根据《行政处罚法》第七十六条第一款的规定，行政机关实施行政处罚，有上述情形之一的，由上级行政机关或者有关机关责令改正，对直接负责的主管人员和其他直接责任人员依法给予处分。

（二）该立案不立案、该制止违法行为不制止、该处罚不处罚、该移送不移送等情形的行政法律责任

1. 该立案不立案的行政法律责任

《行政处罚法》第五十四条第二款规定，符合立案标准的，行政机关应当及时立案。这一规定的目的是防止行政不作为，有案不立、有案不查，同时明确立案依据等信息应当公示。《行政处罚法》第七十六条第二款是2021年修订《行政处罚法》新增加的内容，对应当立案不及时立案的，设定了相应的法律责任，加大了追责力度。《行政处罚法》第七十六条第二款的“依照前款规定予以处理”，是指依照《行政处罚法》第七十六条第一款规定由上级行政机关或者有关机关责令改正，对直接负责的主管人员和其他直接责任人员依法给予处分。

2. 该移交不移交的行政法律责任

行政处罚和刑罚是性质不同的两种处罚措施，所依据的法律规范和产生的社会效果也不一样。我国实行行政权与司法权并行的制度，根据行政权与司法权的分工原则，对一般的违法行为的查处，属行政机关的职权范围，由

行政机关管辖，适用行政法的相关规定。如果违法行为构成犯罪的，则属于司法权的范围，由司法机关适用刑事法律的相关规定追究法律责任。实践中，有的行政执法机关将应向司法机关移送的涉嫌构成犯罪的案件而不移送，以行政处罚代替刑事处罚，对一些涉嫌犯罪的违法行为给予行政处罚后便放行。这种做法，不仅严重损害了社会主义法制的尊严，同时也影响了行政机关执法效果，使有些犯罪分子得不到及时的惩处，这对维护公共利益和社会秩序以及保护公民、法人或者其他组织的合法权益是十分不利的，必须予以坚决制止。[①] 对此，《行政处罚法》第二十七条对行刑衔接做了原则性规定，即违法行为涉嫌犯罪的，行政机关应当及时将案件移送司法机关，依法追究刑事责任。《行政处罚法》第八十二条对行政机关对应当依法移交司法机关追究刑事责任的案件不移交，以行政处罚代替刑事处罚的，对直接负责的主管人员和其他直接责任人员规定了处分的责任。

3. 该制止违法行为不制止、该处罚不处罚的行政法律责任

行政处罚领域中，行政机关不作为有多种表现形式，包括该制止违法行为未制止，该给予行政处罚未给予，该给予较重的行政处罚给予了较轻的行政处罚等。行政机关应当履行法律赋予的行政职权，根据《行政处罚法》第八十三条的规定，对行政机关应当予以制止和处罚的违法行为不予制止、处罚，致使公民、法人或者其他组织的合法权益、公民利益和社会秩序遭受损害的，对直接负责的主管人员和其他直接责任人员依法给予处分。

（三）对当事人进行处罚不使用罚款、没收财物单据或者使用非法定部门制发的罚款、没收财物单据的行政法律责任

罚款、没收财物的单据是行政机关收取被处罚人金钱、财物的法定凭证，也是行政机关向财政部门缴纳罚款和没收财物拍卖所得款项的凭证。《行政处罚法》第七十条明确规定，行政机关及其执法人员当场收缴罚款的，必须向当事人出具国务院财政部门或者省、自治区、直辖市人民政府财政部门统一制发的专用票据；不出具财政部门统一制发的专用票据的，当事人有权拒绝缴纳罚款。由此可见，收缴罚款、没收财物是要式行为，行政机关必须作出正式处罚决定，并开具收缴罚款、没收财物的单据。收缴罚款、没收财物的

---

① 许安标. 中华人民共和国行政处罚法释义 [M]. 北京：中国民主法制出版社，2021: 195.

单据只能由法定部门制发，其他任何个人、组织都无权印制。收缴罚款、没收财物不使用法定部门制发的罚款、没收财物单据或者使用非法定部门制发的罚款、没收财物单据，财政部门无法收取行政机关应上缴国库的罚款和没收财物拍卖所得款项，造成国家财产流失。因此，《行政处罚法》第七十七条对此类违法行为的法律责任作出规定，具体可以分为两种情况：一是行政机关对当事人进行处罚不使用罚款、没收财物单据的；二是使用非法定部门制发的罚款、没收财物单据的。对这两种情况，当事人都有权拒绝，并有权予以检举，由上级行政机关或者有关机关对直接负责的主管人员和其他直接责任人员依法给予处分。同时，对第二种情况，由上级行政机关或者有关机关对使用的非法单据予以收缴销毁。

（四）自行收缴罚款的行政法律责任

罚款是行政管理活动中运用得最为普遍的一种处罚措施，存在的问题也最多。历史上，一些行政机关将罚款作为创收的一种手段，用来解决本单位经费不足问题，或者用于发放奖金、福利。由于受经济利益的驱动，导致个别行政机关滥罚款，侵害了公民、法人或者其他组织的合法权益，腐化了干部队伍，破坏了政府形象，影响了政府和群众的关系。① 为了防止行政机关及其执法人员在行政管理活动中受经济利益驱动而滥施处罚，杜绝行政管理活动中的不正之风，《行政处罚法》第六十七条规定，作出罚款决定的行政机关应当与收缴罚款的机构分离；除依照本法第六十八条、第六十九条的规定当场收缴的罚款外，作出行政处罚决定的行政机关及其执法人员不得自行收缴罚款；当事人应当自收到行政处罚决定书之日起十五日内，到指定的银行或者通过电子支付系统缴纳罚款；银行应当收受罚款，并将罚款直接上缴国库。根据《行政处罚法》第七十八条的规定，行政机关违反《行政处罚法》第六十七条的规定自行收缴罚款的，由上级行政机关或者有关机关责令改正，对直接负责的主管人员和其他直接责任人员依法给予处分。

（五）截留、私分或者变相私分罚款、没收的违法所得或者财物的行政法律责任

《行政处罚法》第七十四条第二款规定，罚款、没收的违法所得或者没

① 袁杰，赵振华．中华人民共和国行政处罚法问答 [M]. 北京：中国民主法制出版社，2021: 119-120.

收非法财物拍卖的款项，必须全部上缴国库，任何行政机关或者个人不得以任何形式截留、私分或者变相私分。罚款、没收违法所得和没收非法财物拍卖所得款项是国有财产，应当全部上缴国库，行政机关或者个人不得截留、私分或者变相私分。根据《行政处罚法》第七十九条第一款规定，行政机关截留、私分或者变相私分罚款、没收的违法所得或者财物的，由财政部门或者有关机关予以追缴，对直接负责的主管人员和其他直接责任人员依法给予处分。

（六）执法人员利用职务上的便利，索取或者收受他人财物、将收缴罚款据为己有的行政法律责任

执法人员行使职权，应当公正无私，不得以手中的权力牟取私利。根据《行政处罚法》第七十九条第二款的规定，执法人员利用职务上的便利，索取或者收受他人财物、将收缴罚款据为己有，构成犯罪的，依法追究刑事责任；情节轻微不构成犯罪的，依法给予处分。

（七）使用或者损毁查封、扣押的财物，对当事人造成损失的行政法律责任

自 2015 年《环境保护法》及其配套办法实施以来，查封、扣押案件数量一直稳居适用四个配套办法案件的榜首位置。对被查封、扣押的财物，行政机关应当妥善保管，不得使用或者损毁。根据《行政处罚法》第八十条的规定，行政机关使用或者损毁查封、扣押的财物，对当事人造成损失的，应当依法予以赔偿，对直接负责的主管人员和其他直接责任人员依法给予处分。

（八）违法实施检查措施或者执行措施的行政法律责任

行政机关实施行政处罚，必须查明事实，违法事实不清的，不得给予处罚。为了查明事实，需要调查、收集有关证据。行政机关在调查、收集有关证据时，需要采取相应的检查措施。《环境保护法》第二十四条、《水污染防治法》第三十条、《大气污染防治法》第二十九条、《噪声污染防治法》第二十九条、《固体废物污染环境防治法》第二十六条、《土壤污染防治法》第七十七条、《放射性污染防治法》第十一条等均规定了执法部门的现场检查权。除《行政处罚法》第五十一条规定的可以当场作出的行政处罚外，行政

机关发现公民、法人或者其他组织有依法应当给予行政处罚的行为的，必须全面、客观、公正地调查、收集有关证据；必要时，依照法律、法规的规定，可以进行检查。执法人员在调查或者进行检查时，应当主动向当事人或者有关人员出示执法证件；当事人或者有关人员有权要求执法人员出示执法证件。询问或者检查应当制作笔录。行政机关在收集证据时，可以采取抽样取证的方法；在证据可能灭失或者以后难以取得的情况下，经行政机关负责人批准，可以先行登记保存，并应当在7日内及时作出处理决定，在此期间，当事人或者有关人员不得销毁或者转移证据。根据《行政处罚法》第七十二条的规定，当事人逾期不履行行政处罚决定行政机关可以实施行政强制执行。

实施检查措施或者执行措施，是为了使行政机关更好地履行法定职责。行政机关实施这些措施时，应当遵守法律规定的权限和程序。根据《行政处罚法》第八十一条的规定，行政机关违法实施检查措施或者执行措施，给公民人身或者财产造成损害、给法人或者其他组织造成损失的，应当依法予以赔偿，对直接负责的主管人员和其他直接责任人员依法给予处分。

三、对环境违法行为进行包庇等行为的行政法律风险

（一）对环境违法行为进行包庇的行政法律责任

地方各级人民政府、生态环境主管部门及其执法机构和其他负有环境保护监督管理职责的部门本应是监督生态环境违法行为的主体，但在实践中，出于地方保护主义、政府施压、经济利益诱惑等诸多因素，政府、生态环境主管部门及其执法机构和其他负有环境保护监督管理职责的部门对生态环境违法行为不仅不依法履行监管职责，还帮助弄虚作假，瞒报监测数据，掩盖违法事实，这样既对生态环境造成了严重损害，又对其他的守法企业造成了不公平竞争，严重影响了政府公信力和形象。[①]根据《环境保护法》第六十八条第二项的规定，地方各级人民政府、县级以上人民政府生态环境主管部门和其他负有环境保护监督管理职责的部门对环境违法行为进行包庇的，对直接负责的主管人员和其他直接责任人员给予记过、记大过或者降级处分；造成严重后果的，给予撤职或者开除处分，其主要负责人应当引咎辞职。

---

① 信春鹰.中华人民共和国环境保护法释义[M].北京：法律出版社，2014: 235-236.

（二）依法应当作出责令停业、关闭的决定而未作出的行政法律责任

责令停业、关闭是法律赋予地方政府、生态环境主管部门和其他负有环境保护监督管理职责的部门的一项重要职责，是督促企业事业单位和其他生产经营者停止生态环境违法行为的一项重要执法手段。根据《环境保护法》第六十八条第三项的规定，地方各级人民政府、县级以上人民政府生态环境主管部门和其他负有环境保护监督管理职责的部门依法应当作出责令停业、关闭的决定而未作出的，对直接负责的主管人员和其他直接责任人员给予记过、记大过或者降级处分；造成严重后果的，给予撤职或者开除处分，其主要负责人应当引咎辞职。

需要注意的是，并非所有的“责令关闭”都是行政处罚。如对在饮用水水源一级保护区内已建成的与供水设施和保护水源无关的建设项目，由县级以上人民政府依据《水污染防治法》第六十五条第一款的规定责令拆除或者关闭；对在饮用水水源二级保护区内已建成的排放污染物的建设项目，由县级以上人民政府依据《水污染防治法》第六十六条第一款的规定责令拆除或者关闭。

关于《大气污染防治法》第九十九条有关适用问题意见的复函

（三）对超标排放污染物等行为，发现或者接到举报未及时查处的行政法律责任

《环境保护法》及各项单行法对超标排放污染物、采用逃避监管的方式排放污染物、造成环境事故以及不落实生态保护措施造成生态破坏等行为均规定了严格的法律责任。行政执法机关发现或者接到举报如未及时查处，将纵容这些生态环境违法行为人。根据《环境保护法》第六十八条第四项的规定，地方各级人民政府、县级以上人民政府生态环境主管部门和其他负有环境保护监督管理职责的部门对超标排放污染物、采用逃避监管的方式排放污染物、造成环境事故以及不落实生态保护措施造成生态破坏等行为，发现或者接到举报未及时查处的，对直接负责的主管人员和其他直接责任人员给予记过、记大过或者降级处分；造成严重后果的，给予撤职或者开除处分，其主要负责人应当引咎辞职。

（四）违法查封、扣押企业事业单位和其他生产经营者的设施、设备的行政法律责任

查封、扣押属于行政强制措施。《行政强制法》第二条规定，行政强制措施，是指行政机关在行政管理过程中，为制止违法行为、防止证据损毁、避免危害发生、控制危险扩大等情形，依法对公民的人身自由实施暂时性限制，或者对公民、法人或者其他组织的财物实施暂时性控制的行为。《环境保护法》第二十五条、《大气污染防治法》第三十条、《土壤污染防治法》第七十八条、《固体废物污染环境防治法》第二十七条和《噪声污染防治法》第三十条规定的查封、扣押措施均有实施的条件。有的行政机关实施查封、扣押，不是为了实现法定目的，而是为了实现其他行政管理目的，乱用和滥用查封、扣押措施，侵害了当事人的合法权益。根据《环境保护法》第六十八条第五项的规定，地方各级人民政府、县级以上人民政府生态环境主管部门和其他负有环境保护监督管理职责的部门违反本法规定，查封、扣押企业事业单位和其他生产经营者的设施、设备的，对直接负责的主管人员和其他直接责任人员给予记过、记大过或者降级处分；造成严重后果的，给予撤职或者开除处分，其主要负责人应当引咎辞职。

（五）应当依法公开环境信息而未公开的行政法律责任

根据《环境保护法》第五十三条的规定，公民、法人和其他组织依法享有获取环境信息、参与和监督环境保护的权利。各级人民政府生态环境主管部门和其他负有环境保护监督管理职责的部门，应当依法公开环境信息、完善公众参与程序，为公民、法人和其他组织参与和监督环境保护提供便利。行政处罚等执法信息是重要的环境信息。根据《环境保护法》第六十八条第七项的规定，地方各级人民政府、县级以上人民政府生态环境主管部门和其他负有环境保护监督管理职责的部门对应当依法公开环境信息而未公开的，对直接负责的主管人员和其他直接责任人员给予记过、记大过或者降级处分；造成严重后果的，给予撤职或者开除处分，其主要负责人应当引咎辞职。

第二节 生态环境保护综合行政执法的刑事法律风险

一、贪污罪

贪污罪是指国家工作人员利用职务上的便利，侵吞、窃取、骗取或者其他手段非法占有公共财物的行为。受国家机关、国有公司、企业、事业单位、人民团体委托管理、经营国有财产的人员，利用职务上的便利，侵吞、窃取、骗取或者以其他手段非法占有国有财物的，以贪污论处。与上述人员勾结，伙同贪污的，以共犯论处。

所谓“利用职务上的便利”是指行为人利用其职务范围内的权利和地位形成的有利条件，具体表现为主管、经手和保管公共财物的便利，调拨、使用、收益、支配的职权。

（一）《行政处罚法》的相关规定

《行政处罚法》第七十四条第二款规定，罚款、没收的违法所得或者没收非法财物拍卖的款项，必须全部上缴国库，任何行政机关或者个人不得以任何形式截留、私分或者变相私分。根据《行政处罚法》第七十九条第一款规定，行政机关截留、私分或者变相私分罚款、没收的违法所得或者财物的，由财政部门或者有关机关予以追缴，对直接负责的主管人员和其他直接责任人员依法给予处分。情节严重构成犯罪，依法追究刑事责任。

《行政处罚法》第七十九条第二款规定了执法人员利用职务上的便利，索取或者收受他人财物、私吞罚款的法律责任。执法人员行使职权，应当公正无私，不得用手中的权力牟取私利。如果执法人员利用职务上的便利，索取或者收受他人财物、将收缴罚款据为己有，构成犯罪的，依法追究刑事责任。关于执法人员利用职务上的便利，将收缴罚款据为己有，可构成贪污罪。

（二）贪污罪的犯罪构成

1. 贪污罪的主体

贪污罪的主体是特殊主体。根据我国《刑法》第三百八十二条的规定，贪污犯的主体必须是国家工作人员以及在国有公司、企业、事业单位、人民团体中从事公务的人员，或者受国家机关、国有公司、企业、事业单位、人民团体委托管理、经营国有财产的人员。在生态环境保护综合行政执法机构从事公务的人员属于国家工作人员。

2. 贪污罪的主观方面

主观方面包括故意和过失。贪污罪中行为人的目的在于将公共财物据为己有，因此，主观方面是故意。

3. 贪污罪的客体

贪污罪侵犯的客体是复杂客体，既侵犯国家工作人员的职务廉洁性，也侵犯公共财物的所有权。

4. 贪污罪的客观方面

贪污罪的客观方面是首先利用了职务上的便利，即直接利用了本人工作职务或者利用本人职权或者地位形成的便利条件；其次采取了侵吞、窃取、骗取或者其他手段非法占有公共财物。

（三）贪污罪的刑事责任

自 1997 年《刑法》实施以来，我国在贪污罪的处置上的变化主要是贪污数额的变动。为了体现国家对贪污行为“零容忍”的态度，2015 年 11 月施行的《刑法修正案（九）》取消了贪污罪的定罪量刑数额标准，代之以“数额较大”“数额巨大”“数额特别巨大”以及“较重情节”“严重情节”“特别严重情节”。

在充分论证社会经济发展变化和案件实际情况的基础上，2016 年 4 月 18 日最高人民法院、最高人民检察院发布《关于办理贪污贿赂刑事案件适用法律若干问题的解释》（法释〔2016〕9 号），对《刑法》第三百八十三条贪污罪的处罚规则进行了设定。该司法解释是按照《刑法》第三百八十三条贪污罪的设定方式，界定了两种贪污罪的处置标准，一是单纯根据贪污数额，二是贪污数额加特殊情形，具体规则见表 8-1 和表 8-2。

表 8-1 《关于办理贪污贿赂刑事案件适用法律若干问题的解释》处罚规则一

犯罪情节	贪污数额	刑罚	罚金数额
数额较大	三万元以上不满二十万元	三年以下有期徒刑或者拘役，并处罚金	十万元以上五十万元以下
数额巨大	二十万元以上不满三百万元	三年以上十年以下有期徒刑，并处罚金或者没收财产	二十万元以上犯罪数额二倍以下
数额特别巨大	三百万元以上	十年以上有期徒刑、无期徒刑或者死刑，并处罚金或者没收财产	五十万元以上犯罪数额二倍以下

表 8-2 《关于办理贪污贿赂刑事案件适用法律若干问题的解释》处罚规则二

<table>
<tr><th>犯罪情节</th><th>贪污数额</th><th>特定情形</th><th>刑罚</th><th>罚金数额</th></tr>
<tr><td>其他较重情节</td><td>一万元以上不满三万元</td><td rowspan="3">（一）贪污救灾、抢险、防汛、优抚、扶贫、移民、救济、防疫、社会捐助等特定款物的；
（二）曾因贪污、受贿、挪用公款受过党纪、行政处分的；
（三）曾因故意犯罪受过刑事追究的；
（四）赃款赃物用于非法活动的；
（五）拒不交待赃款赃物去向或者拒不配合追缴工作，致使无法追缴的；
（六）造成恶劣影响或者其他严重后果的</td><td>三年以下有期徒刑或者拘役，并处罚金</td><td>十万元以上五十万元以下</td></tr>
<tr><td>其他严重情节</td><td>十万元以上不满二十万元</td><td>三年以上十年以下有期徒刑，并处罚金或者没收财产</td><td>二十万元以上犯罪数额二倍以下</td></tr>
<tr><td>其他特别严重情节</td><td>一百五十万元以上不满三百万元</td><td>十年以上有期徒刑、无期徒刑或者死刑，并处罚金或者没收财产</td><td>五十万元以上犯罪数额二倍以下</td></tr>
</table>

二、受贿罪

受贿罪，是指国家工作人员利用职务上的便利，索取他人财物的，或者非法收受他人财物，为他人谋取利益的行为。

（一）《行政处罚法》的相关规定

《行政处罚法》第七十四条第二款规定，罚款、没收的违法所得或者没收非法财物拍卖的款项，必须全部上缴国库，任何行政机关或者个人不得以任何形式截留、私分或者变相私分。罚款、没收违法所得和没收非法财物拍卖所得款项是国有财产，应当全部上缴国库，任何行政机关或者个人不得截留、私分或者变相私分。根据《行政处罚法》第七十九条第二款规定，执法人员行使职权，应当公正无私，不得以手中的权力牟取私利。如果执法人员利用职务上的便利，索取或者收受他人财物的，可构成受贿罪，应依法追究刑事责任。

根据《行政处罚法》第八十二条的规定，行政机关对应当移交司法机关追究刑事责任的案件不移交，以行政处罚代替刑罚，情节严重构成犯罪的，应当根据《刑法》的规定追究刑事责任。行政执法人员如果在履行职务过程中，因收受他人贿赂，对应当依法移送司法机关追究刑事责任的案件不移交，同时又构成受贿罪的，除《刑法》另有规定外，以渎职犯罪和受贿罪数罪并罚。

根据《行政处罚法》第八十三条的规定，行政机关对应当予以制止和处罚的违法行为不予制止、处罚，致使公民、法人或者其他组织的合法权益、公共利益和社会秩序遭受损害的，属于失职渎职行为，对于情节严重构成犯罪的，应当依法追究刑事责任。《刑法》第九章对渎职犯罪作了专章规定。行政执法人员如果在执法履行职务过程中，因收受他人贿赂，对应当予以制止和处罚的违法行为不予制止、处罚，致使公民、法人或者其他组织的合法权益、公共利益和社会秩序遭受损害的，同时又构成受贿罪的，除《刑法》另有规定外，以渎职犯罪和受贿罪数罪并罚。

（二）受贿罪的犯罪构成

（1）受贿罪的犯罪主体是国家工作人员。这一点与贪污罪的犯罪主体一致。但是，非国家工作人员与国家工作人员共谋收受贿赂的，可以构成受贿罪的共犯。

（2）受贿罪的主观方面是故意。行为人是明知道自己索取或者收受财物的是与其职务有关的，与其职务存在一定程度的对价关系。所以，受贿罪往往也是“权钱交易”。[①]完整理解受贿罪的主观故意，需要从三个方面把握：首先，行为人具有索取贿赂或者收受贿赂的意图。其次，行为人认识到自己索取、收受贿赂的行为是在与对方进行权钱交易（或者认识到索取、收受贿赂行为与职务行为的关联性），认识到自己的行为会侵害职务行为的廉洁性。最后，行为人对受贿行为本身的危害后果（即受贿行为对职务行为廉洁性的侵犯）持希望或者放任的态度。[②]

（3）受贿罪的客观方面是行为人利用其职务所形成的便利，索取或者非法收受他人财物，为他人谋取利益。这也是判断受贿罪罪与非罪的重要条件。

（4）受贿罪的客体是侵犯社会对国家工作人员廉洁的要求。

---

① 曹晓凡，宋海鸥．环境监管领域职务犯罪典型案例分析 [M]. 北京：中国民主法制出版社，2017.

② 高铭暄，马克昌．刑法学（第九版）[M]. 北京：北京大学出版社，2019: 632.

（三）受贿罪的刑事责任

《刑法》第三百八十六条对受贿罪的处罚比照第三百八十三条关于贪污罪的处罚规则实施。受贿罪的处罚规则与贪污罪一致，此处不再赘述，见表 8-3 和表 8-4。

表 8-3 《关于办理贪污贿赂刑事案件适用法律若干问题的解释》处罚规则一

犯罪情节	受贿数额	刑罚	罚金数额
数额较大	三万元以上不满二十万元	三年以下有期徒刑或者拘役，并处罚金	十万元以上五十万元以下
数额巨大	二十万元以上不满三百万元	三年以上十年以下有期徒刑，并处罚金或者没收财产	二十万元以上犯罪数额二倍以下
数额特别巨大	三百万元以上	十年以上有期徒刑、无期徒刑或者死刑，并处罚金或者没收财产	五十万元以上犯罪数额二倍以下

表 8-4 《关于办理贪污贿赂刑事案件适用法律若干问题的解释》处罚规则二

<table>
<tr><th>犯罪情节</th><th>受贿数额</th><th>特定情形</th><th>刑罚</th><th>罚金（没收财产）数额</th></tr>
<tr><td>其他较重情节</td><td>一万元以上不满三万元</td><td rowspan="3">（一）曾因受贿受过党纪、行政处分的；
（二）曾因故意犯罪受过刑事追究的；
（三）赃款赃物用于非法活动的；
（四）拒不交待赃款赃物去向或者拒不配合追缴工作，致使无法追缴的；
（五）造成恶劣影响或者其他严重后果的；
（六）多次索贿的；
（七）为他人谋取不正当利益，致使公共财产、国家和人民利益遭受损失的；
（八）为他人谋取职务提拔、调整的</td><td>三年以下有期徒刑或者拘役，并处罚金</td><td>十万元以上五十万元以下</td></tr>
<tr><td>其他严重情节</td><td>十万元以上不满二十万元</td><td>三年以上十年以下有期徒刑，并处罚金或者没收财产</td><td>二十万元以上犯罪数额二倍以下</td></tr>
<tr><td>其他特别严重情节</td><td>一百五十万元以上不满三百万元</td><td>十年以上有期徒刑、无期徒刑或者死刑，并处罚金或者没收财产</td><td>五十万元以上犯罪数额二倍以下</td></tr>
</table>

三、私分罚没财物罪

私分罚没财物罪，是指司法机关、行政执法机关违反国家规定，将应当上缴国家的罚没财物，以单位名义集体私分给个人的行为。私分罚没财物罪是1997年《刑法》新设立的罪名，在此之前属于贪污罪的表现形式之一。

（一）《行政处罚法》的相关规定

《行政处罚法》第七十四条第二款规定，罚款、没收的违法所得或者没收非法财物拍卖的款项，必须全部上缴国库，任何行政机关或者个人不得以任何形式截留、私分或者变相私分。罚款、没收违法所得和没收非法财物拍卖所得款项是国有财产，应当全部上缴国库，行政机关或者个人不得截留、私分或者变相私分。根据《行政处罚法》第七十九条第一款规定，行政机关截留、私分或者变相私分罚款、没收的违法所得或者财物的，由财政部门或者有关机关予以追缴，对直接负责的主管人员和其他直接责任人员依法给予处分。情节严重构成犯罪的，依法追究刑事责任。

（二）私分罚没财物罪的构成要件

（1）私分罚没财物罪的犯罪主体是单位，个人犯罪不能构成本罪。本罪的犯罪主体是国家司法机关、行政机关。与其他单位犯罪的“双罚制”不同，本罪仅对直接负责的主管人员和其他直接责任人员处罚。

（2）私分罚没财物罪的主观方面是直接故意，即明知道是罚没物应当上缴而不上缴，将之以单位名义集体私分给个人。

（3）私分罚没财物罪的犯罪客体是侵犯了国家财产的所有权和国家对罚没财物的管理制度，同时也侵犯了司法机关和行政机关正常的管理活动。

（4）私分罚没财物罪的客观方面体现为三个方面：第一，违反国家规定，将应上交的罚没财物私分。第二，以单位名义私分。私分行为由单位负责人决定，或者单位决策机构集体讨论后决定，以单位名义实施，单位内部成员都获得私分后的利益；私分行为在单位内部具有公开性。第三，数额较大。《刑法》第三百九十六条没有明确本罪在私分数额上的入罪起点，依据最高人民检察院关于《关于人民检察院直接受理立案侦查案件立案标准的规定（试行)》"涉嫌私分罚没财物，累计数额在10万元以上，应予立案"的规定，私分罚没财物总价值达10万元的，可构成私分罪没财物罪。

（三）私分罚没财物罪的刑事责任

根据《刑法》第三百九十六条的规定，司法机关、行政执法机关违反国家规定，将应当上缴国家的罚没财物，以单位名义集体私分给个人，数额较大的，对其直接负责的主管人员和其他直接责任人员，处三年以下有期徒刑或者拘役，并处或者单处罚金；数额巨大的，处三年以上七年以下有期徒刑，并处罚金。虽然私分罚没财物罪是单位犯罪，但本罪实行的"单罚制"，仅对直接负责的主管人员和其他直接责任人处罚。

四、徇私舞弊不移交刑事案件罪

徇私舞弊不移交刑事案件罪，是指行政执法人员徇私舞弊，对依法应当移交司法机关追究刑事责任的不移交，情节严重的行为。

（一）《行政处罚法》的相关规定

根据《行政处罚法》第八十二条的规定，对应当移交司法机关追究刑事责任的案件不移交，以行政处罚代替刑事处罚，情节严重构成犯罪的，应当根据《刑法》第四百零二条的规定追究刑事责任。

（二）徇私舞弊不移交刑事案件罪的构成要件

（1）徇私舞弊不移交刑事案件罪侵犯的客体是行政执法机关和司法机关的正常活动。

（2）徇私舞弊不移交刑事案件罪在客观方面表现为行政执法人员对依法应当移交司法机关追究刑事责任的案件不移交，且情节严重。至于情节严重的标准，2006年7月26日公布的《最高人民检察院关于渎职侵权犯罪案件立案标准的规定》作了明确规定。涉嫌下列情形之一的，应予立案：①对依法可能判处3年以上有期徒刑、无期徒刑、死刑的犯罪案件不移交的；②不移交刑事案件涉及3人次以上的；③司法机关提出意见后，无正当理由仍然不予移交的；④以罚代刑，放纵犯罪嫌疑人，致使犯罪嫌疑人继续进行违法犯罪活动的；⑤行政执法部门主管领导阻止移交的；⑥隐瞒、毁灭证据，伪造材料，改变刑事案件性质的；⑦直接负责的主管人员和其他直接责任人员为牟取本单位私利而不移交刑事案件，情节严重的；⑧其他情节严重的情形。

（3）徇私舞弊不移交刑事案件罪的主体只能是行政执法人员。

（4）徇私舞弊不移交刑事案件罪在主观上只能是故意，且出于徇私的动机。

（三）徇私舞弊不移交刑事案件罪的刑事责任

根据《刑法》第四百零二条的规定，犯徇私舞弊不移交刑事案件罪的，处三年以下有期徒刑或者拘役；造成严重后果的，处三年以上七年以下有期徒刑。

五、玩忽职守罪

玩忽职守罪，是指国家机关工作人员玩忽职守，致使公共财产、国家和人民利益遭受重大损失的行为。

（一）《行政处罚法》的相关规定

根据《行政处罚法》第八十三条的规定，行政机关对应当予以制止和处罚的违法行为不予制止、处罚，致使公民、法人或者其他组织的合法权益、公共利益和社会秩序遭受损害的，属于失职渎职行为，对于情节严重构成犯罪的，应当依法追究刑事责任。《刑法》第九章对渎职犯罪作了专章规定。根据《刑法》第三百九十七条的规定，国家机关工作人员玩忽职守，致使公共财产、国家和人民利益遭受重大损失的，可构成玩忽职守罪。

（二）玩忽职守罪的构成要件

（1）玩忽职守罪的客体是国家机关的正常管理活动。

（2）玩忽职守罪侵犯的客观方面表现为严重不负责任，不履行或不正确履行职责，致使公共财产、国家和人民利益遭受重大损失的行为。不履行职责，是指行为人有能力且有条件履行自己应尽的职责，而违背职责，完全没有履行，具体包括擅离职守和在岗不履行职责两种情况。不认真履行职责，是指行为人虽然在形式上具有履行职责的行为，但并未完全按职责要求履行，如在职务活动中出现差错、决策失误、采取措施不及时或不得力等。玩忽职守罪多是不作为的形式，但有时也可能是作为的形式。根据《最高人民法院、最高人民检察院关于办理渎职刑事案件适用法律若干问题的解释（一）》（法释〔2012〕18号）第一条的规定，国家机关工作人员滥用职权或者玩忽职守，具有下列情形之一的，应当认定为《刑法》第三百九十七条规定的“致使公共财产、国家和人民利益遭受重大损失”：①造成死亡1人以上，或者重伤3人以上，或者轻伤9人以上，或者重伤2人、轻伤3人以上，或者重伤1人、轻伤6人以上的；②造成经济损失30万元以上的；③造成恶劣社会影响的；④其他致使公共财产、国家和人民利益遭受重大损失的情形。具有下列情形之一的，应当认定为《刑法》第三百九十七条规定的“情节特别严重”：①造成伤亡达到前述第①项规定人数3倍以上的；②造成经济损失150万元以上的；③造成前述规定的损失后果，不报、迟报、谎报或者授意、指使、强令他人不报、迟报、谎报事故情况，致使损失后果持续、扩大或者抢救工作延误的；④造成特别恶劣社会影响的；⑤其他特别严重的情节。

（3）玩忽职守罪的主体是特殊主体，即只能是国家机关工作人员。国家机关工作人员，是指国家机关中从事公务的人员，不包括国家机关中从事劳务的人员。根据全国人大常委会《关于〈中华人民共和国刑法〉第九章渎职罪主体适用问题的解释》的规定，在依照法律、法规规定行使国家行政管理职权的组织中从事公务的人员，或者在受国家机关委托代表国家机关行使职权的组织中从事公务的人员，或者虽未列入国家机关人员编制但在国家机关中从事公务的人员，在代表国家机关行使职权时，有渎职行为，构成犯罪的，依照《刑法》关于渎职罪的规定追究刑事责任。《最高人民法院、最高人民检察院关于办理渎职刑事案件适用法律若干问题的解释（一）》（法释〔2012〕18号）第七条规定：“依法或者受委托行使国家行政管理职权的公司、企业、事业单位的工作人员，在行使行政管理职权时滥用职权或者玩忽职守，构成犯罪的，应当依照《全国人民代表大会常务委员会关于〈中华人民共和国刑法〉第九章渎职罪主体适用问题的解释》的规定，适用渎职罪的规定追究刑事责任。”

（4）玩忽职守罪的主观方面只能是过失，故意不能构成本罪。

（三）玩忽职守罪的认定

（1）区分玩忽职守罪罪与非罪的界限。应当从两个方面进行考虑：一是区分玩忽职守与工作失误的界限。所谓工作失误，是指行为人由于不清楚政策规定、业务水平和能力有限等原因，导致决策失当，并进而造成公共财产、国家和人民利益的重大损失。在这种情况下，行为人没有主观上的过失，与玩忽职守有本质的区别，不应以玩忽职守罪论处。二是玩忽职守罪与一般的玩忽职守行为的界限。关键看行为人的玩忽职守行为是否造成了公共财产、国家和人民利益的重大损失。如果行为人玩忽职守的行为没有造成公共财产、国家和人民利益的重大损失，就不能以玩忽职守罪论处。

（2）玩忽职守罪与环境监管失职罪的界限。玩忽职守罪仅仅是对国家机关工作人员玩忽职守犯罪的一个概括规定，只适用那些《刑法》分则没有明确规定的国家机关工作人员因玩忽职守构成犯罪的情况，而环境监管失职罪是《刑法》分则的特别规定。如果行为人的犯罪行为同时满足玩忽职守罪和环境监管失职罪的构成要件，就不能以玩忽职守罪论处，而应适用特别规定，即应依照《刑法》第四百零八条的规定以环境监管失职罪论处。

（四）玩忽职守罪的刑事责任

根据《刑法》第三百九十七条的规定，国家机关工作人员玩忽职守，致使公共财产、国家和人民利益遭受重大损失的，处三年以下有期徒刑或者拘役；情节特别严重的，处三年以上七年以下有期徒刑。本法另有规定的，依照规定。

国家机关工作人员徇私舞弊，犯《刑法》第三百九十七条第一款罪的，处五年以下有期徒刑或者拘役；情节特别严重的，处五年以上十年以下有期徒刑。《刑法》另有规定的，依照规定。

六、环境监管失职罪

环境监管失职罪，是指负有环境保护监督管理职责的国家机关工作人员严重不负责任，导致发生重大环境污染事故，致使公私财产遭受重大损失或者造成人身伤亡的严重后果的行为。

（一）《行政处罚法》的相关规定

根据《行政处罚法》第八十三条的规定，行政机关对应当予以制止和处罚的违法行为不予制止、处罚，致使公民、法人或者其他组织的合法权益、公共利益和社会秩序遭受损害的，属于失职渎职行为，对于情节严重构成犯罪的，应当依法追究刑事责任。《刑法》第九章对渎职犯罪作了专章规定。《刑法》还对一些重点领域，针对行政机关工作人员的失职渎职行为作了具体规定，如《刑法》第四百零八条规定了环境监管失职罪。

（二）环境监管失职罪的构成要件

（1）环境监管失职罪侵犯的客体是国家正常的环境监管活动。

（2）环境监管失职罪在客观方面表现为行为人在环境保护监督管理活动中严重不负责任，造成重大环境污染事故，致使公私财产遭受重大损失或造成人身伤亡的严重后果。所谓严重不负责任，是指行为人不履行或者不认真履行环境保护监管职责。“公私财产遭受重大损失或者造成人身伤亡的严重后果”是“重大环境污染事故”的具体表现。2006 年 7 月 26 日《最高人民检察院关于渎职侵权犯罪案件立案标准的规定》对此作了明确规定，涉嫌下列情形之一的，应予立案：①造成死亡 1 人以上，或者重伤 3 人以上，或者重伤 2 人、轻伤 4 人以上，或者重伤 1 人、轻伤 7 人以上，或者轻伤 10 人以上的；②导致 30 人以上严重中毒的；③造成个人财产直接经济损失 15 万元以上，或者直接经济损失不满 15 万元，但间接经济损失 75 万元以上的；④造成公共财产、法人或者其他组织财产直接经济损失 30 万元以上，或者直接经济损失不满 30 万元，但间接经济损失 150 万元以上的；⑤虽未达第③项和第④项数额标准，但第③项和第④项合计直接经济损失 30 万元以上，或者合计直接经济损失不满 30 万元，但合计间接经济损失 150 万元以上的；⑥造成基本农田或者防护林地、特种用途林地 10 亩以上，或者基本农田以外的耕地 50 亩以上，或者其他土地 70 亩以上被严重毁坏的；⑦造成生活饮用水地表水源和地下水源严重污染的；⑧其他致使公私财产遭受重大损失或者造成人身伤亡严重后果的情形。

（3）环境监管失职罪的主体为特殊主体，只能是负有环境保护监督管理职责的国家机关工作人员。

（4）环境监管失职罪在主观上是出自过失。

（三）环境监管失职罪的认定

（1）与一般环境监管失职行为的区别。一般环境监管失职的行为人虽然具有环境监管失职的行为，但并没有造成公私财产遭受重大损失或造成人身伤亡的严重后果。

（2）与玩忽职守罪的区别。玩忽职守罪是指国家机关工作人员严重不负责任，不履行或者不认真履行职责，致使公共财产、国家和人民利益遭受重大损失的行为。国家机关工作人员玩忽职守，符合《刑法》第九章所规定的特殊渎职罪（环境监管失职罪等）构成要件的，按照该特殊规定追究刑事责任；主体不符合《刑法》第九章所规定的特殊渎职罪的主体要件，但玩忽职守涉嫌犯罪的，按照《刑法》第三百九十七条的规定以玩忽职守罪追究刑事责任。也就是说，如果负有环境保护监督管理职责的国家机关工作人员严重不负责任的行为依法符合环境监管失职罪的构成要件，同时也符合玩忽职守罪的构成要件，应按特别规定优于一般规定的原则处理，认定为构成环境监管失职罪。

（四）环境监管失职罪的刑事责任

根据《刑法》第四百零八条第一款的规定，负有环境保护监督管理职责的国家机关工作人员严重不负责任，导致发生重大环境污染事故，致使公私财产遭受重大损失或者造成人身伤亡的严重后果的，处三年以下有期徒刑或者拘役。

崔建国环境监管失职案（检例第4号）

《刑法》第四百零八条第三款又规定，徇私舞弊犯环境监管失职罪的，从重处罚。

七、滥用职权罪

滥用职权罪，是指国家机关工作人员滥用职权，致使公共财产、国家和人民利益遭受重大损失的行为。

（一）《行政处罚法》的相关规定

根据《行政处罚法》第八十三条的规定，行政机关对应当予以制止和处罚的违法行为不予制止、处罚，致使公民、法人或者其他组织的合法权益、公共利益和社会秩序遭受损害的，属于失职渎职行为，对于情节严重构成犯罪的，应当依法追究刑事责任。《刑法》第九章对渎职犯罪作了专章规定。根据《刑法》第三百九十七条的规定，国家机关工作人员滥用职权，致使公共财产、国家和人民利益遭受重大损失的，可构成滥用职权罪。

（二）滥用职权罪的构成要件

（1）滥用职权罪的客体是国家机关的正常管理活动。

（2）滥用职权罪的客观方面表现为超过职权、违法决定、处理其无权决定、处理的事项，或者违反规定处理公务，致使公共财产、国家和人民利益遭受重大损失的行为。滥用职权罪多表现为作为的形式，即行为人主动地行使了职权，但却逾越了其合法拥有的职权范围或不适当、不正确地行使了职权。根据《最高人民法院、最高人民检察院关于办理渎职刑事案件适用法律若干问题的解释（一）》（法释〔2012〕18号）第一条的规定，国家机关工作人员滥用职权或者玩忽职守，具有下列情形之一的，应当认定为《刑法》第三百九十七条规定的“致使公共财产、国家和人民利益遭受重大损失”：①造成死亡1人以上，或者重伤3人以上，或者轻伤9人以上，或者重伤2人、轻伤3人以上，或者重伤1人、轻伤6人以上的；②造成经济损失30万元以上的；③造成恶劣社会影响的；④其他致使公共财产、国家和人民利益遭受重大损失的情形。具有下列情形之一的，应当认定为《刑法》第三百九十七条规定的“情节特别严重”：①造成伤亡达到前款第①项规定人数3倍以上的；②造成经济损失150万元以上的；③造成前款规定的损失后果，不报、迟报、谎报或者授意、指使、强令他人不报、迟报、谎报事故情况，致使损失后果持续、扩大或者抢救工作延误的；④造成特别恶劣社会影响的；⑤其他特别严重的情节。

（3）滥用职权罪的主体是特殊主体，即只能是国家机关工作人员。

国家机关工作人员，是指国家机关中从事公务的人员，不包括国家机关中从事劳务的人员。根据全国人大常委会《关于〈中华人民共和国刑法〉第九章渎职罪主体适用问题的解释》的规定，在依照法律、法规规定行使国家行政管理职权的组织中从事公务的人员，或者在受国家机关委托代表国家机关行使职权的组织中从事公务的人员，或者虽未列入国家机关人员编制但在国家机关中从事公务的人员，在代表国家机关行使职权时，有渎职行为，构成犯罪的，依照《刑法》关于渎职罪的规定追究刑事责任。《最高人民法院、最高人民检察院关于办理渎职刑事案件适用法律若干问题的解释（一）》（法释〔2012〕18号）第七条规定："依法或者受委托行使国家行政管理职权的公司、企业、事业单位的工作人员，在行使行政管理职权时滥用职权或者玩忽职守，构成犯罪的，应当依照《全国人民代表大会常务委员会关于〈中华人民共和国刑法〉第九章渎职罪主体适用问题的解释》的规定，适用渎职罪的规定追究刑事责任。"

（4）滥用职权罪的主观方面是故意。即行为人明知自己滥用职权的行为会给公共财产、国家和人民利益造成重大损失，而希望或者放任这一结果的发生。

（三）滥用职权罪的刑事责任

根据《刑法》第三百九十七条的规定，国家机关工作人员滥用职权，致使公共财产、国家和人民利益遭受重大损失的，处三年以下有期徒刑或者拘役；情节特别严重的，处三年以上七年以下有期徒刑。本法另有规定的，依照规定。

最高人民法院、最高人民检察院关于办理渎职刑事案件适用法律若干问题的解释（一）

国家机关工作人员徇私舞弊，犯《刑法》第三百九十七条第一款罪的，处五年以下有期徒刑或者拘役；情节特别严重的，处五年以上十年以下有期徒刑。《刑法》另有规定的，依照规定。

参考文献

[1] 陆新元，王世庆，1999. 环境监理 [M]. 北京：中国环境科学出版社 .

[2] 国家环境保护总局编著，2002. 环境监察 [M]. 北京：中国环境科学出版社 .

[3] 陆新元，2008. 环境监察（第二版）[M]. 北京：中国环境科学出版社 .

[4] 环境保护部环境监察局，2009. 环境监察（第三版）[M]. 北京：中国环境科学出版社 .

[5] 环境保护部环境监察局，2012. 污染源环境监察 [M]. 北京：中国环境科学出版社 .

[6] 环境保护部环境监察局，2012. 环境行政处罚 [M]. 北京：中国环境科学出版社 .

[7] 环境保护部环境监察局，2012. 生态环境监察 [M]. 北京：中国环境科学出版社 .

[8] 环境保护部环境监察局，2012. 环境典型案例分析与执法要点解析 [M]. 北京：中国环境科学出版社 .

[9] 环境保护部环境监察局，2012. 环境监察廉洁执法 [M]. 北京：中国环境科学出版社 .

[10] 环境保护部环境监察局，2011. 环境行政处罚办法释义 [M]. 北京：中国环境科学出版社 .

[11] 国家环境保护总局，2002. 中国的环境监理文献与回顾（上）[M]. 北京：中国环境科学出版社 .

[12] 国家环境保护总局，2002. 中国的环境监理文献与回顾（中）[M]. 北京：中国环境科学出版社 .

[13] 国家环境保护总局，2002. 中国的环境监理文献与回顾（下）[M]. 北京：中国环境科学出版社 .

[14] 生态环境部宣传教育中心，2021. 生态环境综合行政执法手册 [M]. 北京：中国民主法制出版社 .

[15] 李莉霞，2011. 环境监察 [M]. 北京：科学出版社 .

[16] 阮亚男，2018. 环境监察 [M]. 北京：中国环境出版集团 .

[17] 阮亚男，2013. 环境监察实务 [M]. 北京：中国人民大学出版社 .

[18] 许安标，2021. 中华人民共和国行政处罚法释义 [M]. 北京：中国民主法制出版社 .

[19] 袁杰，赵振华，2021. 中华人民共和国行政处罚法问答 [M]. 北京：中国民主法制出版社 .

[20] 江必新，2021. 行政处罚法条文精释与实例精解 [M]. 北京：人民法院出版社 .

[21] 江必新，夏道虎，2021. 中华人民共和国行政处罚法条文解读与法律适用 [M]. 北京：中国法制出版社 .

[22] 袁雪石，2021. 中华人民共和国行政处罚法释义 [M]. 北京：中国法制出版社 .

[23] 王红建，2021. 新〈行政处罚法〉疑难条款的解读与适用 [M]. 北京：法律出版社 .

[24] 李洪雷，2021. 中华人民共和国行政处罚法评注 [M]. 北京：中国法制出版社 .

[25] 杨伟东，2021. 中华人民共和国行政处罚法理解与适用 [M]. 北京：中国法制出版社 .

[26] 翟继光，王海阳，2021. 中华人民共和国行政处罚法释义与典型案例分析 [M]. 北京：中国民主法制出版社 .

[27] 最高人民法院行政审判庭，2021.《中华人民共和国行政处罚法》释义与讲座 [M]. 北京：警官教育出版社 .

[28] 周佑勇，2005. 行政法原论 [M]. 北京：中国方正出版社 .

[29] 胡锦光，等，1998. 行政法专题研究 [M]. 北京：中国人民大学出版社 .

[30] 应松年，2012. 行政处罚法教程 [M]. 北京：法律出版社 .

[31] 章剑生，2014. 现代行政法基本理论（上卷）》（第二版）[M]. 北京：法律出版社 .

[32] 陈清秀，2016. 行政罚法 [M]. 北京：法律出版社 .

[33] 晏山嵘，2019. 行政处罚实务与判例释解（第二版）[M]. 北京：法律出版社 .

［34］曹康泰，2011. 行政处罚教程 [M]. 北京：中国法制出版社 .
［35］莫于川，2011. 行政强制操作规范与案例 [M]. 北京：法律出版社 .
［36］乔晓阳，2011. 中华人民共和国行政强制法解读 [M]. 北京：中国法制出版社 .
［37］张建伟，2014. 证据法要义（第 2 版）[M]. 北京：北京大学出版社 .
［38］卞建林，刘玫，2012. 证据法学案例教程（第 2 版）[M]. 北京：知识产权出版社 .
［39］樊崇义，2004. 证据法学（第 3 版）[M]. 北京：法律出版社 .
［40］王爱立，2018. 中华人民共和国刑事诉讼法释义 [M]. 北京：法律出版社 .
［41］孙茂利，2020. 公安机关办理刑事案件程序规定释义与实务指南 [M]. 北京：中国人民公安大学出版社 .
［42］李辰星，2020. 行政执法与刑事司法衔接机制研究 [M]. 武汉：武汉大学出版社 .
［43］印仕柏，2013. 行政执法与刑事司法衔接实务大全 [M]. 湘潭：湘潭大学出版社 .
［44］高铭暄，马克昌，2019. 刑法学（第九版）[M]. 北京：北京大学出版社 .
［45］最高人民法院行政审判庭，2018. 最高人民法院行政诉讼法司法解释理解与适用（上）[M]. 北京：人民法院出版社 .
［46］环境保护部环境监察局，2015.《中华人民共和国环境保护法》四个配套办法学习读本 [M]. 北京：中国环境出版社 .
［47］全国人大法工委行政法室，2014. 中华人民共和国环境保护法解读 [M]. 北京：中国法制出版社 .
［48］信春鹰，2014. 中华人民共和国环境保护法释义 [M]. 北京：法律出版社 .
［49］环境保护部环境监察局，2015. 新《环境保护法》四个配套办法释义 [M]. 北京：中国民主法制出版社 .
［50］公安部治安管理局，2015.《行政主管部门移送适用行政拘留环境违法案件暂行办法》理解与适用 [M]. 北京：中国民主法制出版社 .
［51］袁杰，黄祎，别涛，等，2020. 中华人民共和国固体废物污染环境防治法释义 [M]. 北京：中国民主法制出版社 .
［52］别涛，邱启文，2020. 中华人民共和国固体废物污染环境防治法条文释解 [M]. 北京：中国法制出版社 .

[53] 罗清泉，许安标，张桃林，2018. 中华人民共和国土壤污染防治法释义 [M]. 北京：中国民主法制出版社 .

[54] 生态环境部法规与标准司，2018.《中华人民共和国土壤污染防治法》解读与适用手册 [M]. 北京：法律出版社 .

[55] 李飞，2014.《中华人民共和国突发事件应对法》释义及实用指南 [M]. 北京：中国民主法制出版社 .

[56] 许安标，2017. 中华人民共和国水污染防治法释义 [M]. 北京：中国民主法制出版社 .

[57] 陆浩，别涛，王凤春，2017. 中华人民共和国水污染防治法解读 [M]. 北京：中国法制出版社 .

[58] 曹晓凡，2017. 新水污染防治法实施操作指南 [M]. 北京：中国民主法制出版社 .

[59] 环境保护部政策法规司，环境影响评价司，2017.《建设项目环境保护管理条例》释义 [M]. 北京：中国民主法制出版社 .

[60] 国务院法制办农林城建资源环保法制司，环境保护部政策法规司，环境影响评价管理司，2017. 建设项目环境保护管理条例释义 [M]. 北京：中国法制出版社 .

[61] 崔书红，别涛，童卫东，2016. 中华人民共和国环境影响评价法修改解读与释义 [M]. 北京：中国民主法制出版社 .

[62] 张荣顺，潘岳，2015. 中华人民共和国大气污染防治法释义 [M]. 北京：中国民主法制出版社 .

[63] 信春鹰，2015. 中华人民共和国大气污染防治法释义 [M]. 北京：法律出版社 .

[64] 全国人大法工委行政法室，2015. 中华人民共和国大气污染防治法解读》，中国法制出版社 .

[65] 曹晓凡，2015. 新大气污染防治法实施操作指南 [M]. 北京：中国民主法制出版社 .

[66] 王鸿举，2016. 中华人民共和国野生动物保护法解读 [M]. 北京：中国法制出版社 .

[67] 国家海洋局生态环境保护司、国务院法制办农林城建资源环保法制司，2017.《中华人民共和国海洋环境保护法》修改解读 [M]. 北京：海洋出版社 .

[68] 陆浩，2018. 中华人民共和国核安全法解读 [M]. 北京：中国法制出版社 .
[69] 胡云腾，2014. 最高人民法院 最高人民检察院环境污染刑事司法解释理解与适用 [M]. 北京：人民法院出版社 .
[70] 喻海松，2017. 环境资源犯罪实务精释 [M]. 北京：法律出版社 .
[71] 於方，赵丹，等，2020. 生态环境损害鉴定评估工作指南与手册 [M]. 北京：中国环境出版集团 .
[72] 曹晓凡，2019. 生态环境保护综合执法疑难问题解析 [M]. 北京：中国民主法制出版社 .
[73] 曹晓凡，2016. 环境行政执法实务操作与案例指引（上、下册）[M]. 北京：中国民主法制出版社 .
[74] 曹晓凡，2015. 环境行政执法证据的收集与运用 [M]. 北京：中国民主法制出版社 .
[75] 生态环境部宣传教育中心，2019. 工业污染源污染特征与环境违法行为解析 [M]. 北京：中国环境出版社 .
[76] 毛应淮，2018. 工艺环境学概论 [M]. 北京：中国环境出版社 .
[77] 曹晓凡，宋海鸥，2017. 环境监管领域职务犯罪典型案例分析 [M]. 北京：中国民主法制出版社 .
[78] 李淑君，2018. 行政执法指南 [M]. 北京：法律出版社 .
[79] 张凡，2021. 安全生产行政处罚办案指南 [M]. 北京：中国法制出版社 .
[80] 闪淳昌，2021. 安全生产执法实务与案例 [M]. 北京：中国法制出版社 .
[81] 广东省安全生产监督管理局，广东省安全生产技术中心，2016. 安全生产行政执法工作指南 [M]. 广州：华南理工大学出版社 .
[82] 刘朝军，焦慧君，刘团结，等，2021. 水行政综合执法理论与实务（上册）[M]. 郑州：黄河水利出版社 .
[83] 刘朝军，焦慧君，刘团结，等，2021. 水行政综合执法理论与实务（中册）[M]. 郑州：黄河水利出版社 .
[84] 刘朝军，焦慧君，刘团结，等，2021. 水行政综合执法理论与实务（下册）[M]. 郑州：黄河水利出版社 .
[85] 石玉成，2021. 地震行政执法指南 [M]. 北京：中国法制出版社 .
[86] 张永伟，2020. 食品安全行政执法办案指南 [M]. 北京：中国法制出版社 .
[87] 吴展，2020. 海关行政处罚实务全解与合规指引 [M]. 北京：法律出版社 .

[88]《查办涉林案件指南》编委会，2019. 查办涉林案件指南 [M]. 北京：法律出版社 .

[89] 国家卫生健康委卫生健康监督中心，2019. 卫生执法监督法律基础 [M]. 北京：人民卫生出版社 .

[90] 执法规范化研究中心，《市场监督管理执法指南 [M]. 北京：中国法制出版社 .

[91] 中国动物疫病预防控制中心，2018. 生猪屠宰行政执法操作指南 [M]. 北京：中国农业出版社 .

[92] 裴兆斌，戴瑛，2018. 最新海洋执法实务实用手册 [M]. 南京：东南大学出版社 .

[93] 张宏声，2004. 海洋行政执法必读 [M]. 北京：海洋出版社 .

[94] 国家林业局林业工作站管理总站，国家林业局森林资源行政案件稽查办公室，2014. 林业行政执法实用手册》[M]. 北京：中国林业出版社 .

[95] 王雅琴，沈俊强，2015. 城市管理监察综合行政执法之案例与评析 [M]. 北京：法律出版社 .

[96] 农业部草原监理中心，2015. 草原执法理论与实践（第二版）[M]. 北京：中国农业出版社 .

[97] 农业部草原监理中心，2010. 草原执法理论与实践 [M]. 北京：中国农业出版社 .

[98] 农业部草原监理中心，2007. 中国草原执法概论 [M]. 北京：人民出版社 .

[99] 赵文清，2012. 森林公安新政执法 [M]. 南京：东南大学出版社 .

论文

[100] 张忠利，2018. 改革开放 40 年来生态环境监管执法的回顾与展望 [J]. 中国环境管理，10(06): 29-35.

[101] 吕忠梅，吴一冉，2019. 中国环境法治七十年：从历史走向未来 [J]. 中国法律评论，29(5): 102-123.

[102] 曹晓凡，2022. 环境执法“十年磨剑”显锋芒 [N]. 中国环境报，2022-11-02(6).

[103] 曹晓凡，2019. 私设暗管超标排污，依据哪条法律处罚？[N]. 中国环境报，

2019-08-23(8).

［104］曹晓凡，2019. 不正常运行治污设施且超标排放，算几个违法行为？[N]. 中国环境报，2019-01-15(8).

［105］曹晓凡，2022. 噪声污染防治领域，如何实施查封（扣押）？[J]. 中国环境监察，(4): 76-77.

［106］张淑芳，2018. 行政处罚应当设置“从重情节”[J]. 法学，(4): 48-56.

［107］曹晓凡，2021. 生态环境部门如何准确适用“首违不罚”制度？[N]. 中国环境报，2021-10-15(6).

［108］刘福谦，2012. 行政执法与刑事司法衔接工作的几个问题 [J]. 国家检察官学院学报，(1): 38-44.

［109］曹晓凡，2016. 对已经移送公安机关案件的当事人做出罚款的行为是否涉嫌渎职犯罪？[J]. 中国环境监察，(7): 56-57.